教育部职业教育与成人教育司推荐教材
中等职业学校旅游专业教材

国家旅游局人事劳动教育司 编

旅游概论

LÜYOU GAILUN

第6版

旅游教育出版社
·北京·

图书在版编目（CIP）数据

旅游概论 / 国家旅游局人事劳动教育司编. -- 6版
. -- 北京 ： 旅游教育出版社，2022.1 （2025.9重印）
中等职业学校旅游专业教材
ISBN 978-7-5637-4345-2

Ⅰ. ①旅… Ⅱ. ①国… Ⅲ. ①旅游业－中等专业学校
－教材 Ⅳ. ①F590

中国版本图书馆CIP数据核字(2021)第257970号

中等职业学校旅游专业教材
旅游概论 第6版
国家旅游局人事劳动教育司 编

责任编辑	巨瑛梅
出版单位	旅游教育出版社
地　　址	北京市朝阳区定福庄南里 1 号
邮　　编	100024
发行电话	（010）65778403　65728372　65767462（传真）
本社网址	www.tepcb.com
E - mail	tepfx@163.com
排版单位	北京旅教文化传播有限公司
印刷单位	唐山玺诚印务有限公司
经销单位	新华书店
开　　本	787毫米×1092毫米　1/16
印　　张	11.5
字　　数	212 千字
版　　次	2022 年 1 月第 6 版
印　　次	2025 年 9 月第 3 次印刷
定　　价	36.00 元

（图书如有装订差错请与发行部联系）

出版说明

为适应旅游中等职业教育的需要，国家旅游局人事劳动教育司根据旅游中等职业学校的课程设置和教学大纲，组织业内专家编写了这套全国旅游中等职业教育教材。该教材自1994年出版以来，受到广大师生的普遍欢迎，对我国旅游中等职业教育的发展起了重要作用。迄今为止，该教材已成为出版时间最早、使用范围最广的国家旅游中等职业教育骨干教材。

为了进一步适应旅游专业的发展要求，提高教材质量，反映旅游业的最新发展状况和旅游职业教育研究的最新成果，我们组织有关专家根据教育部、国家旅游局对旅游职业教育的学科规划和行业要求，对该套教材进行了必要的修订增补，以确保国家骨干教材应有的科学性、先进性，充分反映国家职业教育改革的新精神、新要求，满足21世纪旅游业的人才需求。

历次修订，一是根据教育部与国家旅游局关于旅游中等职业教育的课程设置、教学大纲与教学计划，结合劳动部关于旅游职业技能鉴定标准的要求，吸收国外职业教育的成果与经验，按课程设置和课程标准的要求，对每科教材的课程性质、适用范围、教学重点、教学方法、教学时数、考核评估等进行了认真研究。新版教材正确把握了课程设置与教材编写的关系，从课程标准的角度把旅游业对人才的具体要求与旅游职业教育教材的具体编写有机结合起来，既体现了教材紧贴行业实际的针对性、实用性，又体现了教材的科学性、规范性，使可教授性与可学习性得到有机的统一，全面反映了现代职业教育教材应有的教育理念。二是在教材的具体修订中，我们根据旅游业的发展需要和旅游职业教育的课程设置与教学要求，组织有关专家编写、增补了近年来旅游发展的行业新内容，使教材体系更完整、更科学。三是在保持原教材科学性、权威性的基础上，修订时特别注意了中等职业学生的学科基础与未来职业要求，重点强调了教材的实用性。在原版教材科学性的基础上，本版教材强调了教与学、学与用的关系，加大了技能技巧、实际应对、操作标准、模拟训练等内容的比重，使之既能体现课程要求和行业特点，又符合国家职业技能标准的要求。四是在内容安排上，适当精简了部分内容，即将原版教材中既占课时又不便于教学的内容，或删减或置于附录，便于教师灵活运用和利于学生分清主次。五是针对旅游学科实践性强的特点，本版教材特别注意增补了一些案例，目的是强化案例教学的作用。最后，为方便教师教学和学生学习，还增设了学习重点、案例分析、本章小结、中英文对照规范服务用语等栏目，旨在让读者花最少的时间掌握最有用的信息。

为深入贯彻《国务院关于大力推进职业教育改革与发展的决定》(国发〔2002〕16号)中关于职业教育课程和教材建设的总体要求，进一步落实教育部等七部门《关于进一步加强职业教育工作的若干意见》，我社对全国旅游中等职业教育教材进行了重新梳理，旨在积极推进教材改革，开发和编写具有职业教育特色的教学改革试验教材。

教改试验教材将以学生为中心、以能力为本位、以就业为导向，全面推进素质教育，重点培养学生的职业能力，使学生获得继续学习的能力，能够考取相关技术等级证书或职业资格证书，为旅游业的繁荣和发展输送学以致用、爱岗敬业、脚踏实地的高素质劳动者。

教改试验教材将贯彻如下职业教育理念：

(1)职业教育性。渗透职业道德和职业意识教育；体现就业导向，有助于学生树立正确的择业观；培养学生爱岗敬业、团队精神和创业精神；树立安全意识和环保意识。

(2)内容先进性。注意用新观点、新思想来审视、阐述经典内容；适应经济社会发展和科技进步的需要，及时更新教学内容，反映新知识、新技术、新工艺、新方法。

(3)教学适用性。教学内容符合专业培养目标和课程教学基本要求；取材合理，分量合适，符合“少而精”原则；深浅适度，符合学生的实际水平；与相关课程相互衔接，避免不必要的交叉重复。

(4)知识实用性。体现以职业能力为本位，以应用为核心，以“必需、够用”为度；紧密联系生活、生产实际；加强教学针对性，与相应的职业资格标准相互衔接。

(5)结构合理性。教材的体系设计合理，循序渐进，符合学生心理特征和认知、技能养成规律；结构、体例新颖，有利于体现教师的主导性和学生的主体性；适应先进的教学方法和手段的运用。

(6)使用灵活性。体现教学内容弹性化，教学要求层次化，教材结构模块化；有利于按需施教，因材施教。

作为全国唯一的旅游教育出版社，我们有责任及时反映旅游业发展的新要求和旅游专业教育的新理念、新成果，把专业权威的教材奉献给广大读者。为此，我们将不断努力，回报广大师生和读者对我们的厚爱！

旅游教育出版社

第 6 版前言

自本教材问世以来，我国旅游业的发展出现了很多新的情况。为了及时反映这些新的变化和进展，适应旅游业发展对人才培养的新要求，保持教材的先进性，进一步完善教材内容和提高教材质量，旅游教育出版社再次组织了本教材的修订工作。

同先前的几版相比较，无论是在章节设计、编排形式还是在内容更新上，修订后的版本做了很多的调整和增删，但服务于教学需要的宗旨一如既往保持不变。考虑到本教材的使用对象，重修后的版本仍坚持以介绍基本知识为主，对所涉及的有关基础理论尽量以较为通俗的语言进行阐述和分析，以便于读者理解。

第 6 版的修订工作由李天元教授主持，青岛酒店管理职业技术学院的魏有广副教授参与了本次修订工作。

本书修订工作得到了很多学界同行和业界朋友的支持和帮助。由于人数很多，恐有遗漏，恕不便详列，在此一并向他们表示诚挚的感谢。

限于编者的水平和能力，修订后的版本中仍难免会有不当之处，诚望使用者批评。

编者

2021 年 12 月

目 录

绪 论

当今世界，旅游活动已演变为现代生活的重要组成部分，成了全球规模最大的社会现象。正如世界旅游组织（UNWTO）在《马尼拉宣言》中曾指出的那样，旅行和度假已不再像过去那样只是少数权贵和富有者的专利，而是已经成为现代生活的基本需要。如今，旅游活动的参加者范围已经扩展到普通的劳动大众。以国际旅游为例，据世界旅游组织的统计数字，截至 2019 年，全世界国际旅游活动的规模已增至 15 亿人次，近乎 1950 年全世界国际旅游人次的 60 倍。然而，这还只是国际旅游活动的规模，如果将世界各国的国内旅游活动也考虑进去，目前每年全球旅游活动的规模已逾百亿人次。

现代旅游活动规模的不断扩大，不仅是人们对旅游的需求随着社会经济的发展而不断发育和成长的结果，同时也与世界各国积极推动旅游业的发展有着密不可分的关系，因为旅游需求的实现只有到了旅游供给条件具备之时才会成为可能。1950 年，全世界国际旅游消费总额仅为 21 亿美元，2019 年已增加到 1.7 万亿美元。同样，这也只是国际旅游的消费数额，如果将全世界各个国家的国内旅游消费额也都考虑进去，则 2019 年的旅游消费总额已达到 5.8 万亿美元。

在这一庞大市场的吸引下，如今世界各地都在积极发展自己的旅游业，从而使旅游业成了全球性的经营活动，市场竞争自然也就在所难免。为了在日益激烈的竞争中巩固和扩大自己的市场占有率，世界各地的旅游管理部门乃至旅游企业都在持续进行积极地努力和探索。如何保持和增强一个旅游目的地的竞争力，如何改进和提高旅游业的经营管理以及旅游服务的水平，自然也都成为各地政府和旅游业界普遍关注的问题。

旅游供求所涉及的利益相关者很多，其中不仅包括旅游者以及为其提供服务的旅游企业，而且包括旅游目的地的居民以及目的地的政府。旅游者到访和旅游业的开发，将会使上述各方之间发生各种利益关系，并且会给旅游东道地的社会、经济和环境等方面带来一系列的影响。现代旅游活动的大规模开展固然有其积极意义，然而旅游发展的实践也表明，一个旅游目的地的超载接待和旅游业的过度开发，也会给该地带来诸多负面影响，甚至有可能造成该地环境的恶化以及产生危害社会健康的问题，由此所付出的代价和造成的损失可能会抵消，甚至会超过开发旅游业所带来的收益。因此，如何评价和平衡上述各方之间的利益，如何扩大旅游的积极作用和控制其负面影响，从而使旅游业能够健康而可持续地发展下去，则更是世界各地旅游研究中的重要内容。

上述情况的简要介绍旨在说明，旅游学是一门研究内涵十分广泛的边缘学科，其研究对象至少牵涉旅游者、为旅游者提供服务的旅游业、旅游东道地社会、旅游东道地政府等利益群体，以及因旅游者活动的开展而引发上述各方彼此之间产生和出现的各种关系和现象。因此，如果要给旅游学下一个定义，那么可以认为，旅游学就是研究旅游者及其旅游活动、旅游业及其开发和经营活动，以及旅游供求双方活动的开展对旅游接待地区的社会、经济和环境之影响的学科。

事实上，对于旅游学的这一界定，国际学术界中多有共识，并且有很多非常相似的表述和解释。这一定义意味着，旅游学的研究内容基本上由三部分组成：

（1）研究旅游者及其旅游行为，包括所有与旅游需求方面相关的内容。例如，旅游者、旅游市场、决定旅游需求的因素、旅游活动的历史发展、旅游购买者行为、旅游市场需求的变化与预测，等等。

（2）研究旅游目的地和旅游业，包括所有与旅游供给方面相关的内容。例如，就宏观层面而言，发展旅游和旅游业的方针政策、旅游业的规划与开发，等等；就微观层面而言，各类旅游企业的经营与管理、旅游市场营销，等等。

（3）研究旅游者和旅游业双方的活动带给旅游东道地的影响。例如，经济方面的影响，社会和文化方面的影响，生态环境方面的影响，以及控制旅游负面影响的途径，等等。自 20 世纪 60 年代末以来，世界上越来越多的国家和地区都开办了正规的旅游教育，其层次不仅涉及中专和大学本、专科，而且自 20 世纪 80 年代起已达硕士研究生教育和博士研究生教育。

人们如此地重视旅游教育和旅游研究，其中的原因至少涉及以下几个方面。

第一，旅游活动如今已是世界上规模最大的社会现象。旅游业也已经发展成为当今世界上最大的产业。对于如此庞大的社会现象和如此规模的经济“巨人”，人们没有理由不去予以关注和研究。

第二，旅游业已不仅是当今世界上规模最大的产业，而且还是具有深厚潜力和光明前景的产业。自现代旅游兴起以来的发展趋势表明，随着世界各国经济的发展和人们收入水平的不断提高，人们的生活方式也在发生变化，对生活质量的追求也在不断提升，这一切预示着今后参加旅游活动的人数将会不断增加，从而也决定了旅游业有着光明的发展前景。实际上，对于这一点，我们只要稍作观察，就不难从旅游业的发展实践中得到证实。近 20 多年来，不少西方国家都曾经历了数次经济萧条。每每这种萧条时期，会出现大量的失业。然而，在这些萧条时期，旅游业虽然也会受到一定的影响，但这种影响往往只是表现为旅游业发展速度的放缓，而非倒退。旅游业的收入（国内旅游收入和国际旅游收入总计）不仅仍然呈现逐年增加，而且旅游从业人员队伍的规模始终未见缩小。类似的情况在我国近年的发展中也可见到。例如，由于受近年全球金融危机的影响，不少行业（尤其是制造业）中普遍出现了员工下岗和失业的现象，然而人们似乎很少听说有哪些旅游企业也出现了员工下岗失业的情况。

关于旅游业的发展前景，很多研究机构和国际组织都曾提出过自己的预测。尽管受到全球新冠疫情大流行等不利因素的影响，这些预测数字之间存在差异，但所有的预测结果都有一个共同点：前景乐观。例如，世界旅游组织预测，到 2030 年，全球国际旅游活动的规模将达 18 亿人次，全球国际旅游收入总额将超过 2 万亿美元。也就是说，这一期间全球国际旅游接待人次和国际旅游收入仍将实现持续增长，预计未来10年全球旅游业年平均增长为3.8%，直接或者间接贡献约25%的就业机会，而且全球的国内旅游人次将是国际旅游人次的10倍之多。旅游业发展的光明前景自然也吸引了人们对旅游研究的兴趣。

第三，旅游业是一个竞争激烈的产业。如果说20年前还有一些国家政府出于种种原因不支持甚至反对发展旅游业，那么到了21世纪的今天，这种情况已经不存在了。无论是出于本国社会发展的需要，还是为旅游创汇及其在平衡国际收支中的作用所驱使，目前世界各国都在积极地发展自己的旅游业。在旅游客源市场规模毕竟有限的情况下，竞争者数量的增加和旅游供给能力的扩大必然会导致市场竞争的加剧。实际上，这种竞争不仅在各国旅游业间发生，而且在同一旅游目的地内的同类旅游企业间也已司空见惯。

旅游业竞争的表现形式虽然多种多样，但归根结底是旅游人才的竞争。无论是传统上独立存在的交通客运业，还是在很大程度上依附于旅游业的住宿业，如今都已经聚集并且必须聚集到旅游业的旗帜之下开展经营。对于旅游业范围内的各传统行业来说，其从业人员不仅需要熟悉本行业自身的业务，提高业务水平，而且有必要对旅游发展的基本原理和旅游业属下的各行业之间的相互依存关系有所了解和认识。这一方面是因为所有这些行业所面对的同为旅游市场；另一方面则是因为人们对这些传统行业的产品 / 服务的需求实为一种派生需求，也就是说，是人们为了完成其旅游经历而派生出来的需求。例如，几乎没有哪个人是为了乘飞机而乘飞机，为了住饭店而住饭店。人们之所以乘飞机和住饭店，完全是出于实现某种旅游目的或旅行目的的需要。因此，如果这些行业的从业者不了解自己的产品 / 服务只是消费者所真正需要的整体旅游产品中的一个构成部分，甚至将本行业与旅游业割裂开来，认为本行业的经营同旅游业无关，那么要想在当今的市场竞争中取胜是非常困难的。正因为如此，诸如美国康奈尔大学饭店管理学院和瑞士洛桑酒店管理学院这类传统上专门致力于旅馆经营管理教学的院校，从20世纪80年代开始都已将旅游学纳入其课程设置。对于各地政府中主管或参与旅游行政管理工作的官员来说，了解旅游管理理论和正确认识旅游的作用与影响，则更是十分必要。总之，由于竞争的需要，旅游业对从业人员的要求也越来越高。这不仅意味着需要对那些将要从事旅游业的人员进行旅游教育，同时也意味着旅游业中的在职人员有必要随着旅游业的发展不断进行知识更新。

第四，旅游发展过程中出现的很多矛盾和问题仍有待进一步研究和解决。虽然目前世界各国政府都在支持发展本国的旅游业，对于是否要发展旅游业的问题似乎已经得到解决，但是对于应在何种程度上发展旅游业以及如何发展旅游业等问题，人们的认识仍然存在不少分歧。这些分歧的存在，在很大程度上源于旅游发展过程中出现的诸多矛盾。例如，很多地区通过发展旅游业，的确推动和壮大了当地的经济，但是也有一些地区旅游业的发展实际上损害了当地经济的健康；旅游企业普遍希望来访旅游者越多越好，但有些旅游接待地区的居民则抱怨大量旅游者的来访影响了他们的正常生活；有些国家的旅游业在引进外资方面取得了良好的成效，而有些国家的同样举措却招致了外汇收入的大量漏损。至于旅游的发展对接待地区自然和生态环境的影响，以及如何实现旅游和旅游业的可持续发展，则更是近些年来世界各地旅游研究的热门课题。可以肯定，一个国家或地区应在何种程度上支持发展旅游业、如何确定和控制旅游业发展的最佳规模、怎样发展旅游业，以及如何使旅游业的发展具有可持续性和健康性等，都是需要人们端正认识和加以解决的问题。这些问题既是如何使旅游者、旅游业和东道地社区居民这三方的利益都能得到兼顾的问题，同时也是如何使旅游的经济效益、社会效益和环境效益三者实现均衡的问题。所有这一切也都反映了研究旅游学的必要性和迫切性。

鉴于近些年来我国在发展旅游业方面出现了很多新的变化，根据旅游中等职业学校有关课程的教学需要，我们重新编写了这本《旅游概论》教科书。根据此前版本的使用情况，重编后的版本在内容上进行了简化，但仍是以旅游消费者的旅游活动为出发点，通过介绍旅游活动的历史演进和发展现状，揭示旅游活动发展的基本规律，阐述旅游活动和旅游业的主要构成要素以及它们之间的关系，介绍我国旅游业发展的基本状况，从而使学生对旅游学和旅游业的基本知识和基本理论有一个概括而全面的了解。

本教材共分七章。第一章主要介绍旅游活动的界定、旅游活动的性质与特点以及旅游活动的类型划分。第二章主要从历史唯物主义的观点出发，阐述人类旅行和旅游活动的产生和演进过程，说明旅行和旅游是人类社会经济发展到一定阶段的产物并随着社会经济的发展而演进这一基本理论；同时介绍旅游历史发展进程中的主要事件和人物以及各历史时期旅行和旅游活动的发展特点。第三章主要阐述旅游活动的体系构成，包括有关旅游者、旅游资源和旅游业的基本概念、基本知识和基本理论，通过这些内容的介绍，使学生了解这三个方面在构成旅游活动体系中的相互关系。第四章旨在介绍旅游业中主要经营部门的构成，并结合中外旅游业的发展实践，介绍旅行社、旅游交通、饭店业和旅游景点经营管理方面的基本知识。第五章围绕旅游业市场营销工作的需要，主要介绍旅游产品的概念及其区别于制造业产品的特点，分析世界旅游市场的分布格局和基本客流规律，并阐述我国旅游业三大客源市场的状况。第六章主要介绍我国的旅游组织、旅游行政管理体制，并对我国在发展旅游业方面的政策演进情况进行简要介绍。第七章主要讨论旅游业的发展对旅游目的地的经济、社会以及环境的影响，并介绍有关可持续旅游发展的基本知识。

“旅游概论”是我国中等旅游教育的专业基础课。在使用本教材学习这门课程时，至少应注意以下几个方面。

第一，旅游研究应以旅游发展的实践为基础，从了解和整理有关现象中分析和总结旅游发展的逻辑性和合理性。同时，实践也是旅游研究的最终归宿，否则旅游研究将会失去意义。因此，对这一课程的学习必须要坚持理论联系实际的原则，注重有关问题的逻辑性和实证性的统一。

第二，旅游活动是一个世界性的社会现象，旅游业也是国际性的产业。我国旅游业的历史和开展旅游研究的历史都相对比较短，因而在研究过程中有必要了解和吸取其他国家在发展这方面的经验和教训，学习和借鉴已获国际普遍共识的旅游研究成果。

第三，同其他领域中的社会科学研究一样，旅游研究要以社会主义市场经济理论和我国的有关政策为指导。旅游发展的基本规律不以国界而改变，但在发展旅游业的具体做法上不仅允许探讨，而且必须适应国情。事实上，即便是在西方，各国在发展旅游业的做法上也并不完全相同。认清这些，当不致使我们的旅游研究误入歧途。

第一章 旅游活动

学习重点

- 掌握世界旅游组织对旅游活动的规范定义。
- 认识旅游活动的性质。
- 熟悉现代旅游活动的主要特点以及认识这些特点的意义。
- 熟悉旅游季节性的成因及其对目的地旅游业经营的影响。
- 了解旅游活动类型划分的常用标准。
- 熟悉不同类型旅游活动的特点。
- 掌握有关旅游活动类型的术语及其解释。

第一节 认识旅游活动

在旅游研究中，现代旅游是指第二次世界大战结束之后，特别是20世纪60年代以来迅速普及于世界各地的社会化旅游活动和旅游现象。对于学习旅游专业的学生来说，首先需要搞清楚的一个基础概念便是：什么是旅游活动？

一、旅游活动的界定

（一）汉语中"旅游"一词的由来

说起旅游活动，人们似乎并不陌生，因为很多人都曾有过外出旅游的经历。但是，如果要人们对旅游活动作一定义表述，则可能会发现并不是那么容易。其中的一个基本原因就是，在我们从祖先那里传承下来的汉语词汇中，原本并不曾有"旅游"一词。例如，我们可能会发现，无论是久负盛名的《辞海》《辞源》《康熙字典》，还是我国改革开放以前出版的《现代汉语词典》，其中都难见"旅游"这一词条。这些无可争辩的事实说明，国人对"旅游"一词的使用其实是非常晚的事情。如果探寻一下汉语中"旅游"一词的由来，我们可能会发现，国人对该词的使用是始于20世纪60年代的。1964年，国务院将当时负责主管我国旅行和游览事务的国家机构定名为"中国旅行和游览事业管理局"。自此之后，人们出于称呼上的简便和上口，逐渐将其中的“旅行”和“游览”合到一起，简称为“旅游”。汉语中的“旅游”一词也因此而出现，并迅速为人们所接受和广泛使用，最终约定俗成地发展成了汉语中的一个规范用词。通过对其词源的追溯，我们不难发现，在一般日常用语的意义上，旅游作为人们外出他乡的访问活动，其最基本的含义和内容就是外出他乡的旅行和在目的地停留期间的游览。

（二）“旅游”、“观光”与“旅行”

在我国的传统文献中，与“旅游”一词含义相近的词汇有两个：一个是“观光”，另一个则是“旅行”。

“观光”一词可溯源于2000多年前的《易经》和《左传》。人们认为，《易经》中的“观国之光”以及《左传》中的“观光上国”，便是后来“观光”这一规范用词的由来。在我国的台湾省、港澳特别行政区，以及在一些历史上受汉文化影响较深的周边国家，如在日本和韩国，人们至今仍沿袭传统习惯，多是使用“观光”一词作为“旅游”的同义语。近些年来，随着我国内地与这些地区或国家之间旅游往来和文化交流不断增多，“旅游”一词也越来越多地为人们所接受和使用。当然，在此有必要说明的是，“观光”一词传统上通常被理解为观看（参观）、考察一国的礼乐文物和风土民情。即使是按照我国最新出版的《现代汉语词典》（第7版）中的有关解释，“观光”一词在含义上所强调的也仅仅是“参观外国或外地的景物、建设等”。换言之，“观光”一词强调的是“游”，即在所到之处的参观或游览活动，而忽视了对“旅”的反映。另一方面，在对“观光”一词的现代使用中，其行为目的是消遣，其行为特征是参观或游览。也就是说，观光仅是消遣型旅游活动中的一种，既不能包括各种形式和内容的消遣型旅游活动，也不能涵盖那些非消遣性的差旅型访问活动。因此，虽然人们在日常用语中有时可以用“观光”一词去指代旅游，但是在专业性的旅游研究中，观光与旅游却是含义不尽相同的两个概念。

与“旅游”相近的另一个词汇是“旅行”。在我国的历史典籍中，古代帝王的巡游、官吏的宦游、文人墨客的漫游、商人的外出贸易以及自然科学家的外出考察，皆称为“旅（行）”。在现代汉语中，“旅行”一词同样也用于泛指因任何目的而外出的空间转移过程。例如，从一个地方前往另一个地方去探亲访友的空间转移过程可谓之旅行；从一个地方前往另一个地方出差办事的空间转移过程可谓之旅行；从一个地方前往另一个地方定居的空间转移过程同样也谓之旅行。上述种种事实都说明，在作为日常用语的意义上，“旅行”的含义范围往往宽于“旅游”，即旅行＞旅游。也就是说，所有的旅游者肯定都属于旅行者，而所有的旅行者却不一定都属于现今意义上的旅游者。关于这一点，我们在本书后面的有关章节中将作进一步地详细解释。

然而，我们也必须看到，人们的旅游活动所涉及的内容十分广泛。根据国人常用的概括性说法，其内容涉及行、游、住、食、购、娱等诸多方面。其中的“行”，无疑也是指旅行。所以，在旅游研究的意义上，旅行作为旅游活动内容构成的组成部分之一，其含义范围显然又会小于旅游，即旅行＜旅游。上述事实和分析表明，在严谨的旅游研究中，人们不可随意将“旅行”和“旅游”当作等同的概念，否则可能会造成误解。

（三）英语中对“tourism”和“travel”的使用

在英语中，汉语“旅游（活动）”一词的对应表达是“tourism”。据国外学者的考证，该词最早出现在19世纪初的英国报章上，1811年被正式收入《牛津词典》这一权威的英语辞书。同样，这一事实也告诉人们，在19世纪以前，英语中并不存在“tourism”这一词汇。显然，“tourism”在英语中也是近代才出现的用词。时至今日，在包括《牛津词典》在内的一般性英文语言词典中，对“tourism”一词的解释大都是“出于消遣性目的而离家外出的旅行”（travel away from home for pleasure）。在讲英语的民族中，人们对该词的日常用法也通常多指此意。当然，这只是一般民众将该词作为日常用语使用时的含义所指，而不是旅游研究和旅游统计中的专业用法。关于这一点，我们也将会在本书后面的有关章节中进行详细展开和解释。

至于“travel”与“tourism”在词义上有何区别，一般地讲，基本区别在于以下两点：

第一，“travel”一词用于泛指因任何目的而在不同地点间的空间转移过程。例如，前往他乡去探亲访友可谓之旅行，外出游山玩水的活动过程可谓之旅行，去异乡出差的活动过程可谓之旅行，去异乡定居的搬迁活动可谓之旅行，甚至日常生活中因上下班或外出购物等原因而在惯常居住地内不同地点间的往来也都可谓之旅行……与之相比，在旅游研究中，“tourism”一词则限于因移民和就业之外的其他目的而前往异国他乡的访问活动。

第二，在形形色色的“travel”活动中，有些旅行者在活动结束之后会返回其惯常的居住地或出发地，有些人则不再返回其原先的惯常居住地或出发地。与之相比，就“tourism”而言，其中的“tour”这一词根本身就意味着一次完整的旅游活动结束之后，旅游者必须返回其惯常居住地，而不是一去不返。

根据上述区别，我们不难发现，所有的旅游者肯定都属于旅行者，而所有的旅行者却不一定都是旅游者。

还有一点需要一提的是，虽然汉语“旅游（活动）”一词在英语中的对应表达是“tourism”，但是，在同样都是以英语为母语的民族或国家中，对于“旅游（活动）”的表达，人们在用词习惯上也不尽相同。例如，在美国，长期以来，人们在谈及“旅游（活动）”时，多使用travel一词，而且时至今日这种情况仍很普遍。与之相比，在以英国为代表的其他很多讲英语的国家中，人们则一直倾向于使用tourism一词。实际上，与汉语中的“旅行”和“旅游”一样，英文中的“trave1”和“tourism”这两个词在不同的语境下使用时，其词义所指也是有区别的。但是，自从1963年联合国国际旅游会议（旅游研究中多简称“罗马会议”）正式提出，将事务型或差旅型的旅行者也纳入旅游统计范畴之后，travel和tourism这两个词在使用上开始出现了词义同化的趋向。也就是说，在语境给定的情况下，无论是美国人所称的travel，还是英国人所称的

tourism，所指的都是同一概念。但是，由于多数英语国家中对旅游活动的表述都普遍使用 tourism 一词，所以，随着国际旅游学术交流的增多，近些年来，很多美国的旅游学者和旅游组织也都开始用“tourism”一词表述“旅游”。当然，也有很多北美人仍按传统习惯使用 travel 这一表述。

（四）形形色色的旅游定义

以上我们简要地介绍了中外有关旅游一词的由来，以及该词作为日常用语时的使用情况。现在的问题是，从专业术语的角度上讲，究竟什么是旅游呢？

（1）旅游是非定居者的旅行和逗留而引起的各种现象和关系的总和。不会导致这些人长期定居（在访问地区），并且不从事任何（个人谋生性的）赚钱活动（括号中的文字为编者所加，以便于读者理解）。这一定义最初为瑞士的旅游学者汉泽克尔和克拉普夫（Hunziker & Krapf）在 1942 年提出，后来为“旅游科学专家国际联合会”（AIEST）所采用。所以，在我国的旅游学界，人们往往将这一定义称为“艾斯特（AIEST）定义”。

（2）旅游是人们离开自己惯常居住和工作的地方，短期外出前往某地的旅行以及在该地停留期间的访问活动［（译自 Burkart A J，Medlik S. *Tourism: Past, Present and Future*［M］. London：Heinemann，1974.）。该著作曾被国际学术界誉为旅游学经典教科书］。

（3）旅游可定义为：在吸引和接待旅游者和其他来访游客的过程中，由于旅游者、旅游企业、目的地政府和东道地社会的相互作用而引起的各种现象和关系的总和（译自 McIntosh R W，Goeldner C R. *Tourism: Principles, Practices, Philosophies*［M］. New York：John Wiley & Sons，Inc.，1986.）。

（4）美国参议院领导下的一个专门工作组在其《（美国）国家旅游政策研究报告》中提出，旅游是人们出于日常上班工作之外的任何原因，离开其惯常居住地，前往其他某个或某些地方的旅行以及在该地的逗留和访问活动。

（5）旅游是人们离开惯常居住和工作的地方，暂时前往目的地的旅行和在该地停留期间的访问活动，以及（旅游目的地）为满足旅游者的需要而设立的各种设施（译自 Cooper C，Fletcher J，Gilbert D，Wanhill S. *Tourism: Principles and Practices*［M］. London：Longman Group Limited，1993.）。

当然，国内外对旅游所作的其他定义还有很多，这里不再一一列举。

在评价上面所列举的旅游定义之前，首先有必要提醒注意这样一个情况：无论是汉语中的“旅游”，还是英语中的“tourism”，在使用中都存在一词多义的情况。也就是说，虽然同样都是“旅游”这个词，但在不同的语境下，其含义往往会有不同的所指。为了说明这一点，试看下面的几组小对话：

对话一　甲：暑假期间你干吗了？

　　　　乙：我跟几个同学去山西旅游了。

对话二　甲：你是做什么工作的？

乙：我是做旅游的。

对话三　甲：你是学什么专业的？

乙：旅游。

在上面的三组对话中，分别都使用了“旅游”这个词。根据每一组对话的语境或对话内容，谁都会明白其中“旅游”一词的含义所指。例如，第一组对话中的“旅游”，显然指的是旅游活动；第二组对话中的“旅游”，所指的则是旅游行业或旅游业；第三组对话中的“旅游”，则是指旅游专业或旅游学。

现在让我们回过头来再仔细观察前面所列举的各个旅游定义。我们可能不难发现，它们所界定的旅游其实并非完全是同一个对象。其中：

（1）第1个定义和第3个定义实际上所界定的是作为旅游学研究对象的旅游概念。

（2）第2个定义和第4个定义所界定的旅游，实际上是指离家外出者的旅游活动。

（3）至于第5个定义中所界定的旅游究竟何指，似乎比较含糊，因为其中既涉及了离家外出者的旅游活动，同时又涉及了旅游业。所以，对于这一定义，我们不便恭维。

上述事实告诉我们，人们对旅游所下的定义，实际上所针对的是不同的两种情况。一种情况是对作为旅游学研究对象的旅游所下的定义。前面所提到的“艾斯特”定义，即是这种定义中的典型代表。另一种情况是，所谓旅游定义，实际上是对旅游活动的定义。换言之，虽然从字面上看，它所界定的对象是旅游，但是实际上，此处的旅游实指旅游活动。前述中所列举的第2个定义和第4个定义都是属于这种情况。所以，为了避免不必要的混淆和误会，在对这种意义上的旅游进行界定时，我们不妨明确地将“活动”两个字加上去。

总之，对于“什么是旅游？”这样的问题，我们在做出回答之前，首先应当搞清楚对方所问的旅游究竟何指，是指旅游活动？是指旅游业？是指旅游学研究？还是指旅游现象？对于发问者来说，除非语境很清楚，否则也不宜如此笼统地发问。纵观长期以来国人对旅游定义上的分歧，其实有不少分歧都是源于对“旅游”一词在理解上的误会。这在某种程度上还与人们在引用国外相关文献时的翻译工作有关。例如，我们不难发现，不少人在借鉴英文旅游文献时，只要一见到“tourism”这个词，便不假思索地一概译为“旅游”，殊不知在不同的语境中，“tourism”一词可能会有其不同的实际所指。

（五）世界旅游组织（UNWTO）对旅游活动的规范定义

长期以来，不论是旅游学术界还是很多国际组织，一直都试图为旅游活动下一个标准的定义。这不单纯是规范旅游学术研究的需要，在更为现实的意义上，这一个标准的定义对于世界各地旅游统计口径的统一，对于旅游政策的制定，以及对于旅游业的规划与管理工作，都具有重要的实际意义。正如很多专家都曾指出的那样，对于旅游活动，“首先……需要有一个标准的定义，以便为有关的研究工作建立参数；其次，如果没有标准的定义，人们对旅游活动的测量，或者对于旅游活动的开展对地方、全国乃至对整个世界经济之影响的测量结果，便不可能达成共识”。

事实上，人们对旅游活动的认识和界定有一个发展的历史过程。关于这一发展过程，我们无意赘述，在此只是介绍这方面最近的发展结果。

1991 年 6 月，在世界旅游组织（UNWTO）和加拿大旅游局的联合赞助下，全球旅游统计工作会议在加拿大的渥太华召开。这是一次被称为具有里程碑意义的会议。在这次会议上，全体与会代表对会议决议中所提议使用的各项概念、测量指标及其内容的释义，都给予了充分肯定。1993 年，联合国接受了世界旅游组织于会后提交的报告，并采纳了联合国秘书处统计组根据这次会议结果所提出的关于旅游统计事宜的建议。

这次会议决议中的主要结论之一便是对旅游活动这一概念作了新的权威性界定，即：

旅游活动是人们出于休闲、商务以及其他目的，短期（历时不超过一年）离开自己的惯常环境，前往他乡的旅行活动以及在该地的停留访问活动。（Tourism comprises the activities of persons traveling to and staying in places outside their usual environment for not more than one consecutive year for leisure, business, and other purposes.）（UNWTO，1995）。

值得注意的是，这一定义表明，就其规范意义而言，旅游活动乃是指旅游者或游客的活动，而并非是指旅游业的经营活动，更不是指旅游行政机构的管理活动。所以，根据这一定义，通俗地进行表达，旅游活动即是人们出于移民和就业之外的目的，暂时离开自己的惯常居住地，前往他乡开展的旅行和逗留访问活动。

二、旅游活动的基本特征

尽管人们对旅游（活动）的定义有着不尽相同的表述，但通过对这些定义的观察，我们不难发现多数定义在实际内容上都是有共识的，都反映出旅游活动具有以下几个方面的基本特征。

（一）旅游活动是旅行和逗留相结合的活动

其中的旅行，主要是指旅游者在客源地和旅游目的地之间的往返过程；其中的逗留，则是指旅游者在旅游目的地停留期间所开展的各种生活活动和访问活动，按照国人通常的说法，包括旅游者在旅游目的地停留期间的行、游、住、食、购、娱等方面的活动。换言之，旅游活动由旅游者在客源地与旅游目的地之间的往返旅行和在目的地的逗留访问这两大部分共同构成。

（二）旅游活动是一种异地性的活动

这里所谓异地性，是指人们旅游活动的开展，必须离开自己惯常居住和工作的地方，而前往异国他乡去进行。这里所说的“惯常居住和工作的地方”，确切地讲，是指一个人在一年以上的较长时期内生活居住和工作的地方。这意味着，虽然在多数情况下该地可能会是他（她）的永久定居地，但有时也可能是其非定居性的惯常居住地。例如，某外国留学生到北京大学就读，并已经连续在北京生活了两年。如果此时他准备去西安参观秦始皇陵等名胜古迹，那么他所离开的“惯常居住和工作的地方”则是北京。虽然北京并非他的永久定居地，但却是他最近一年多来的惯常居住地。总之，旅游是人们在自己惯常居住地之外的其他地区开展的活动。至于人们在其惯常居住地范围之内发生或开展的同类内容的活动，则属于日常意义上的休闲活动或事务性访问活动，而不属于旅游活动的范畴。

（三）旅游活动是一种暂时性的活动

这里所谓暂时性，首先是指旅游者在完成一次全程旅游活动之后，必须返回其惯常居住地，从而不会导致在旅游目的地国家或地区定居或长期居留；其次是指旅游者在到访目的地的停留时间有一定的限度。以国际旅游为例，这一限度是在旅游目的地的连续停留时间不满一年。如果某旅游者在旅游目的地国家的连续停留时间已经达到甚至超过了一年，则其在该国的身份不再被视为旅游者，而成为临时移民或永久移民。但是，在国内旅游方面，世界各国对这种暂时性的实际情况规定不一。目前，我国旅游统计中对国内旅游活动在暂时性标准上的界定尺度是，在外地停留时间不超过 6 个月。

（四）旅游活动是一种非就业性的活动

人们外出旅游的目的既不能是移民，也不能是去异国他乡打工和就业，而只能是为了此外的其他目的。也就是说，凡是出于移民或为了打工和就业的目的而前往异国他乡的旅行活动，均不属于旅游活动的范畴。属于旅游活动范畴的访问目的基本上可划分为两大类：一类是消遣性目的，如外出观光、度假、疗养、娱乐、探险、健身等；另一类是事务性目的，其中既包括因公的事务性差旅，如商务、公务、出席会议等，也包括因私的事务性外出，如修学、探亲访友等。

有必要说明的是，关于事务性的外出访问——特别是出于以工商事务为典型代表的差旅性原因而前往异国他乡的旅行和访问——是否属于旅游活动的范畴，人们曾有过争论。而且至今仍有人坚持认为，只有因消遣性目的而前往异国他乡的访问活动，才能算作旅游活动，理由是很多语言辞典中对“旅游”一词的解释都是：因消遣性目的而前往其他地方的旅行活动。但是，正如本章前面部分曾提到的那样，这些一般性的语言辞典中对“旅游”一词的释义只是该词作为一般日常用语时的解释，而不是旅游研究中的专业用义。事实上，人们不难发现，在当今世界各国的旅游管理研究中，特别是在旅游统计工作中，都无一例外地将前往异国他乡的事务性访问纳入了旅游活动的范畴。这主要是因为：

（1）在因工商事务和出席会议等差旅性目的而外出访问过程中，在目的地停留期间几乎都程度不同地伴有参观游览或其他内容的消遣性活动。

（2）长期以来，世界上所有的国家或地区事实上都将差旅型来访者在该国或该地逗留期间的消费开支计入该国或该地区的旅游收入，而不是也不可能做到，将来自消遣型来访者的收入和来自差旅型来访者的收入分别立为两个账户，因为两者的来访目的虽然不同，但他们在逗留期间的消费开支对该目的地经济的影响客观上都是一样的。

（3）以联合国（UN）、世界旅游组织（UNWTO）、世界经合组织（OECD）为代表的所有重要国际组织都主张，并且都明确规定应将差旅型来访者纳入旅游者的统计范畴。例如，世界旅游组织在其编制的《国内 / 国际旅游统计数字收集与呈报技术手册》中明确规定，凡属下列目的的外来访问者均属旅游者：度假、商务、保健、修学、公务或会议、探亲访友、宗教、体育，等等。

三、旅游活动的性质

对于旅游活动的性质，人们常有不同的认识。例如，有人认为旅游活动的本质属性在于它是“一种短期的特殊生活方式”；有人则认为旅游活动的本质属性在于它是一种经济活动；甚至还有人干脆笼统地提出，旅游活动是一种社会经济文化活动，等等。造成这些分歧的原因可能很多，但其中的一个主要原因在于，有些人将现象与本质这两个原本不同的概念混淆到了一起。那么，旅游活动究竟是一种什么性质的活动？在回答这个问题之前，我们首先有必要对人们前往异国他乡的旅行以及在该地的逗留所引发出来的现象有一个基本的了解和认识。

（一）旅游活动所引发的多种现象

旅游者前往异国他乡的旅行以及在目的地逗留活动的开展，会引发多种不同的现象。这些现象自然也会成为旅游活动不同的表现层面。这些现象主要涉及以下几个方面。

1. 社会现象

旅游是人们离开自己的惯常居住地，前往旅游目的地的旅行以及在该地停留期间的生活和访问活动。就现代旅游活动中占据绝大多数的消遣旅游而言，旅游活动属于一种异地休闲活动，是人们利用自己的闲暇时间，开展于异国他乡的一种短期性特殊生活方式。正如国际上很多休闲研究中所指出的那样，人们的休闲乃是生产力发展到一定阶段而产生的社会现象。此外，旅游活动最基本的表现特征是不同国家或不同地区之间的人员流动和相互之间的民间接触与交往，这种大规模的民间接触与交往无疑也是属于社会现象。总之，无论是休闲、生活方式，还是人民交往，都隶属社会现象，因而这些情况也都说明，旅游活动的大规模开展实为当代的一种社会现象。

2. 文化现象

人们外出旅游的目的和活动内容之一便是体验异乡风情，了解异国他乡的民族或地域文化。事实上，无论一个人是出于何种动机而外出旅游，无论他是属于哪一种类型的旅游者，都不可避免地要接触旅游目的地的社会文化。原因在于，文化的涉及面是如此之广——如包括东道地社会的民族历史、生活方式、风俗习惯、文学艺术、建筑风格、着装服饰以及饮食特色等，以至于任何到访的旅游者都会自觉或不自觉地体验该地这些方面的事物。另外，外来旅游者也会以自己自觉或不自觉地表现出来的本民族文化去影响东道地社会的居民。人们之所以会提出旅游是一种文化活动，其主要原因也在于此。

3. 经济现象

在外出旅游过程中，旅游者打交道最多的对象要算是旅游线上和线下企业，因为在现代旅游活动中，几乎所有旅游者在行、游、住、食、购、娱等方面都会借助和使用相关旅游企业提供的设施与服务。旅游者与这些旅游服务企业之间的关系也因此形成了需求者与供给者的关系。而市场的供给与需求则是经济现象最基本的表现。旅游者的需求造就了旅游业的市场机会，从而使旅游业得以产生和存在，并且旅游者在旅游目的地停留期间的消费也会对该地的经济产生影响。所有这一切都为旅游活动蒙上了经济活动的色彩。

4. 政治现象

在讨论国际旅游的影响时，很多人将人们跨国旅游活动的开展比喻为“民间外交”，将国际旅游者比喻为“民间大使”。这主要是因为，对于一个国家来说，借助国际旅游活动的开展，无论是通过接待外国旅游者的来访，还是通过本国旅游者的出国访问，客观上都可以起到周恩来总理所说的“宣传自己，了解别人”的作用。事实上，包括联合国在内的众多国际机构在经过了大量的观察和研究之后，都得出结论认为，国际旅游活动的开展有助于增进不同国家或不同民族之间的相互了解，有助于消除国家或民族之间由于缺乏相互了解而有可能造成的偏见和误解，从而在客观上可以起到缓和与消除国际紧张、推进世界和平的作用。此外，跨国旅游活动的开展通常都会涉及办理护照与签证，而不论是面向本国公民的护照签发，还是针对外国人入境的签证制度，其本身就是国际政治的产物。人们不难设想，如果两个国家没有建立外交关系，那么这两个国家的公民很难指望能够到对方境内去旅游和访问。反之，如果两个国家的关系友好，则有助于增进两国之间的民间往来，甚至会允许对方国民的旅游来访免签入境。总之，由于国际间旅游活动的开展会受到政治因素的影响，特别是国际旅游活动的开展对国际政治的客观影响，从而也使得旅游活动的开展在某种程度上有了政治现象的色彩。

（二）旅游活动的根本属性

在了解了旅游活动所引发的诸多现象之后，我们再去分析和认识旅游活动的性质，或许会相对容易一些。在这方面，我们至少应注意两点：第一，由旅游活动所引发的现象很多，但无论如何，现象毕竟只是有关特定事物的外在表象，而不一定是该事物自身的内在本质。第二，在由旅游者的旅行和访问活动所引发的各种现象中，有些现象，如政治现象和经济现象，其实都是因旅游者活动的开展而出现的伴生性现象，而不是旅游活动本身的固有现象。

那么，旅游活动究竟是什么属性的活动？或者说我们该怎样去认识旅游活动的性质呢？我们知道，旅游活动的主体是旅游者。旅游活动究其根源乃是旅游者的活动，而不是旅游业的经营活动。正如英国旅游局（BTA）前首席执行官里考瑞什（L. J. Lickorish）曾经明确指出的那样，旅游活动“是人的活动……而非一项产业的活动”。世界旅游组织对旅游活动的权威界定也明确反映出，旅游活动乃是旅游者的活动，而不是旅游业的经营和管理活动。因此，在旅游学中，对旅游活动的性质的认识，应建立在旅游者的旅游活动这一基础之上，而不应将其与旅游业的经营活动相混淆。

所以，虽然旅游活动所引发的现象很多，但旅游活动毕竟是作为旅游者的人的活动。特别是就在其中占绝大多数的消遣旅游活动而言，外出旅游或度假是人们的一种特殊生活方式，是人们为达到自己放松身心、求知和探索等非经济性目的，而去异国他乡开展的访问活动。事实上，几乎没有哪一个旅游者主观上是为了促进某地的经济发展或者是为了缓和有关国家间的紧张关系而外出旅游的。所以，从根本上讲，旅游活动是一种以不同地域间的人员流动为特征，涉及经济和政治等众多现象的社会文化活动。

需要说明的是，有人可能会问，商务旅游者的活动难道不是经济活动吗？对此，答案应该是肯定的。我们应当看到，商务性访问之所以被纳入旅游活动的范畴，虽然部分是由于前面曾经解释过的原因，但从根本上讲更是出于旅游统计和旅游经济研究工作的需要。商务人员的差旅性外出既不是以个人的支付能力为前提，也不是以个人的闲暇时间为条件，而完全是出于工作上的需要或上司领导的差遣，其外出活动的性质当然应取决于该次差旅任务的性质。所以，旅游学研究中对旅游活动性质的讨论，所针对的是非差旅性的旅游活动，而不是那些其性质已经很明确的商务性差旅活动。

第二节　现代旅游活动的特点

由于研究目的不同，人们对现代旅游活动的特点所作的归纳也会不尽相同，这是很自然的事情。然而无论如何，需要注意的是，对旅游活动的特点进行归纳，其本身并不是目的，所以我们不能为了归纳旅游活动的特点而去归纳旅游活动的特点。不然的话，所归纳出来的特点也不会真正有意义。本节中对现代旅游活动的特点进行分析和归纳的主要目的有两个：一是借此介绍一些有关现代旅游的基本知识；二是通过对有关特点的归纳，了解认识这些特点对旅游业经营与管理工作的实际意义。

一、普及性

现代旅游活动的第一个特点，也是其表现最为突出的一个特点，便是其发展程度的普及性。第二次世界大战之前，旅游活动虽然已经颇具规模，但谈不上普及，由于当时社会经济的发展水平有限，广大劳动大众无论是在支付能力上还是在时间条件上，都无力参加旅游活动。劳动大众真正发展成为旅游者大军中的主力，则是第二次世界大战结束之后的事情。随着战后各种有利于社会经济发展的条件的不断出现，到了20

世纪60年代，旅游活动的大众化开始率先在一些发达国家中出现，并逐渐发展成为全球性的现象。大众旅游（mass tourism）现象也于此时开始出现。

作为旅游研究中常用的一个术语，“大众旅游”有双重含义。大众旅游的第一层含义是指大众化旅游或旅游活动的大众化，即旅游活动参加者的范围之大，已经扩展到了普通的劳动大众。也就是说，在现代社会中，旅游和度假已经不再像旧时代那样是少数权贵和富有者的特权，而是已经发展成为普通大众人人享有的权利。世界旅游组织在1980年发表的《马尼拉宣言》中明确提出：旅游也是现代人类社会的基本需要之一。为此，各国政府应使旅游度假真正成为国民人人享有的权利。例如，对于那些低收入的社会阶层，有些国家（主要是欧洲的一些国家）采取通过由国家和地方政府、雇主、工会或其他团体组织提供资助或补贴的办法，使其能够参加到旅游活动中来。这便是国际旅游文献中所称的社会旅游（social tourism），也有人将其称为社会补贴（性）旅游。这类社会补贴性旅游的组织和开展，在一定程度上说明，旅游度假作为人们现代生活的必要组成部分，在不少国家中已经被提到社会发展的日程上来。

大众旅游的另外一层含义是指大众型旅游，尤其是指有组织的包价团体旅游这一大规模旅游活动的开展形式，具体表现为，旅游者在旅行社的组织和安排下，采用大规模集体活动的形式，借助各类旅游供应商提供的设施和服务，按照预定的时间、地点或线路以及活动内容，有计划地完成全程旅游活动。在国际旅游文献中，对于采用这种形式外出旅游的人，称为大众型旅游者。从全球旅游发展的情况看，在20世纪60年代至80年代期间，这种大众型的旅游活动发展迅速，成为占支配地位的旅游活动开展形式。但是后来，随着人们对旅游的负面影响，特别是大规模旅游活动的开展对旅游接待地区的自然和生态环境的负面影响的关注，一些研究者对大众型旅游的开展提出了种种否定意见。但是客观地讲，大众型旅游这一旅游活动的开展方式，对于现代旅游活动规模的迅速扩大起了很大的推动作用。特别是，在广大民众对异国他乡的情况不大了解或不熟悉的情况下，如果没有这种有组织的团体旅游形式，人们在外出旅游过程中不仅会困难重重，而且费用开支也会增加很多。所以我们不难想象，如果没有这种有组织的团体旅游形式，旅游者的数量绝不会增长得如此迅速。尽管其中的确存在很多问题，但在今后的全球旅游发展中，团体包价旅游这一大众型的旅游活动开展方式仍将会继续存在下去，特别是就远程旅游活动的开展而言更是如此。

认识现代旅游活动的普及性有着多方面的意义。其中最重要的两点是：

（1）现代旅游活动的普及性意味着旅游市场的规模及其存在和发展的持续性，因而也预示着旅游业未来的市场前景。

（2）现代旅游活动的普及性不仅意味着旅游活动参加者的范围已经扩展到普通的劳动大众，更反映着其参加者范围的广泛性。对于大多数旅游企业来说，这意味着有必要从中选择适合自己经营的目标市场。

二、地理集中性

随着现代科学技术的发展及其在生产实践中的应用和普及，特别是伴随着交通运输技术的不断现代化以及信息和通信技术的不断进步，世界各地之间的人员交往变得越来越便利。正是从这个意义上说，全球已成为一个“正在缩小的世界”和“地球村”。由于这些便利条件的发展，使得人们外出旅游的地域范围不断扩大。可以毫不夸张地说，当今世界的各个地方几乎都已留下了旅游者的足迹。但是真正值得我们注意的是，人们旅游活动的开展并非均匀地分散于全球各个地点，而往往是相对集中于某些地区或地域进行。对于现代旅游活动的开展在空间分布上的不均衡性这一特点，国际旅游文献中称为地理集中性（geographic concentration）。

（一）地理集中性的表现

首先，世界旅游组织将全球分为五大区域，分别为亚太地区、欧洲地区、美洲地区、中东地区和非洲地区。从全球旅游人数区域分布来看，亚太地区规模位居全球五大区域之首，2018 年接待旅游人次达到 80.34 亿人次，占全球旅游总人次数的 66.4%；其次为美洲地区，2018 年接待旅游人次达到 18.997 亿人次，占全球旅游总人次数的 15.7%；排在第三位的是欧洲地区，2018 年接待旅游人次达到 18.27 亿人次，占全球旅游总人次数的 15.1%。这三大区域接待旅游人次占当年全球旅游总人次数的 97.2%，而中东地区和非洲地区接待旅游人次数占比相对非常少。这些数字显示，全球国际旅游活动的分布格局明显具有地理集中性的特点。

其次，如果将观察的范围缩小为一个国家，我们同样也会发现，来访旅游者在该国的逗留活动并不是平均地分散于各地。所以，该国境内各地的旅游接待量往往会有程度不同的差别。也正是因为各地的游客接待量不一，甚至差距悬殊，所以才会有某地区属旅游“热点”地区、某地区属旅游“冷点”地区之类的说法。以我国 2018 年接待入境过夜旅游人数的情况为例，该年度我国的入境过夜旅游接待量总计为 6290 万人次，其中广东省的接待量为 3748.1 万人次。与之相比，青海和宁夏的入境过夜旅游接待量仅分别为 6.9 万人次和 8.8 万人次。

最后，如果将观察的范围进一步缩小，我们也不难发现，即使是在同一个旅游接待城市中，来访旅游者相对集中于某些区域开展活动的现象同样也是普遍存在。例如，英国首都伦敦是世界上著名的旅游城市之一。市内的特拉法格广场、西敏寺、白金汉宫、伦敦塔等处都是有名的参观游览点，也是外来游客活动比较集中的区域。据调查，在伦敦所接待的来访游客中，大约有 93% 的人都会去游览特拉法格广场，85% 的人都会去参观西敏寺，83% 的人都会去白金汉宫观看皇家卫队的换岗仪式，82% 的人都会去游览伦敦塔。相比之下，有些区域很少有旅游者光顾。事实上，在我国的旅游城市中，人们也都可以见到类似的情况。

（二）地理集中性的认识意义

旅游活动地理集中性的存在，对目的地旅游业的发展和旅游企业的经营既有有利的一面，也有不利的影响。因此，了解和认识旅游活动的地理集中性这一特点，无论是对于微观层次上的旅游企业经营，还是对于宏观层次上的旅游目的地开发与管理，都具有十分重要的现实意义。

在微观层次上，认识旅游活动的地理集中性特点，有助于指导旅游企业的选址，也就是说，有助于指导旅游企业将营业地点选定于旅游者活动比较集中的区域。

在宏观层次上，认识旅游活动的地理集中性特点，有助于指导旅游接待地区的旅游规划和旅游管理工作，从而有助于促进可持续旅游发展的实现。这主要是因为，任何一个接待地区的旅游承载力都会有它的极限。如果旅游接待量突破这一极限，可能会使原本以潜在形式存在的负面影响转化成为严重的现实问题。对于一个旅游目的地来说，旅游承载力极限的突破往往同旅游活动在地域分布上的过度集中有关。换言之，假定来访游客是平均地分布在该地境内开展活动，很可能不会出现旅游承载力被突破的问题。然而，实际情况却往往是，由于旅游活动地理集中性的客观存在，游客活动的开展可能会过度集中于某些区域，从而很容易导致突破承载极限问题的发生。总之，“人满为患”和“接待量超载”现象是旅游活动的地理集中性这一特点所直接导致的问题。这些问题只有通过科学的旅游规划工作和有效的游客管理工作才有可能得以抑制或克服。

三、季节性

旅游活动的季节性是指一年中旅游活动的开展规模在时间分布上的不均衡性。

（一）季节性的表现

对于旅游客源地方面来说，这种季节性一般表现为：该地居民外出旅游的数量因季节或月份的不同而会出现变化，即在某些季节或者某些月份，外出旅游的人数很多，而在另外一些季节或月份，外出旅游的人数则会变得很少。对于旅游目的地方面来说，这种季节性则表现为：来访的游客数量会因季节或月份的不同而出现波动，即在全年中，某些季节或某些月份的游客来访量很大，而另外一些季节或月份的游客来访量却会很小。游客来访量在一年中不同时期或不同月份之间的波动越大，则意味着旅游市场需求的季节性越明显，反之则越模糊。例如，我们只要稍微观察一下世界各地每年接待旅游者来访的情况，就不难发现绝大多数的旅游目的地在接待游客来访方面，都会存在着因季节或月份不同而接待量不一的现象。以我国接待外国人入境旅游的情况为例，无论是哪一年的情况，我们都会发现，各个月份的来访人数不尽相同，有些月份的来访人数较多，而有些月份的来访人数较少。通过观察历年来各个月份的外国游客来访量，我们会发现：一般地讲，每年的8月、9月和10月这三个月外国游客来访人数最多，因此可称为外国游客入境来访的“旺季（high season）”；相比之下，每年的1月、2月和12月这三个月外国游客来访量最低，因此可称为外国游客入境来访的“淡季（low season）”；其余各月份的接待量由于是介于旺季和淡季之间，因此可称为外国游客入境来访的“平季（shoulder season）”。如果我们站在地方性旅游目的地的立场上去观察国内游客来访量在一年中不同月份的分布情况，同样可以发现其季节性特点的存在。

实际上，与很多其他旅游目的地国家相比，我国入境旅游接待量的淡旺季差别还算不上悬殊。这一方面是因为我国疆域辽阔、跨气候带较多，在自然条件方面全年各个月份都有适宜开展旅游活动的地方；另一方面则是由于我国拥有丰富的、吸引力通常不为气候所影响的历史人文资源——在吸引外国游客来华旅游方面发挥着相当大的作用。所有这些都可在一定程度上起到削弱来华旅游季节性的作用。相比之下，在那些主要依赖自然旅游资源吸引外国游客，然而其气候又四季分明的旅游目的地国家中，旅游季节性问题不仅表现得更为明显，而且旅游需求的季节性波动程度往往会很高。

世界上大多数旅游目的地都非常关注旅游的季节性问题。主要原因如下：

（1）季节性意味着市场需求的波动性。

（2）在需求旺季，旅游业会遇到“吃不了”的问题。

（3）在需求淡季，旅游业会遇到“吃不饱”的问题，旅游设施会因此而出现闲置，甚至会带来季节性失业的问题。

（二）季节性的主要成因

对于一个旅游目的地来说，旅游季节性的形成既有该地自身方面的原因，也有客源地方面的原因。

在旅游目的地方面，当地的气候条件对来访旅游季节性的形成往往具有重大影响，特别是在该地旅游资源的吸引力在很大程度上会为气候变化所左右的情况下，这种影响就显得尤为突出。比如，某地区凭借其质量上乘的高尔夫球场，夏秋时节都会吸引大量爱好高尔夫的游客来访。然而，该地的气候特点又是四季分明，所以，随着寒冷冬季的到来，该地区的旅游吸引力也会随之削弱，此时的游客接待量也会跌入低谷。同样，在那些以天然冰雪活动项目吸引游人来访的旅游目的地，随着季节的变换和冰雪条件的消失，来访游客的数量自然也会出现大幅度的下降。

在客源地方面，影响人们出游的季节性因素可能会有很多，但其中较具普遍性的因素主要有两个：一个因素是人们外出旅行的目的，另一个因素则是人们带薪假期的放假时间。

从总体而言，以商务为代表的差旅性外出不会受季节的影响，换言之，只要是工作上的需要，有关人员随时都得领命外出。因此，这类旅行目的对客源地出游季节性的形成没有影响。此外，以探亲访友为目的的外出访问对客源地出游季节性的形成影响也不大。所以，真正对客源地的出游季节性具有重大影响的是消遣性目的的外出旅游。也就是说，如果某个客源地的外出旅游者中消遣型旅游者所占的比重很大，则该地外出旅游的季节性程度势必会很高。

在带薪假期的放假时间方面，如果某客源地社会中，就业人员带薪假期的放假时间比较集中，则该地居民外出旅游的季节性通常都会很强；反之，该地居民外出旅游的季节性则会削弱。其实，我国近年来每年的“黄金周”期间国内旅游和出境旅游需求高峰的出现，也都与我国的放假制度有着直接的关系。

第三节　旅游活动的类型

旅游活动的类型很多。对旅游活动进行类型划分的直接目的或意义，在于了解、分析和认识不同类型旅游活动的特点。事实上，对于旅游活动的类型，并不存在绝对的排他性划分。人们出于不同的研究目的或需要，往往会采用不同的划分依据或划分标准，因而所划分出来的类别自然也会多有差异。从旅游统计、市场营销工作和旅游理论研究的需要出发，人们在划分旅游活动的类型时，所选用的划分标准大致上涉及五类，即地理范围、旅行距离、活动形式、出游目的以及其他标准。

一、基于地理范围的旅游活动类型划分

依据旅游活动开展所涉及的地域范围，可将旅游活动划分为国内旅游、国际旅游、洲际旅游、环球旅游等类型。其中，国际旅游和国内旅游是这类划分中的两大基本类型。

（一）国际旅游

国际旅游是指一个国家的居民跨越国界，到其他国家或地区开展的旅游活动。分为以下两种情况：

（1）一种情况是本国居民跨越国界到其他国家或地区开展的旅游活动，称为出境旅游或出国旅游。

（2）另一种情况是其他国家的居民前来某旅游目的地国家或地区开展的旅游活动，称为入境旅游或国际来访旅游。

例如，站在我国的角度去认识，我国内地居民离境前往其他国家开展的旅游活动，便是属于出境旅游或出国旅游，其他国家和地区的居民前来我国大陆开展的旅游活动则属于入境旅游。

（二）国内旅游

国内旅游是指一个国家的居民离开自己的惯常居住地，到本国境内其他地方开展的旅游活动。根据这一定义，外国侨民在其居住国境内开展的旅游活动应纳入该居住国的国内旅游统计。

国内旅游活动与国际旅游活动之间的差别主要表现在以下方面：

（1）在活动开展的地理范围方面。国际旅游活动的开展涉及跨越国界，而国内旅游活动的开展则限于在旅游者的惯常居住国境内进行。这也是国际旅游活动与国内旅游活动之间最根本的区别。

（2）在便利程度方面。国内旅游活动的开展一般不存在语言和文化方面的障碍，并且在国内各地之间的旅行往来通常不需要办理准入手续。与之相比，国际旅游活动的开展常常会遇到语言以及其他方面的文化障碍问题，并且通常须按照有关国家的要求办理各种必要的出入境手续。这些手续通常包括办理出入境证件（护照与签证）、海关手续、卫生检疫以及兑换货币等。

（3）在经济影响方面。国内旅游消费的发生只是促进国内财富在本国境内不同地区间的重新分配（假定不考虑这些消费对本国经济发展的间接效应和诱导效应），而国际旅游消费的发生则会带来国家间的财富转移。对旅游客源国来说，本国居民的出境旅游消费会直接造成本国财富的流出。对旅游接待国来说，入境旅游者在该国逗留期间的消费开支则会形成一种外来的“经济注入”。正是由于这一原因，包括发达国家在内，世界各国政府的旅游政策几乎都偏重于鼓励本国入境旅游业的发展。

二、基于旅行距离的旅游活动类型划分

依据旅游客源地与旅游目的地之间旅行距离的长短，可将旅游活动的类型划分为远程旅游和近程旅游两大类。

（一）远程旅游

对于何为远程，虽然人们大都能够意会，但目前国际上并不存在严格而统一的界定。就一般情况而言，在国际上的旅游研究中，远程旅游通常是指去1000公里以外的旅游目的地开展的旅游活动。

（二）近程旅游

近程旅游有时也称短程旅游。对于何为近程或短程，目前国际上同样也没有严格而统一的界定。在国际上的旅游研究文献中，近程旅游多是指前往240公里以内的旅游目的地开展的访问活动，尤其是指自驾车抵达目的地的旅程时间不超过1.5小时的出游活动。

作为旅游活动发展的基本规律之一，人们外出旅游的活动范围总是由近及远，所以近程旅游需求总是率先得到发展。就通常情况而言，这主要是因为近程旅游：

（1）旅行费用较少，因而有支付能力的人数相对较多。

（2）客源地与目的地的文化传统和生活习惯比较接近，并且很少存在语言障碍。

（3）交通条件相对便利。

（4）出游时间易于灵活掌握。

三、基于活动形式的旅游活动类型划分

依据旅游活动的开展形式，可将旅游活动划分为团体旅游和散客旅游两大类。

（一）团体旅游

团体旅游亦称团队旅游，通常是指以有组织的集体形式开展的旅游活动。在旅行社行业中，尤其是指旅行社将购买同一包价旅游产品的旅游者组织到一起，以旅行团这一集体形式开展的旅游活动。按照国际上旅游行业中的一般惯例，所谓团体，是指人数至少为 15 人的旅行团。对于团体游客，旅游供应商会对其实行优惠的团体价格。但是，按照我国旅游行业中的现行政策，所谓团体，则是指人数至少为 10 人（含随团的导游人员在内）的旅行团。同样，对于人数达到这一规模的团体游客，旅游供应商会对其实行优惠的团体价格。

对于旅游消费者来说，团体旅游的主要优点如下：

（1）省心省力。

（2）安全感强。

（3）往往会在价格上享受某种优惠。

当然，对于旅游消费者来说，团体旅游也有其缺点，主要表现在：旅游者个人的活动会受到预定计划安排和集体统一行动的限制，从而使旅游活动的开展缺乏灵活性和个人自主性。

对于旅游经营者来说，团体旅游业务的最大优点则是，有利于组织旅游产品的批量生产，从而有助于降低单位产品的生产成本。

（二）散客旅游

相对于团体旅游而言，散客旅游是指个人独自出游以及为数不多的几个人（依照我国旅游行业中的现行惯例，尤指 9 人以下）自行结伴开展的旅游活动，常被通俗地称为“自助游”或“自由行”旅游。以这种形式出游时，旅游者可随时随意决定自己的旅游线路、活动日程和活动项目，当需要使用商业性旅游服务时，通常也多是购买有关的单项旅游产品。当然，散客旅游者有时也可能会要求旅行社根据自己的意愿，专门为自己安排整套的全程旅游服务。

对于旅游消费者来说，散客旅游的最大优点在于自主性强，全程活动的开展不像团体旅游那样受固定计划安排和集体统一行动的限制。但是，由于不能像团体旅游那样享受价格优惠，所以散客旅游的费用通常会比同样行程、同样内容和同样服务等级的团体旅游昂贵。

四、基于出游目的的旅游活动类型划分

依据联合国世界旅游组织的有关文件，人们外出旅游的目的可归纳为两大类：一类是属于消遣性目的，另一类则是属于事务性目的。以此为依据，可将旅游活动划分为消遣性旅游和事务性旅游两大类。

（一）消遣性旅游

消遣性旅游（pleasure travel），顾名思义，泛指一切因非事务性目的而外出他乡的旅游活动。这类旅游活动所涉及的具体种类很多，常见的情况主要包括：

1. 观光旅游

观光旅游通常是指以领略异国他乡的自然风光、都市景观或社会风情为主要活动内容的旅游活动。观光旅游是世界上开展得最为普遍的旅游活动类型，并且也是目前我国旅游业接待量最大的市场类型。

观光旅游活动的基本特点是“走马观花”，旅游者对目的地社会生活的参与程度通常较差。特别是在以团体方式开展的情况下，观光活动多呈被动式进行。对于一个旅游目的地来说，观光产品难以吸引游客重复购买或多次地故地重游，除非该地能够有效地对其观光产品不断更新。

2. 度假旅游

在我国，度假旅游通常是指出于疗养目的或为了摆脱日常工作和生活环境所造成的身心紧张，而去海滨、山区等环境优美的地方放松一段时间的旅游活动。但是，有必要提醒注意的是，在欧美学术界，度假旅游在很大程度上等同于前面所述的消遣性旅游，换言之，各种消遣性旅游活动都被称为“度假（holiday-making or vacation）”。

度假旅游活动的主要特点如下：

（1）多为一地式停留。

（2）停留天数相对较多（当然也有停留天数较少的周末度假游）。

（3）消费水平较高。

（4）活动方式悠闲自在。

（5）活动内容任意自由。

3. 文化旅游

文化旅游泛指一切以体验他乡社会、了解他乡文化为主要目的的旅游活动。由于文化这一范畴的涉及面很广，因而这类旅游活动的具体内容不尽相同，一般主要涉及了解和体验旅游目的地社会的民族历史、生活方式、风俗习惯、民族艺术、社会组织以及文化教育等。某一特定内容的文化旅游实为文化方面的特殊兴趣旅游。知识性和参与性是这类旅游活动的突出特点。

4. 宗教旅游

宗教旅游有时也称为朝觐旅游，尤其是指宗教信徒以前往宗教圣地朝拜为根本目的的旅游活动。宗教旅游不仅有悠久的历史，而且至今仍是世界各地普遍可见的现象。特别是伊斯兰教、佛教和基督教的宗教圣地，以及一些著名的寺庙或教堂所在地，每年都会吸引大量的宗教旅游客流。

5. 乡村旅游

乡村旅游是利用农业和乡村资源开发的一种集观光、休闲、度假、体验于一体的综合性旅游产品类型。乡村旅游不仅能够给游客提供独特、新奇的旅游体验，最重要的是，它能够给乡村农户提供现金增收的新途径，改变乡村的经济结构，促进乡村振兴发展，可谓游客与农家“同乐双赢”。近年来，随着人们生活水平的日益提高，农家乐、渔家乐、乡村采摘游、农业研学旅游等乡村旅游活动蓬勃发展，成为重要的现代旅游活动方式。

6. 探险旅游

探险旅游通常是指那些前往某些人迹罕至的偏远之地，以开展某种自然探险为主要内容的旅游活动。探险旅游活动的参加者多为中青年人士中的乐于冒险者。就一般情况而言，这类旅游者对商业性旅游服务的使用通常较少，但他们的行踪往往能为新旅游线路和新旅游点的开发提供线索。在欧美的旅游研究中，前往陌生国度开展的文化旅游有时也被称作“软探险”旅游。

7. 特殊兴趣旅游

特殊兴趣旅游通常是指那些为了满足个人的某种爱好或业余爱好而前往异乡开展的旅游活动。典型的特殊兴趣旅游活动包括观鸟、考古、修习武术等。这类旅游活动的参加者多为有关兴趣领域的“发烧友”，因而接待这类旅游者的导游人员应具有一定程度的相关专业知识。

（二）事务性旅游

事务性旅游（business travel），顾名思义，泛指一切出于事务性目的而外出他乡的访问活动。按照国际旅游文献中的有关分类，虽然事务性旅游中多为因公外出的差旅性访问，但也包括出于因私目的而外出他乡的家庭或个人事务活动。具体地讲，事务性旅游包括：

1. 公务旅游

在我国，公务旅游通常用于指政府部门、党派组织和社会团体的代表或工作人员因公出访异国他乡的差旅性活动。这类访问活动之所以也被纳入旅游活动的范畴，主要是因为：第一，访问期间大都伴有消遣活动的开展；第二，在目的地停留期间的消费也被列入该地的旅游收入账户。

公务旅游在全部旅游活动中所占的比重虽然不大，但各地旅游部门都很重视对公务旅游者的接待。这主要是因为，这类来访者——尤其是其中的政界要员和社会名流——知名度高，影响力大，其行踪和活动往往是新闻媒体的报道对象。因此，他们的到访客观上会产生公关效应，从而有助于提升有关目的地和相关接待企业的知名度与社会声誉。

2. 商务旅游

商务旅游泛指工商界人士因商务目的而去异国他乡访问的活动。商务性访问之所以被列入旅游统计范畴，其中的原因与前述公务旅游相同。

商务旅游活动具有重访率高、没有季节性、消费水平高、对价格不敏感等特点。由于这些特点，商务旅游是一块颇有价值的市场，尤其对于航空公司和饭店企业来说更是如此。

3. 会议旅游

会议旅游泛指因出席会议而前往异国他乡的访问活动。当今世界，大多数会议在举办期间或结束之后，都会安排某些参观游览活动。在发达国家中，很多与会者甚至会顺便将出差开会与个人度假接续起来进行安排。除此之外，将会议性来访纳入旅游统计的原因同于前述公务旅游。

随着世界各地的社会发展，各类社团组织的数量不断增多，国家间以及地区间的会议交流更加频繁，会议旅游的市场规模也因此在不断扩大，加之会议服务业务的利润较高，从而使得会议旅游成为各地旅游业都普遍关注的重要市场。

4. 家庭和个人事务旅游

这类旅游活动包括外出他乡参加亲朋好友的婚礼、出席在外求学子女的毕业典礼、利用假期外出参加某种学习或进修班，以及外出探亲访友等因私的事务性出访活动。

在我国接待的这类海外旅游者中，以修学旅游和探亲旅游最具代表性。我国很多高等院校每年暑假期间都面向海外举办各类主题的短期学习班，吸引了很大一批求学者来访。此外，海外华侨以及港、澳、台居民中回祖国内地探亲访友者更是我国旅游业较为稳定的入境旅游客源。

五、其他方面的分类标准

在对旅游活动进行类型划分方面，人们有时还会采用某些其他方面的依据，具体如下。

（1）依据计价方式的不同，可划分出包价旅游和非包价旅游。

（2）依据费用支付的特点，可划分出自费旅游和奖励旅游。

（3）依据在旅游目的地停留时间的长短，可划分出过夜旅游和不过夜的一日游。

（4）依据所采用的旅行方式，可划分出航空旅游、铁路旅游、汽车旅游、游船旅游，等等。

（5）依据旅游活动的主要内容，可划分出观光旅游、民俗旅游、体育旅游、会议旅游、文化旅游，以及形形色色的特殊兴趣或专项旅游，等等。

（6）近些年来，在国际旅游学术界出于经济分析目的而提出的旅游活动类别中，有一类称为国民旅游（national tourism），指参加者为本国居民的旅游活动，其中既包含本国居民的国内旅游活动，也包含本国居民的出境旅游活动。

只要留心观察以上所述，我们可能会发现，在应用上述划分依据对旅游活动进行分类时，所划分出来的旅游活动类型难免会出现某些交叉或重叠。这一情况再次告诉我们，对旅游活动进行类型划分本身并不是目的，而只是一种手段。所以，了解有哪些常用的划分依据或标准当然是必要的，但更重要的是学会根据自己工作或研究的需要，去选择恰当的划分标准，并针对所划分出来的类型去分析该类旅游活动的特点。否则，对旅游活动的类型划分将会失去意义。

本章小结

“旅游”一词，在不同的语境中可能会有不同的含义。本章在讨论旅游活动定义的基础上，分析了旅游活动的社会文化性质，并着重探讨了现代旅游活动的普及性、地理集中性和季节性等主要特点。认识这些特点对于指导目的地旅游业的开发和旅游企业的经营具有重要的实际意义。本章还在讨论旅游活动类型划分标准的同时，介绍了一些常见类型的旅游活动及其主要市场特点。了解和熟悉这些内容，对于后面章节的学习是十分必要的。

主要术语

旅游（活动）（tourism）　　国际旅游（international tourism）
国内旅游（domestic tourism）　　大众旅游（mass tourism）
团体旅游（group travel）　　散客旅游（independent travel）
消遣旅游（pleasure travel）　　探亲访友旅游（VFR）
乡村旅游（rural tourism）　　特殊兴趣旅游（special-interest tour）

思考与练习

1. 名词解释：大众旅游，社会旅游，国际旅游，国内旅游，团体旅游，散客旅游。
2. 什么是旅游活动？世界旅游组织对旅游活动是如何界定的？
3. 旅游活动的性质与旅游业的性质一样吗？为什么？
4. 现代旅游活动有哪些主要特点？
5. 什么是旅游活动的地理集中性？认识这一特点有哪些实际意义？
6. 为什么世界上大多数国家和地区的旅游业都非常关注旅游的季节性问题？
7. 对于一个旅游目的地来说，来访旅游的季节性是怎样形成的？
8. 试列举并举例说明用于划分旅游活动类型的常见标准。
9. 根据你对旅游活动类型的划分，分析各类旅游活动的市场特点。

第二章　旅游的产生与发展

学习重点

- 认识旅行和旅游活动的产生和发展与社会经济之间的关系。
- 了解人类旅行活动最初产生的社会经济背景。
- 了解19世纪以前旅行活动的发展特点。
- 熟悉近代旅游出现的社会经济背景。
- 了解托马斯·库克的活动及其对旅游业发展的影响。
- 掌握第二次世界大战结束以后旅游需求规模迅速扩大的原因。
- 熟悉改革开放以来我国旅游业客源市场的演变过程。

第一节　古代的旅行活动

我们常常听到有人讲，旅游活动自古有之。此话有其正确的一面，也有其欠妥的一面。正确的一面在于，按照中国史学界对古代的界定，旅游活动的确是自古有之。欠妥的一面在于，按照世界史学界对古代的界定，旅游活动的出现则是近代才有的事情。更重要的是，旅游活动“自古有之”这一说法有可能会使人误以为，自有人类存在之日起，旅游活动便已然存在。

客观地讲，当今的旅游活动的确可以溯源于古代的旅行发展，因为早在“旅游（tourism）”一词问世之前，具有类似行为内容的活动便已经存在。不过，由于当时这些活动的性质，人们称这些活动为“旅行”而不是“旅游”。所以，本着历史唯物主义的认识原则，客观地反映事物的本来面目，我们今天仍有必要将古代人类的这些活动称为“旅行”，而不是现今意义上的“旅游”。

接下去的问题是，既然现今的旅游活动是由古代的旅行活动演进而来，这是否意味着自有了人类之日起，旅行活动便已自然存在？倘若事实如此，人们何以又会得出结论认为，无论是早期的旅行活动还是后来的旅游活动，其实都是人类社会经济发展到一定阶段的产物。对于这些问题，我们最好还是让历史给我们作一客观的回答。

一、原始社会早期的人类迁移活动

我们知道，在原始社会早期，由于劳动工具的简陋和生产力的低下，人们的劳动所获除了供自己食用之外，根本没有剩余。面对生存环境的威胁，人们不得不依靠集体的力量与自然界抗争，过着一种原始共产主义的生活。人们的社会活动也都是局限于自己所属的氏族部落之内。这些事实都说明，当时的人们不仅在客观上不具备外出旅行的物质基础，主观上也缺乏外出旅行的愿望。

或许有人会问，那时候不是也有人们从一个地方迁移到另一个地方去生活的现象吗？没错！但是，我们必须看到，这些迁移活动的发生要么是自然因素（如洪水、气候变化等）的逼迫所致，要么是外来人为因素（如战争杀戮）的逼迫所致，总之都属于不得已而为之。因此，这些迁移活动具有两个突出的特点，即被迫性和求生性。这些特点说明，这些迁移活动远非自愿意义上的旅行，当然更不是现今意义上的旅游活动。

二、旅行需要的产生

那么，人类自愿的外出旅行又是怎样产生的呢？通过考察历史，我们可以发现，人类对外出旅行的主动需要始于原始社会解体和阶级社会开始形成这一交接时期。在这一时期，随着生产工具和生产技术的进步，生产效率的提高，劳动剩余物的增多，社会和生活方式都有了很大的变化。最为重要的是，随着社会分工的出现与发展，不同的从业者之间有了交换产品的需要，并且这种交换很快发展成为一种重要的社会职能。所以，简单地归纳起来讲就是，在这一时期中，由于社会生产力的发展，导致了社会分工的出现和扩大，从而使产品交换成为一种必要的活动，人们的社会生活范围也因此扩大。为了实现交换，人们需要了解其他地区的生产情况，需要到其他地区交换自己的产品或商品，因而人们也便产生了外出交换产品或外出旅行经商的需要。

由此我们也不难发现，人类最初的自愿外出旅行远远不是消遣或度假性质的活动，而是一种出于经济目的的活动。正像世界旅游组织的有关研究报告中所指出的那样，“在最初的年代中，主要是商人开创了旅行的道路”。

三、奴隶制社会时期的旅行发展

在奴隶制社会时期，奴隶制国家社会经济的发展与繁荣，客观上为旅行活动的发展提供了新的便利条件。关于奴隶制社会时期旅行活动的发展，中外史籍中都有不少相关的记载，当代学者中也有不少人做过这方面的研究。其中最为西方学者所称道的典型，是西方奴隶制社会的鼎盛时期——古罗马帝国统治时期旅行活动的发展。旅行活动之所以能够在古罗马帝国获得迅速发展，主要是因为：

（1）在古罗马帝国鼎盛时期，大规模的侵略扩张已经停止，国内政局和社会秩序相对稳定。

（2）社会经济有了较快的发展。在生产技术方面，这一时期已出现了带轮子的耕犁和割谷机，水磨也得到广泛使用。埃及和北非地区改善了灌溉系统，扩大了耕地面积，粮食生产大为发展。欧洲的高卢（今之法国）和西班牙等地兴起了矿业、手工业和葡萄种植业。矿山已应用排水机，技术分工也比较细密。手工业也开始使用简单机械。建筑上开始应用复滑车起重装置。航海技术也有了很大的进步。所有这一切都为当时旅行活动的发展提供了更好的经济基础。

（3）交通条件有所改善。古罗马帝国在其境内兴建了规模庞大的道路网络，虽然是出于军事和政治目的，但客观上也为人们外出旅行提供了方便。在水路交通方面，地中海变成罗马帝国的"内湖"，海上运输十分便利。

（4）客栈和旅店发展起来。古罗马帝国时期的旅店和客栈是在官设驿站的基础上发展起来的。同当时世界各地的情况一样，古罗马帝国在其境内沿道路设置驿站的目的是，为了供往来的政府官员和公务人员中途歇息使用，但是与很多其他国家中的情况有所不同的是，古罗马帝国的官方驿站也接待过往的民间客商。随着旅行人数的增多，民办旅店和客栈也因此而发展起来。

上述情况说明，在古罗马帝国，旅行活动之所以得到迅速发展，显然与当时的社会经济背景有着密切的联系。

在奴隶制社会时期的中国，由于生产力的进步，社会生产规模的扩大和剩余劳动产品的增加，加之商人对生产和流通的促进，同样也使旅行活动的规模有了很大的发展。例如，在奴隶制社会鼎盛时期的商代，旅行活动的发展表现得最为突出。正如著名史学家翦伯赞先生在《中国史纲》中所评述的那样，在商代，随着社会经济的发展与繁荣，经商旅行的活动盛况空前。商人的旅行足迹"东北到渤海沿岸乃至朝鲜半岛，东南达今日浙江，西南达到了今日之皖鄂乃至四川，西北达到了今日之陕甘宁绥乃至远及新疆……已经走遍了他们所知道的世界"。

大量的史实表明，不论是在奴隶制社会时期的中国还是西方世界，人们的外出旅行活动，主要是为产品交换和贸易经商所驱使。但这并非意味着当时根本不存在非经济目的的旅行。不过，当时非经济目的的旅行活动主要表现为奴隶主阶级的享乐旅行。由于奴隶主阶级只是人口中的极少数，因此他们的享乐旅行活动并不具有普遍的社会意义，更不是当时旅行活动中的主流。

四、封建社会时期的旅行发展

如果我们继续循着历史演进的足迹，就中国封建社会时期的旅行活动发展状况与欧洲封建社会时期旅行活动发展状况进行观察和比较，则可以进一步地发现社会经济发展状况与旅行活动发展状况这两者之间的关系。

（一）中国封建社会时期的旅行发展

中国封建社会历时2000余年。在这一漫长的历史时期中，除了其间分裂和战乱的年代之外，在各统一朝代时期，生产技术和社会经济较前都有很大的发展。在农业生产技术、水利工程技术以及手工业、矿冶、纺织、造纸、瓷器生产等领域，都领先于当时的西方世界。简言之，在历史步入近代之前，中国的经济发展在世界上居领先地位。社会稳定和经济繁荣为当时旅行活动的发展提供了新的物质基础和社会条件。对于当时旅行活动的规模以及活动开展的地域范围，我国历史文献中虽无专门的数字记载，但是很多有关这一时期各朝代的政治、经济、社会、文化以及人物的历史典籍和文学作品，都从不同的侧面对当时旅行活动的发展有所反映。此外，从这些历史典籍和文学作品中对“商旅”一词的广泛使用，我们不难推断出，在这一时期的旅行发展中，以外出经商为代表的经济目的的旅行活动仍然占据统治地位。

除了贸易经商旅行活动在规模上仍居支配地位以外，这一时期旅行发展的另一突出现象是，很多非经济目的的旅行活动也在不断出现和发展。这里仅举几例作为介绍。

秦始皇统一中国后，曾兴建“驰道”、“直道”、“五尺道”和“新道”，加之对春秋战国时期各列国原有道路的连接和维护，逐渐在全国形成了以咸阳为中心的四通八达的道路网。这在客观上给秦汉时期的旅行发展提供了便利条件。我国最早的文史考察旅行就出现于这一时期，其中以西汉历史学家和文学家司马迁的游历活动最为著名。他的足迹可谓遍及西汉帝国版图。在各地游历期间，他“纵观山川形势，考察风光，访问古迹，采聚传说”，“讲业齐鲁之都，观孔子之遗风”（《史记·太史公自序》），其旅行距离之远、游历时间之久，可谓是当时文史考察旅行者中的突出代表。此外，西汉时期的张骞出使西域之行，则可以说是秦汉时期最具代表性的公务旅行。张骞的奉命西行开辟了中原地区通往西域的旅行路线，使人们对沿途各地的社会、地理、物产和风土民情有了较为全面的了解。实际上，张骞西行的路线就是后来历史上著名的丝绸之路，也是古代中国通往中亚和欧洲的最早的旅行路线。丝绸之路东起长安，途经陕西、甘肃、新疆，越过帕米尔高原，再经中亚、西亚，到地中海东岸。自公元前2世纪起，中国的大宗丝和丝织品以及其他特产多由此路西运。此后，晋代的法显、唐代的玄奘以及元代时的意大利人马可·波罗等人，也都是沿着这条线路完成其著名的旅行壮举的。

在唐宋时期，随着当时社会经济的发展和繁荣，旅行活动的发展也表现得十分明显。除了经商旅行之外，各种非经济目的的旅行在这一时期的典籍和文学作品中几乎都有所反映。其中，最突出的记载是这一时期的士人漫游和宗教旅行。这里所谓士人漫游，是指当时以一些名士骚客为代表的知识分子出于逃避和排忧的目的而进行的旅行和游历活动。唐宋时期，一些官僚地主、文人学士由于在仕途上遭受挫折或者受宗教思想的影响而居游于山林乡野，也有些人是出于对自然山川的爱好而四处漫游。著名的文学家和诗人李白、杜甫、陆游以及柳宗元、欧阳修、苏轼等人都是其中的突出代表。在宗教旅行方面，佛教自西汉末年传入中国后，到唐朝时发展到鼎盛阶段。佛教寺庙可见于全国各地，僧侣和香客的宗教旅行活动也屡见不鲜，其中尤以玄奘和鉴真两位高僧的宗教旅行活动最为后人所称颂。他们的行迹当时已经越出国界，远及印度和日本。以他们为代表的宗教旅行对促进中国与印度、日本等国的文化交流起到了积极的推动作用。直到今天，作为中印文化交流的艺术结晶——山西的云冈石窟、甘肃的敦煌石窟与麦积山石窟以及新疆境内石窟寺的雕刻和壁画等艺术珍品，仍令世人叹为观止。在唐宋时期，外国人来华访问的人数也空前增多。据《新唐书·地理志》中记载，在唐朝的重要道路中，最长的有三条：其一是经安西（今新疆库车）入西域道，沿路向西可到波斯（今伊朗）、大食（今阿拉伯）和地中海之滨；其二是经安南通天竺（今印度）道；其三是经广州通海夷道，从海上可通达南洋群岛、印度、阿拉伯地区。很多外国商人、使节和留学生都是通过这些道路来中国的。据史书记载，唐朝时日本曾先后十几次派遣使团来中国学习，吸收唐文化。每次使团人数少则一二百人，多则五六百人。除了这些官方派遣的使团外，还有为数众多的日本留学生和学问僧来中国学习和考察。从阿拉伯地区来中国访问的主要是商人，他们以香料换取中国的茶叶、瓷器和丝织品。宋朝时经海路来中国的阿拉伯商人数量更多，中国曾特别在广州、杭州、泉州、明州（今宁波）等港埠开辟专供他们居住的“番坊”。摩洛哥旅行家伊本·巴图特在游记中讲述到杭州时，曾谈到杭州当时有大城，“……第二城是犹太人、土耳其人及基督徒的客居之所。第三城皆回教徒所居，此处甚优雅。市场之布置，与西方信回教国相同”。由此可见当时外国人来华旅行之盛。

在步入近代之前的明清时期，中国已出现资本主义萌芽，社会生产力有了进一步提高，旅行活动的开展也较前更为兴盛。在这一时期的旅行活动中，表现最为突出的是航海旅行和科学考察旅行的发展。实际上，早在先秦时期，我国就与日本、朝鲜等国有海上往来。到明成祖朱棣时，海上交通为适应政治和经济的需要而更为畅达。当然，这也同当时中国的造船技术以及有航海图和罗盘针等先进的航海技术有密切的关系。著名的郑和下西洋之行便是当时航海旅行的典型代表。从 1405 年到 1433 年，郑和曾先后七次率船队下西洋远航，纵横于太平洋、印度洋上，涉沧海 10 余万里，到岸访问了 30 多个国家和地区，行程远至非洲东岸。郑和七下西洋的壮举比欧洲人迪亚士发现好望角以及哥伦布发现新大陆的远航都要早半个多世纪。所以，曾有英国航海专家提出，有证据表明，世界上最早发现和抵达美洲新大陆的人其实并不是哥伦布，而是中国的郑和。

在明代以前的旅行发展史上，虽然也曾出现过以求知为目的的考察旅行，但活动内容多为文史方面的考察。到了明清时期，专业性较强的科学考察旅行则表现得十分突出。明代医学家李时珍的药物考察和地理学家徐霞客的地学考察可谓是这类科学考察旅行中的典型代表。李时珍从明世宗嘉靖四十四年（1565 年）开始，多次远出旅行考察和采集中草药植物。他在旅程中“远空僻壤之产，险探山麓之华”，攀登了一座座崇山峻岭，跨越了一道道险谷激流，历尽千难万险，足迹遍及安徽、河南、河北、江西、江苏等地。他编写的药学经典《本草纲目》全书 16 部 52 卷，共收药物 1892 种，附方 11 096 则，附图 1160 幅，成为著名的古代医学巨著。《本草纲目》的成书，除了李时珍的医药知识功底之外，更得益于他获取第一手资料的旅行考察，也就是说，没有他的考察旅行，也就不会有他的《本草纲目》。明代地理学家徐霞客则堪称地学考察旅行的代表人物。他从 22 岁起开始其旅行考察活动，足迹遍及江苏、浙江、山东、河北、山西、陕西、河南、安徽、江西、福建、广东、广西、湖南、湖北、贵州及云南16 个省，对所到之处的山脉、水道、地质、地貌等方面进行考察和研究，取得了丰硕的成果。现存60余万字的名著《徐霞客游记》仅仅是他全部考察记录的1/6，因为其余的文稿已尽丧于战乱。尽管如此，该书仍被公认是一部极为珍贵的地理学重要文献，被誉为“世间真文字、大文字、奇文字”。特别是他对石灰岩地貌所作的考察和研究，领先于欧洲人100多年，而且在考察研究的广度和深度上都远胜于西方学者。

（二）欧洲封建社会时期的旅行发展

关于欧洲封建社会时期旅行活动的发展，有可靠的证据表明，从罗马帝国灭亡至19世纪初，旅行活动的规模不但未见扩大，反而是在缩小。造成这一倒退局面的原因实际上也是与当时欧洲的社会经济状况有关。首先，构成欧洲封建社会人口绝大多数的农民大体上都是农奴。他们除了不能像奴隶那样可被其主人任意杀害外，人格上几乎与奴隶无异。他们在经济上受封建主压榨，人身也不得自由，因而也就更没有外出旅行的自由。其次，封建社会时期的欧洲，自然经济的性质十分突出，一个村子就是一个闭塞的经济单位，同外界几乎隔绝，因而交换活动很少。当时不仅没有作为工商业中心的城市，就连罗马帝国时期的城市也已衰落。最后，虽然从11世纪开始，特别是到了13世纪和14世纪，欧洲的经济有了较大的进步，农业技术的改进和荒地的开垦使农产品产量增加，社会分工和交换活动的发展促使工商业城市日渐形成，但是，由于无休止的封建混战，旅行活动的规模始终未能达到罗马帝国时期的水平。

应当说，到了16世纪中叶，欧洲旅行活动的发展开始有一些起色。其中一个较为突出的情况便是温泉旅行热潮的出现。16世纪中叶时，英国有一位医生发现，温泉洗浴对于很多体痛病症都具有很好的疗效。这一消息传出后，欧洲各地都出现了前往温泉洗浴的旅行热潮。不仅当时已有的温泉之地热闹非凡，而且促使人们在欧洲各地寻找新的温泉。这一潮流此后一直延续了近两个世纪才开始向海水浴转移。此外，到了17世纪时，以教育和社会考察为目的的旅行活动也开始出现明显的发展。人们从过去一些名人的经历中，认识到外出旅行在增长知识和开阔眼界方面起了很大的作用，从而在青年学子中出现了游历欧洲的教育旅行热潮。这便是欧洲历史上有名的“大游学（the Grand Tour）”现象。

出于知识介绍的缘故，以上我们用较大的篇幅简述了中外古代旅行发展史中的一些名人和事件。实际上，在19世纪以前，以它们为代表的各类非经济目的的旅行活动参加者人数并不多，真正在规模上占支配地位的始终都是商旅活动。更重要的是，综观19世纪以前旅行活动的发展，无论是就一个国家不同时期的情况进行纵向比较，还是就不同国家或地区同一时期的情况进行横向比较，我们都会看到，旅行活动的发展同国家的政治环境和社会经济状况有着直接的关系。在政治安定、经济繁荣的时期，旅行活动便会扩大发展；反之，则会出现停滞甚至倒退。

第二节　近代旅游的兴起

就整个世界总体情况来说，到了19世纪，旅行活动的发展在很多方面都已开始具有了今天意义上的旅游的特点。这主要表现在出于消遣性目的而外出的访问活动在规模上超过了以商务为目的的外出访问活动。正因为如此，“tourism（旅游）”一词也于此时开始问世，作为日常用语，其含义是“出于消遣目的而离家外出的旅行活动”。当然，这并不是当今旅游研究中对“旅游”这一术语的专业解释。

一、产业革命对近代旅游发展的影响

消遣性旅行活动的规模扩大以及“旅游”一词在19世纪欧美地区的出现，与当时产业革命的成功所带来的社会经济发展有着直接的关系。

（一）产业革命的直接影响

产业革命亦称工业革命，指当时资本主义机器大工业代替工场手工业的变革过程。产业革命于18世纪60年代首先发生在当时资本主义最为发达的英国，并于19世纪30年代在英国基本完成。美、法、德等国的产业革命也都是在19世纪内先后完成。这场产业革命既是生产技术方面的巨大革命，同时也涉及生产关系的深刻变革。产业革命的成功，促进了资本主义生产力的迅速发展，提高了生产力的社会化程度，使资本主义制度建立在机器大工业的物质基础之上，并最终战胜封建制度而居于统治地位。产业革命的完成给当时西方国家的政治、经济和社会带来了一系列的变化。产业革命对当时旅游活动发展的直接影响，主要体现在以下几个方面。

（1）产业革命带来了阶级关系的新变化。特别是，产业革命的成功造就了工业资产阶级的统治地位。在此之前，在财力和时间方面有条件参加外出消遣旅游活动的人，多限于地主阶级和封建贵族。随着产业革命的成功和工业资产阶级统治地位的确立，社会生产财富不再只流向封建贵族和大土地所有者，而且也流向了资产阶级，从而使有条件参加消遣旅游活动的人数有了突破性的增加。

（2）在技术上，蒸汽机技术在轮船和火车等交通运输领域中的应用，为人们的出行提供了便利，从而使大规模的人员流动成为可能。

（3）产业革命推动了城市化发展的进程。随着机器大工业的发展，越来越多的人从乡村流向了城市。生活地点的这一变化不可避免地带来了生活节奏的紧张和拥挤嘈杂的环境压力，从而促使人们产生逃避紧张压力、适时重返自然的追求。也就是说，这种生活地点的变化促发了人们外出旅游度假的动机。

（4）产业革命改变了很多人的工作性质。随着大量人口移入城市，谋生手段由务农转变为进工厂做工，原先那种随农时变化而忙闲有致的多样性农业劳动，也随之转变为单调重复、枯燥乏味的机器大工业劳动，由此而导致的身心压力必然也会促使人们强烈要求适时休假，以便能够得到喘息和放松。

（二）交通运输手段的新发展

众所周知，交通运输工具的进步和交通运输条件的改善是促进旅行和旅游活动发展的最直接因素。在产业革命带给近代旅游发展的影响中，最为直观的方面要算是新的交通运输手段的出现。自 1769 年瓦特发明蒸汽机后，这一技术很快便被应用于制造新型的交通运输工具。例如，18 世纪末，以蒸汽机为动力的轮船开始出现。进入 19 世纪后，轮船运输迅速普及和发展。1807 年，美国“克莱蒙特”号轮船已在哈德孙河上开始了客货兼营的定期航班业务。在此后 5 年中，欧美各地相继有 50 多艘蒸汽机轮船投入内河航运。1816 年，横渡英吉利海峡的客货运输首次开始使用蒸汽机轮船，并于 1820 年正式开办了定期航班轮渡服务。在截至 1840 年的 20 年中，英吉利海峡渡轮的客运量每年高达 10 万人次之多。1838 年英国蒸汽机轮船“西留斯”号首次横渡大西洋的成功，则为此后欧美之间定期远洋航班业务的运营打下了基础。

不过，对当时旅游活动的发展影响最大的还要算铁路运输。这也是西方很多学者将这一时期的旅游发展称为旅游发展史上的“铁路时代”的原因。

1825 年，由享有“铁路之父”之称的英国人乔治·史蒂文森设计建造的从斯托克顿至达灵顿的铁路开始正式投入运营。此后，英国各地的铁路也开始投入建设，铁路运输网络的地域范围不断延伸。但是，在铁路运输开始发展的最初几年中，所经营的业务都是货运，而没有涉及客运业务。客运业务的开办最早出现于 1830 年利物浦与曼彻斯特两地之间的线路上，但也并非是专门的旅客列车，而是客货混编列车。在这一案例的示范下，此后英国各铁路公司在自己经营的线路上也都相继开办了客运业务。到 1875 年，全英铁路运输年旅客周转量已超过 6 亿人次 / 英里。

铁路运输问世之前，人们外出旅行时所使用的最先进的交通工具莫过于公共马车。随着铁路运输的出现，越来越多的人开始选择乘火车外出旅行和旅游。这主要是因为，同传统的公共马车相比，乘火车旅行具有明显的优点。这些优点包括：

（1）运费低廉。根据当时的记载，铁路客运的价格为每英里一个便士，大大低于乘坐公共马车所需的费用。这就使得更多的人有能力支付旅行费用，从而使外出旅游的人数得以增加。

（2）速度快。公共马车的行进速度一般为每小时 10 公里，而当时火车的运行速度为每小时 40~45 公里，相当于前者的 4 倍。旅行速度的提高可有效地缩短旅程所需要的时间。这一方面意味着能够使更多的人有机会外出旅游，另一方面也意味着使人们在一定时间内能够去更远的地方访问。

（3）运力大。一辆公共马车充其量只能同时运送数名乘客，而一列火车则可同时搭乘数百人，从而使得大规模的外出旅行成为可能。

（4）随着铁路运输网络的不断拓展，加之火车运行速度快，从而使人们外出可及的地域范围得以扩大。

总之，旅行方式的进步，加之产业革命带给社会经济发展的其他积极影响，不仅使工商人士的业务旅行大为增加，更重要的是为更多的人外出旅游创造了便利的条件。

二、旅游业的出现

（一）社会背景

产业革命所带来的社会经济发展，使得在经济上有条件外出旅游消遣的人数有了很大的增加。然而，当时很多人，包括新兴的工业资产阶级在内，都不曾有外出旅游的经验，对其他地方的情况多感陌生。因此，尽管很多人有意愿并且有条件外出消遣旅游，却又出于对种种问题的担心而不敢出行。在这种情况下，人们迫切希望有人能为他们解决这些问题。这意味着人们对旅行服务的需求已经开始形成规模，借助这一需求市场开办旅行社业务的机会渐趋成熟。英国人托马斯·库克（1808—1892）以其敏锐的眼光，率先意识到了这一点，并最终着手创办旅行服务业务。

（二）托马斯·库克的活动

1841 年 7 月 5 日，托马斯·库克利用包租火车的方式组织了 570 人的群众队伍从莱斯特市前往 20 公里以外的拉夫伯勒，去参加当天在那里举行的英格兰中部地区禁酒大会（注：关于托马斯·库克组织这次活动的原因，可参看本节后面所附的背景材料）。由于托马斯·库克出色的组织才能和周密的策划安排，这次活动搞得非常成功，以至于后来人们普遍将托马斯·库克的这次活动看作是近代旅游业的开端。在此后的几年中，托马斯·库克每年都应邀为一些团体策划和组织外出旅游活动。但是，所有这些活动都不是出于商业性目的，而是他为社会尽义务的“业余活动”。然而，在这一过程中，托马斯·库克不仅在组织团体旅游方面积累了大量经验，更重要的是使他意识到人们对旅游服务的需求已经发展成熟，借助这一市场开展商业性经营的机会已经来临。

1845 年，托马斯·库克首次出于商业性目的开办旅游组团业务，并于当年夏季组织旅行团出游。这次团体旅游的活动路线是从英格兰中部的莱斯特市出发，最终目的地是西部港口城市利物浦，沿线途中在若干地方参观游览和停留过夜，全程活动历时 7 天。由于托马斯·库克此前在组织旅游活动方面的知名度高和声誉好，所以关于组织这次团体旅游的海报一经张贴，报名参加者就十分踊跃。为了确保首次商业性尝试的成功，托马斯·库克决定将组团规模限定为 350 人。与托马斯·库克此前组织过的团体旅游活动相比较，这次团体旅游活动的组织具有以下几个特点：

（1）这次团体旅游活动的组织完全是出于商业性目的，而不再是此前尽义务的社会活动。

（2）这次团体旅游活动是历时 7 天的远程过夜旅游，而不再是当日往返的一日游。

（3）为了组织好这次团体旅游，托马斯·库克事先进行了大量的实地考察，以选定沿线停留的地点、拟开展的游览项目，以及安排住宿设施。

（4）为该次团体旅游活动的参加者编印了《利物浦之行手册》，内容包括全程活动的时间安排和集合方式，沿途停留地点，每个停留地点的活动内容、活动方式，以及有关的要求和注意事项等，从而成为世界上第一本这种体例的旅游指南。

（5）在整个出游过程中，托马斯·库克不仅本人担任该旅行团的领队兼导游，并且还开创了聘雇地方导游的先例。

总而言之，这次团体旅游活动的组织工作，从考察线路、组织产品、广告宣传、销售组团，直至提供全程陪同和导游服务，开创了旅行社业务的基本模式。

从 1854 年起，托马斯·库克开始全身心地投入旅行社的业务经营，并在开展业务方面开创了很多世界上的先例。例如：

（1）1855 年，他组织了从英国前往法国参观巴黎世博会的团体旅游活动。旅行团在巴黎停留和游览 4 天，全程采用一次性包价，其中包括在巴黎的住宿和往返旅费。此举被当时的报纸称为“铁路旅游史上的创举”。事实上，这也是世界上组织出国包价旅游的开端。

（2）1872 年，托马斯·库克组团开展环球旅游，全程历时 70 天，其间到访过中国的上海。虽然该环球旅行团规模不大，仅由 10 人组成，但成员来自多个不同的国家，从而更使这次活动产生了世界性影响。在该旅行团环游世界期间，英国的《泰晤士报》进行了全程跟踪报道。

（3）在经营旅游业务过程中，托马斯·库克还创造了一种代金券。在与托马斯·库克旅行社有合作关系的交通运输公司及其他旅游服务企业中，此券可代替现金用于支付，还可在指定的银行兑取现金。托马斯·库克推出的这一代金券可谓是当今旅行支票的最早雏形，也可以说是实际上最早的旅行支票。这一早期“旅行支票”的推出，不仅方便游客使用、增加了外出旅游的安全度，而且开创了旅行支票这一金融业务的先河。

由于托马斯·库克在开展旅游业务方面的诸多首创，以及这些做法后来在旅游业中的影响，人们普遍将托马斯·库克誉为旅游业的先驱。直至今天，特别是在欧美地区，托马斯·库克这一名字不仅家喻户晓，而且几乎成了旅游的代名词。

背景材料

托马斯·库克与禁酒运动

在 19 世纪，英国从欧洲大陆大量进口白兰地酒，导致了外汇的大量支出。为了扭转这一状况，英国政府决定鼓励民间发展酿造业。此后不久，英国本国生产的杜松子酒（gin）开始大量投放市场。由于这种酒的价格相对比较便宜，因此很快为人们所接受。特别是当时从事机器大工业劳动的工人，由于沉重的身心压力和生活折磨，无奈之下经常借酒浇愁。杜松子酒的消费量也因此不断增加。杜松子酒虽然酒精含量不算很高，但毕竟属于烈性酒。所以，通过本国酿酒业的发展，政府控制酒类进口的目的是达到了，但由于上述原因导致酒饮消费大量增加，醉酒现象逐渐成为当时的社会问题。

为此，当时的英国政府几经研究和寻找对策，最后形成这样一种认识：醉酒现象的发生在很大程度上是因人们饮用烈性酒过多所致，如果鼓励人们多饮用酒精含量较低的啤酒类饮品，烈性酒的饮用量自然会减少，社会上的醉酒现象自然也就会得到抑制。于是英国在1830年出台了一项《啤酒零售法案》（*Beerhouse Act*）。根据这一法案，任何人只要交纳2个几尼（当时的一种货币单位），便可以获得经营啤酒馆的营业执照。如果酒馆只出售酒精含量更低的果酒（cider），则营业执照费只需1个几尼。此外，在营业时间方面也对这类酒馆实行政策优惠，即除了宗教节日以及星期日的礼拜时间不准营业之外，这类酒馆的营业时间可从清晨4点一直延续到晚上10点。在这些政策的鼓励之下，该法案颁布的当年，英国便新增啤酒馆3万家。该法案颁布之后的6年之内，这类啤酒馆的数量已增至4.4万多家。人们的啤酒消费量也因此大幅度增长。

然而，烈性酒的消费量并未因此而减少。其中的原因很多，我们不便在此一一陈述。比较直观的原因是，面对这类啤酒馆的竞争，那些长期以来一直经营烈性酒的酒馆并未消极和退缩。它们凭借自己长期的经营经验和雄厚的资金实力，不断通过更新店堂装潢和加大销售力度等手段，去唤起人们对烈性酒的记忆。据有关记载，在该法案通过之后的1830—1839年这10年间，人们对烈性酒的消费量不但没有减少，反而增长了1/3。更大的问题在于，啤酒的酒精含量虽然较低，但饮用过量照样会致人醉。所以，醉酒乃至酗酒这一社会现象不但未能得到有效的抑制，反而变得越来越严重。在政府拿不出有效对策的情况下，民间开始掀起禁酒运动的浪潮。

托马斯·库克出身贫寒，4岁时丧父。迫于家庭生计，托马斯·库克10岁辍学，到一园艺种植者那里做工，每周工钱仅为6个便士。该雇主死于酗酒之后，年仅14岁的托马斯·库克又开始到其一个经营木器作坊的亲戚那里做工。不幸的是，他的这位亲戚后来也是因嗜酒而亡。所以，托马斯·库克自少年时代起，心中便埋下了对酒害的痛恨。托马斯·库克18岁时，曾做过浸礼教派的传教士。该教派同样主张禁酒。进入壮年后，在当地浸礼教会主教的影响下，托马斯·库克于1833年元旦之日签署了远离烈性酒和加盟禁酒活动的个人誓言。1841年，托马斯·库克正式兼任英国中部地区禁酒协会秘书长。该地区几个城市的禁酒协会经商议决定，1841年7月5日这一天在拉夫伯勒（Loughborough）举办一次禁酒示威游行集会。当时托马斯·库克全家定居在英国中部地区的莱斯特（Leicester）市。这便是他组织莱斯特市市民前往拉夫堡的原因。

（三）近代中国的情况

正当西方世界旅游活动开始兴起和旅游业产生之时，中国社会却沦入了半殖民地半封建时期。1840年鸦片战争以后，帝国主义列强又多次发动了对中国的侵略，强迫清政府与之签订了许多不平等条约。所以，在这一时期内，外国人的来华旅行和旅游很大程度上可以说是帝国主义列强对中国进行侵略和殖民扩张的产物。至于这一时期中国人的旅行活动，仍主要是以外出商务为代表的事务性旅行。

第三节 现代旅游的发展

一、现代旅游的概念

在旅游研究中，所谓现代旅游，是指第二次世界大战结束以后，特别是20世纪60年代以来迅速普及于世界各地的社会化旅游现象。也就是说，旅游研究中所称的“现代”与中国历史学研究中所称的“现代”，在时间概念上有所不同。现代旅游所指的时间概念，已为整个国际旅游学术界约定俗成。

二、战后旅游活动得以迅速发展的原因

第二次世界大战的爆发使得旅游活动的发展陷于停滞。但是，随着战争的结束，人们的旅游活动不仅开始重新恢复，而且出现了前所未有的快速发展。以全球的国际旅游活动为例，在1950—1960年这短短的10年中，全球国际旅游活动规模便从2500万人次增长到6900万人次，全球的国际旅游消费额也从21亿美元增长到69亿美元，分别增长了大约2倍。此后，即从20世纪60年代起，大众旅游的局面开始率先在欧美地区形成。

第二次世界大战结束之后，旅游活动之所以会出现如此迅速的恢复和发展，究其原因，仍然是与当时的社会经济发展状况有关。战后，世界各国都开始致力于经济建设，医治战争创伤。虽然此后局部战争仍时有发生，但就全世界总体环境而言，缓和与发展一直占据主导地位。这为战后世界经济的增长和旅游活动的发展提供了必要的前提条件。与此同时，科技发展不断取得突破，经济和社会状况也不断出现新的进步和发展。所有这些新变化的出现，都对战后旅游活动的加速发展起了很大的推动作用。大致地进行归纳，战后促使旅游活动规模迅速扩大的具体因素主要如下。

（1）世界人口的迅速增长。战后初期，全世界的人口规模仅为25亿。到了20世纪60年代末，全球人口已增至36亿。在短短的20年中，增加了44%。世界人口基数的增大为战后旅游活动参加者人数的不断增加打下了基础。

（2）世界经济迅速发展。由于第二次世界大战后各国都将工作的重点转移到经济建设上来，战后世界经济的增长速度明显加快。据有关统计，以1979年的美元价值计算，战后1949年的全世界生产总值为2.5万亿美元；到20世纪60年代末，则上升为每年6.2万亿美元。经济的发展使得很多国家的人均可支配收入有了很大的增加，而人们收入的增加和支付能力的提高则使更多的人有条件参加到旅游者的行列中来，从而成为战后旅游市场需求规模迅速扩大的重要物质基础。

（3）交通运输技术的进步和交通运输业的发展。第二次世界大战结束以后，铁路和轮船虽然在有些国家仍一直是人们外出旅行时的重要交通方式，但随着现代交通运输技术的发展和更新，在很多国家，特别是在欧美发达国家，这些传统旅行方式的支配地位已开始逐渐为汽车和飞机所取代。汽车所具有的自由、方便、灵活等特点，使其越来越多地成为人们中、短途旅行外出的主要交通工具。与此同时，民航运输的发展，特别是喷气推进技术在民用航空中的应用，使得人们有更多的机会在有限的时间内作长距离旅行。另外，交通运输工具在性能上的不断进步以及交通供给企业数量的不断增多与竞争，使得交通运输服务的价格得到了有效降低，从而也刺激了人们外出旅游的需求。

（4）闲暇时间的增多。随着现代科学技术的发展及其在生产领域中的应用和普及，很多领域中的生产自动化程度都较前大为提高。这一情况的发展使得劳动者带薪假期的增加成为可能。到 20 世纪 60 年代，带薪休假制度在很多国家都已得到普及。这种变化使人们的休闲活动能够得以更多地开展，作为异地休闲方式的外出旅游和度假，也因此有了时间上的保证。这使得参加旅游活动的人数迅速增加，并且使人们出游的距离和在外逗留的时间也得以延长。

（5）城市化的发展。随着战后各国城市化进程的加快，越来越多的人开始转入城市生活，其中表现最为突出的是，几乎在所有的经济发达国家中，农村人口都在不断下降。现代城市生活节奏快的特点，加之绝大多数就业劳动者所从事的都是单调乏味的重复性工作以及城市环境的压抑和污染问题，通常都会使人们的身心蒙受很大的压力。人们希望并且需要定期使自己紧张的身心得到放松，从而向往重返大自然，向往能使人耳目一新的异域环境。这一情况是自 20 世纪 60 年代开始旅游度假迅速普及和持续发展的重要原因之一。

（6）教育的发展和大众传播的影响。战后世界各国的教育事业不断向新的广度和深度发展，加之信息技术的进步和大众传播的影响，使得越来越多的人对自己乡土以外其他地区乃至其他国家事物的了解都有了很大的增加，并因此而萌生或激发对这些事物的兴趣。这种好奇心的增长刺激着人们的求知欲，同时也刺激了人们亲历这些事物的需求。这一情形对于战后旅游热的迅速兴起和扩大发展无疑也有重要的影响。

以上所列各项因素在推动战后旅游需求规模迅速扩张方面都起了根本性的作用。但是，正如我们前面曾经指出过的那样，第二次世界大战后全球旅游活动的迅速发展实际上是供需两个方面共同作用的结果。换言之，如果仅仅是需求有了增长，而供给严重短缺，那么旅游需求也将难以实现。因此，除了上述推力因素的作用之外，很多供给方面的拉力因素对于第二次世界大战后旅游活动规模的迅速扩张也起了相当大的作用。其中较为明显的拉力因素如下：

（1）很多国家的政府在发展本国旅游业和便利旅游者来访方面都采取了积极支持的态度，并推出了很多鼓励措施。

（2）很多旅游目的地在景点开发和接待设施建设方面都加大了投入，从而使人们旅游需求的实现有了供给方面的保障。

（3）便利而价廉的团体包价旅游产品的推出和推广。

战后现代旅游迅速兴起的原因和发展状况再次证明，旅游活动不仅是人类社会经济发展到一定水平的产物，而且将会随着社会经济的发展而演进。这一最为基本的规律对于全球旅游活动的发生与发展来说是如此，对于一个国家或一个地区的旅游需求发育和发展来说同样也是如此。

第四节　我国旅游业的发展

一、旧中国的旅游业

人们一般认为，旅游业在中国的出现可追溯到 1923 年上海商业储蓄银行旅行部的设立。20 世纪初，上海由于经济发达和交通便利而成为当时中国同外部世界联系和交往最多的城市。这为旅游业率先在上海的出现和发展提供了适宜的环境条件。随着当时中外人员交往的增多，一些外国的旅行商社，如英国的通济隆、美国的运通公司等，开始进入上海经营。面对当时旅游需求增长的日渐明显以及外国旅行商社进入中国经营的现实，为了谋求扩大上海商业储蓄银行的生财之道，同时也是为了创办国人自己的旅行社，民族银行家陈光甫经与同人商议，决定在上海商业储蓄银行的经营范围中增设一个旅行部。1923 年 8 月，经当时的北洋政府批准，该旅行部宣告成立。

该旅行部成立之初规模很小，仅有五六名员工。在经历了开业之初的一段艰难之后，该旅行部开始赢得了市场的信任。1924 年春，该旅行部首次组织国内旅行团赴杭州观光，后秋季又成功地组织了赴浙江海宁的观潮旅行团。转年春季，该旅行部开始组团出国旅游。首批成行的赴日观樱旅行团在历时 3 周的访日期间，游览了日本的长崎、京都、东京、大阪等地。1927 年春，为了培育需求市场，该旅行部开始出版《旅行杂志》，专门宣传中国的风景名胜和自然风光。

1927 年 6 月，该旅行部决定以自己的名义申请营业执照，遂更名为中国旅行社。该旅行社的业务宗旨是“导客以应办之事，助人以必需之便。如舟车舱之代订，旅舍卧铺之预订，团体旅行之计划，调查游览之入手，以至轮船进出日期，火车往来时间，在为旅客所急需者”（《旅行杂志》1927 年春季号）。随着中国旅行社的挂牌经营，其内部组织机构也随之扩大为七部一处：运输部、车务部、航务部、出版部、会计部、出纳部、稽核部和文书处。所经营的业务范围也相应扩大，包括代售国内外各种交通票据，代理预订并提供住宿和餐饮服务，组织团体旅游，出版期刊和编印宣传品，代办出国手续和旅行证件。此外，还提供旅途服务，接待来沪的游客，提供导游和各项旅行服务，代办邮政电报，经售上海银行的旅行支票及各地土特产品，代办货物报关和运输保险，以及代理海、陆、空运输业务，等等。

随着业务范围的扩大和业务量的增长，中国旅行社开始在国内各大城市设立办事机构，并相继在新加坡、马尼拉、加尔各答、仰光等外国城市设立了驻外办事机构。此外，中国旅行社还曾特约著名美国作家埃德加·斯诺为该社撰写英文导游小册子，并在芝加哥博览会上进行散发。1947 年，在伦敦举办的首届世界旅游博览会上，中国旅行社曾以巨幅“中国名胜图”参展。

在新中国成立前的旧中国，除了成立于上海的中国旅行社之外，还曾出现过其他一些以组团旅游为唯一业务的地方性旅行社，但所有这些旅行社的规模都不大。除了旅行社行业之外，住宿业的发展较为普遍，但多为传统的旅馆或旅店，高档次的住宿设施为数很少。此外，在新中国成立前的旧中国，还曾有投资者在庐山、北戴河、莫干山、鸡公山等地开发和经营避暑度假区。

总之，在新中国成立前的旧中国，由于当时的国情是外有列强侵略、内有政府腐败，加之不断的战祸影响，中国的旅游业终未能够全面发展起来。尽管旅游业作为一个新的经营领域当时已经出现，但无论是从游客接待量还是从经济规模上衡量，始终未能形成显著的经济部门。

二、改革开放前的旅游业

在新中国成立之后的前 30 年中，生产力水平的落后和经济的短缺不仅严重制约了国人的旅游和度假需求，同时也限制了社会各界差旅活动的规模，从而使国内旅游业缺乏发展的市场条件。另外，迫于当时所处的国际政治环境，旅游部门的任务主要是服务于我国外交工作的需要，承担接待国际友人来华访问的政治任务。所以，尽管当时旅行社、宾馆、航空公司等为境外来访者提供服务的单位事实上都已存在，但无人称其为“旅游业”。换言之，在这一时期中，旅游部门的工作实为政治性接待，而非商业性经营。因此，这一时期也是中国旅游业的性质扭曲时期。有关这一时期的一些基本情况，可简述如下。

1949 年新中国成立后，基于巩固新生政权、扩大统一战线和贯彻侨务政策的需要，华侨服务社作为新中国成立后成立的第一家国营旅行社，于 1949 年 11 月在福建省厦门市诞生，专门负责接待海外侨胞归国探亲和观光旅游。在此后的几年中，其他一些主要城市也相继设立了职能与之类似的华侨服务社。后来，这些服务社大都更名为华侨旅行社，服务对象也扩大为来中国内地访问的海外华侨、港澳同胞和外籍华人。

1952 年，“亚洲及太平洋区域和平会议”在我国召开。由于这次国际会议的影响，此后来华公务和旅游的外国宾客逐渐增多。考虑到接待工作的需要，在周恩来总理的提议下，经当时的政务院批准，中国国际旅行社总社于 1954 年 4 月 15 日成立，并在上海、天津、杭州、南京、汉口、广州、沈阳、哈尔滨、安东（现丹东）、大连、满洲里、南宁、凭祥、南昌等地建立了 14 家分社。根据当时的规定，中国国际旅行社的任务是“作为统一招待外宾食、住、行事务的管理机构，承办政府各单位及群众团体有关外宾事务招待等事项，并发售国际联运火车、飞机客票”。虽然当时规定中国国际旅行社的性质是“国营企业”，但实际上由国家给予差额补贴，也就是说，每年由国家下拨一定数额的招待费用于开展工作，到年终结算时，赤字部分由国家给予补贴。由此可见，中国国际旅行社的真正任务在于搞好政治接待，而非旨在盈利。事实上，中国国际旅行社成立之后的最初数年，基本上也没有开展接待自费来华旅游者的业务。

20 世纪 50 年代后期，自费来华旅游的外国宾客逐渐增多，最初主要是来自苏联和东欧各社会主义国家的客人。但此后不久，随着中苏关系的恶化，来自这些国家的游客数量急剧减少。与此同时，西方国家的来华访问者逐渐增多。到了 60 年代中期，欧美已成为当时我国旅游业的主要客源市场。周恩来总理出访亚非 14 国之后，来自第三世界国家的访问者数量也有了明显的增加。

为了加强对旅游工作的领导和管理，中国旅行和游览事业管理局作为国务院的直属机构于 1964 年成立，主要职能：一是负责管理外国自费来华旅游者的接待工作；二是领导国内各地国际旅行社及其直属服务机构的业务，组织我国公民出国旅行；三是负责有关旅游事务的对外联络工作和宣传工作。国务院明确规定，发展我国旅行和游览事业的方针和目的，首先是为了学习各国人民的长处，宣传我国社会主义建设的成就，促进同各国人民之间的友好往来和相互了解；其次才是增加外汇创收。这些事实表明，在这一阶段内，政府支持发展旅游业的动机仍然是以政治为主。尽管如此，旅行和游览事业管理局的成立还是标志着我国旅游业的发展已步入新的阶段。1965 年，我国仅国旅系统便接待了外国来华旅游者 21 235 人次，实现旅游创汇 200 余万美元，创造了国旅成立以来的最好成绩。

然而，到了 20 世纪 60 年代中期，正当世界上大众化旅游兴起、全球旅游业以空前的速度蓬勃发展之时，我国的旅游业却因政治运动的影响而跌入低谷。“文化大革命”的发生使得旅游工作近乎瘫痪。1971 年，周恩来总理亲自部署召开全国旅游工作会议，提出旅游工作的方针是“宣传自己，了解别人”，并要求旅游部门的收入在扣除成本开支后应略有盈余。这次会议之后，中国的旅游业才开始出现转机。随着美国总统尼克松访华以及中日建交，不仅来自美国和日本的游客数量逐渐增多，其他西方国家来华访问的人数也开始有所增长。由于形势发展的需要，中国华侨旅行社总社于 1973 年恢复成立，并于 1974 年更名为中国旅行社总社。

对于新中国这一时期的旅游业发展，可简要归纳为以下几个方面：

（1）背景环境：新中国成立之后，巩固社会主义政权为第一要务；实行计划经济，基础薄弱，生产力落后，物资短缺。

（2）基本任务：服务于外交工作的需要，“宣传自己，了解别人”。

（3）发展类型：有选择的入境旅游。

（4）企业经营：不计成本，国家补贴。

（5）产业规模：产业结构不完整，且总体规模很小。

（6）政府干预方式：通过国有企业直接介入，突出表现在，“中国旅行和游览事业管理局”与“中国国际旅行社总社”虽为两块牌子，实为一套人马。

三、改革开放之后的旅游业发展

从1978年开始，随着改革开放政策的实施，中国旅游业的发展开始步入正轨，并逐渐进入一个全面振兴的大发展时期。中国共产党十一届三中全会之后，随着全国工作重点向经济建设转移，作为当时国家经济建设所急需的外汇创收渠道，旅游业的振兴和发展工作也因此而得到国务院和各级政府的重视。对于此后中国旅游业的发展过程，人们由于观察视角的差异可能会有不同的阶段划分。这里根据1978年以来中国旅游业的市场结构变化及其演进情况，将中国改革开放之后的旅游业发展过程分为以下四个阶段。

1. 以入境旅游为主的发展阶段（1978年至20世纪80年代中期）

改革开放政策推出之后，我国的经济建设百废待兴，急需外汇支持。为此，我国选择了以接待入境旅游为优先的旅游业发展途径。对于国内旅游，当时则实行“不提倡，不鼓励，不反对”的政策。这主要是因为，客观地讲，当时我国的经济状况制约了国人的旅游需求，国内旅游需求市场尚未形成足够的规模。相比之下，在经过多年的闭关锁国之后，随着国门初开，很多外国人对前来中国访问都表现出了极大的兴趣。因此，这一阶段选择首先发展入境旅游应当说是一项现实可行的合理决策。但是，这一阶段我国尚未将旅游业的性质明确定义为经济性产业，入境旅游者的接待工作仍带有某种程度的政治色彩。

2. 入境旅游和国内旅游并行发展阶段（20世纪80年代中期至1997年）

到了20世纪80年代中期，随着改革开放带来的经济快速发展和国民生活水平的提高，国内旅游市场开始迅速发育，需求规模日渐扩大，从而致使中国旅游业的客源市场结构开始出现重要变化。国内旅游人数迅速增加，国内旅游收入增幅惊人。随着国内旅游需求的蓬勃发展，国家对待国内旅游的政策开始由过去的“不提倡，不鼓励，不反对”逐渐过渡到“因地制宜，正确引导，稳步发展”，进入90年代后，更进一步转变为“积极发展”。为了适应这一变化，我国对旅行社行业结构开始作出调整，在原有以分工经营入境旅游为主的一类社（有外联权，经营接待入境旅游业务和国内旅游业务）和二类社（无外联权，经营接待入境旅游业务和国内旅游业务）的基础上，产生了专门经营国内旅游业务的第三类旅行社，从而形成了入境旅游和国内旅游并行发展的业务格局。但是，对于国人中此时已经开始初露端倪的出境旅游需求，鉴于我国发展旅游业的初衷，国家采取了审慎的态度。

这一阶段是我国旅游业发展的重要阶段。这主要是因为在这一阶段，旅游业的接待人数和创汇收入指标被正式纳入《中华人民共和国经济和社会发展第七个五年计划（1986—1990）》。这意味着我国社会经济发展计划中首次为旅游业设立了户头，而且国务院1987年再一次提出：“要大力发展旅游业。”1991年，在我国制定的《关于国民经济和社会发展十年规划和第八个五年计划纲要》中，首次明确地将旅游业的性质界定为产业，并将旅游业列为需要加快发展的第三产业中的重点。

3. 入境旅游、国内旅游和出境旅游全面发展阶段（1997—2009 年）

面对国民出境旅游需求的发育和增长，在经过了一系列的适应性尝试之后，1997 年 3 月，经国务院批复，国家旅游局和公安部联合颁布了《中国公民自费出国旅游管理暂行办法》，并宣布自 1997 年 7 月 1 日起正式实施。这一暂行办法的出台，标志着我国政府正式允许旅行社行业开展出境旅游业务，同时也标志着中国出境旅游市场的形成。入境旅游、国内旅游和出境旅游也因此并行成为中国旅游业经营的三大市场。随着 1998 年中央经济工作会议将旅游业确定为国民经济新的增长点，我国旅游业进入一个全面而快速的发展时期。2005 年，我国旅游业入境旅游接待规模已达到 1.2 亿人次，国内旅游的规模已达到 12.1 亿人次，出境旅游的规模已达到 3102.6 万人次。2005 年，我国共实现直接旅游收入 7686 亿元，其中包括外汇收入 292.96 亿美元。

4. 以国内旅游市场为重点的全面发展阶段（2010 年至今）

由于受 2008 年以来全球金融危机等一系列不利因素的影响，尤其是受到 2020 年席卷全球的新冠肺炎疫情的严重冲击，我国旅游业的发展面临很多新的挑战。为此，国家先后发布了多项促进我国文化和旅游产业可持续发展的政策措施。2009 年 12 月，国务院颁布了《关于加快发展旅游业的意见》（国发〔2009〕41 号文件），为旅游业的发展提出了新的指导思想，即将旅游业培育成国民经济的战略性支柱产业和人民群众更加满意的现代服务业；将新时期发展旅游业的基本政策调整为“坚持以国内旅游为重点，积极发展入境旅游，有序发展出境旅游”，并就新时期旅游业的发展提出了一系列的主要任务和支持政策。2010—2014 年，国家逐步加大对旅游业的扶持力度，颁布了一系列促进和规范旅游业发展的重要文件。2013 年颁发《国民旅游休闲纲要（2013—2020 年）》，明确提出到 2020 年职工带薪休假制度基本得到落实的目标。2013 年 10 月，颁布了《中华人民共和国旅游法》。这部法律是旅游业的第一部法律，对规范整个旅游行业提供了重要的法律依据。2014 年 8 月，国务院印发《关于促进旅游业改革发展的若干意见》——对旅游业改革发展提供了重要指导思想。我国旅游业的发展也自此进入以国内旅游为重点的全面发展时期。2018 年 3 月，国务院办公厅印发《关于促进全域旅游发展的指导意见》（国办发〔2018〕15 号文件）。该意见为促进全域旅游发展，提升旅游业现代化、集约化、品质化、国际化水平，更好满足旅游消费需求，提供了重要政策指导。2018 年 4 月，文化部、国家旅游局进行职责整合，新组建了文化和旅游部，作为国务院组成部门，这就为增强和彰显文化自信，统筹文化事业、文化产业发展和旅游资源开发，提高国家文化软实力和中华文化影响力，推动文化事业、文化产业和旅游业融合发展，提供了强有力的体制机制保障和制度支持，我国从此进入文旅融合、高质量发展的新阶段。

总之，与改革开放前的情况进行比较，对于改革开放之后中国旅游业的发展，可作以下几个方面的简要归纳：

（1）背景环境：国家工作重点转向经济建设，急需外汇；对内进行经济体制改革，对外实行开放政策；在这一过程中，随着经济的快速发展，国民生活质量不断改进。进入新千年后，全球金融危机等给旅游业不断带来新的挑战。

（2）基本任务：拓宽外汇创收渠道；90 年代后期转为发展创汇、拉动内需、提升国民素质；进入新千年后，发挥旅游业在保增长、扩内需、调结构等方面的积极作用。

（3）发展类型：从“大力发展入境旅游、适度发展出境旅游、积极发展国内旅游”转向“大力发展入境旅游、规范发展出境旅游、全面提升国内旅游”，从 2009 年开始进一步调整为“以国内旅游为重点，积极发展入境旅游，有序发展出境旅游”。

（4）企业经营：强调经济效益，建设现代企业制度，遵循市场经济规律。

（5）产业规模：迅速发展，持续扩大，成为国民经济新的增长点，国民经济的战略性支柱产业。

（6）政府干预方式：通过制定和颁布政策、法规、标准等方式实行“政府主导”。

本章小结

旅行和旅游活动的产生是人类社会经济发展到一定阶段的产物，并随着社会经济的发展而演进。这一基本规律可从旅行和旅游活动的历史发展过程中得到证明。产业革命所带来的社会经济变化推动了近代旅游和旅游业的出现，托马斯·库克的活动标志着旅游业的诞生。第二次世界大战后社会经济方面诸多因素的发展，推动了现代旅游需求的迅速扩大。在我国，旅游活动和旅游业的历史发展同样有随社会经济发展而演进的表现。

主要术语

历史发展（historical development）　历史唯物论（historical materialism）

古代（ancient time）　旅行（travel）

社会分工（specialization of labor）　易货经商（barter and trade）

朝觐旅行（travel for pilgrimage）　大游学（the Grand Tour）

近代（modern time）　旅游（tourism）

产业革命（the Industrial Revolution）　公共马车（stagecoach）

铁路旅行（rail travel）　铁路时代（the railway age）

第二次世界大战（the World War Ⅱ）　现代（contemporary age）

航空旅行（air travel）

汽车旅行（automobile and motorcoach travel）

文旅融合（integration of culture and tourism）

思考与练习

1. 你如何理解“旅游活动自古有之”？
2. 原始社会早期的人类迁移活动为什么不属于旅游活动？

3. 简述人类有意识的旅行需要最初产生的社会经济背景。

4. 试总结19世纪以前旅行活动的发展特点。

5. 产业革命对近代旅游出现和发展的直接影响主要表现在哪些方面?

6. 为什么人们把托马斯·库克誉为旅游业的先驱?

7. 何谓现代旅游?

8. 第二次世界大战结束之后,旅游需求的规模何以能够迅速扩大?

9. 试述改革开放以来我国旅游业发展的演进过程。

第三章　旅游活动的要素和体系构成

学习重点

- 理解和掌握旅游活动内容的构成要素和体系的构成要素。
- 掌握联合国罗马会议对应纳入旅游统计的人员的界定与分类。
- 掌握我国对应纳入入境旅游者及国内旅游者统计的人员的范围界定和具体规定。
- 掌握实现个人旅游需求应具备的客观条件和主观条件。
- 熟悉旅游动机的基本类型并了解影响旅游动机的因素。
- 熟悉消遣型旅游者和差旅型旅游者的特点。
- 熟悉旅游资源的类型划分以及旅游资源开发工作的基本内容和主要原则。
- 了解旅游资源保护工作的原则和基本措施。
- 熟悉关于旅游业构成的几种解释。
- 了解旅游业不同于其他产业的主要特点。

第一节　旅游活动的要素

在我国的旅游研究中，我们经常会发现诸如“旅游要素”或“旅游的基本要素”之类的提法。实际上，这些说法未免欠准确，因为同样都是“旅游要素”或“旅游的基本要素”这样的表述，有人所谈论的是旅游活动的要素，有人所谈论的则是旅游业的要素。所以这类表述往往会混淆人们的认识。为了更好地理解，最好的做法就是尽量避免使用这类含义模糊的笼统说法，除非使用时的语境不会导致误解。正因为如此，本章根据所要讨论的内容，采用了旅游活动的要素这一明确提法。

那么，什么是旅游活动的要素呢？或者说，旅游活动的要素这一表述又是何指呢？其实，这一问题回答起来也并非像有人以为的那样简单。原因在于，人们对这一表述的理解有时同样也会存在语境问题。我们只要观察或推敲一下便不难发现，所谓旅游活动的要素，在有些情况下，是用来指旅游活动内容的构成要素；而在有些情况下，则是用来指旅游活动体系的构成要素；在另外一些情况下，则是指旅游发展要素。

一、旅游活动内容的构成要素

就旅游活动的开展所涉及的内容而言，其构成要素一般可概括为六个方面，即行、游、住、食、购、娱。这便是国人中不少人通常所云的旅游活动六要素。也就是说，人们通常所说的旅游活动六要素，实际上指的是旅游活动内容的基本构成要素。虽然这六个方面一般被人们视为旅游活动内容的“基本”要素，但对于个体旅游者来说，在旅游活动的开展中，其中的某些要素（如购、娱）实际上并非缺之不可。

二、旅游活动体系的构成要素

就旅游活动得以开展的体系而言，其构成需涉及三项基本要素，即旅游活动的主体、旅游活动的客体和旅游活动的中介体。这便是旅游理论研究中所称的旅游活动三要素。也就是说，这种情况下所谓旅游活动三要素，实际上指的是构成旅游活动体系的基本要素，其中：

（1）主体。旅游活动的主体即旅游行为的施动者，因此这一主体即是旅游者。但并非任何个人都可以无条件地成为现实的旅游者。就个体旅游需求的产生和实现而言，只有当一个人同时具备外出旅游的主观意愿和实现这一意愿的客观条件时，才有可能形成旅游需求，成为现实的旅游者。

（2）客体。旅游活动的客体即旅游活动的对象，因此这一客体即是能够吸引旅游者来访并使其来访需求得以满足的旅游吸引物或旅游资源。旅游资源不仅是旅游者来访活动的对象物，而且是一个国家或地区能够吸引旅游者前来光顾的根本基础。对于一个旅游目的地来说，虽然旅游服务的质量状况可以助长或削弱该地对旅游者的吸引力，但该地旅游吸引力的本源永远都是当地的旅游资源。

（3）中介体。在旅游活动体系的构成要素中，所谓中介体是指帮助旅游者实现其旅游经历，并为其提供相应便利服务的旅游业。就现代旅游活动的开展而言，旅游者几乎无不借助旅游业所提供的各种相关服务去完成自己的全程旅游活动。虽然使用旅游业提供的相关服务并非是旅游者的活动目的，但旅游业的服务客观上是架设在旅游客源地与旅游目的地之间，以及架设在旅游者全程活动的计划与旅游目的的实现之间的桥梁。在旅游者个人已经具备旅游需求条件的前提下，旅游者前往目的地的旅行，以及在目的地停留期间的生活和访问活动，都可由相关的旅游企业代为安排和提供服务，从而使旅游者不必再为出游期间有可能遇到的各种问题而担忧和为难。现代旅游活动得以发展到今天的规模，同旅游业的这种便利性中介作用是分不开的。事实上，在推动现代旅游活动的开展方面，旅游业是旅游活动体系构成中最积极、最活跃的一个要素。

三、旅游发展要素

在现有“食、住、行、游、购、娱”旅游六要素基础上，2015 年召开的全国旅游工作会议提出了新的旅游六要素“商、养、学、闲、情、奇”，前者为旅游基本要素，后者为旅游发展或拓展要素。拓展这六要素，是基于现阶段实践的总结。随着旅游不断升级，今后会拓展出更新、更多的旅游发展要素，这是旅游业蓬勃发展的大趋势。

第二节　旅游者

我们在第一章中已经提到，旅游活动是作为旅游者的人的活动，是人们出于移民和就业之外的其他目的，离开其长住地的外出旅行以及在目的地停留的全部访问活动。正是由于这种活动规模的扩大，才使得其参加者形成一个市场，从而造就出可围绕其需要开展经营的商业机会。因此，不仅旅游活动的行为主体是旅游者，而且旅游业的一切接待服务无一不是针对和围绕旅游者的需求去提供的。简言之，没有旅游者便没有旅游活动，没有旅游活动便没有旅游市场，没有旅游市场便不会有旅游业的出现和生存。由于旅游活动从根本上讲是旅游者的旅行和访问活动，而非旅游业的经营活动，所以正是从这个意义上说，作为旅游活动施动者的行为主体乃是旅游者，而不是旅游企业。

一、关于旅游者的界定

然而，什么样的人才算旅游者？对于这一问题的答案，人们曾经有过种种的表述，并且也曾发生过一些争论。我们在第一章中曾经提到，人们对“旅游者”一词的概念使用，大体上分为两类：一是“旅游者”一词作为日常用语时的一般释义；一是“旅游者”一词在旅游研究中，特别是在旅游统计工作中使用时的专业性释义。

翻开一般性的语言词典，无论是中文词典还是外文词典，我们所看到的对“旅游者”一词的解释几乎无一例外地都是其作为一般日常用语时的解释。无论这些词典对“旅游者”一词的释义表述怎样不一，但最基本的释义内容都是相同的，即都将旅游者解释为出于消遣目的而外出旅行的人。这在很大程度上也就是至今还有人坚持认为，只有出于消遣目的的旅行外出才算是旅游的原因。

然而，在旅游研究和旅游业工作中，人们却需要对旅游者概念作出必要的技术性界定。其原因主要是基于两个方面的需要：一是旅游统计工作中对规范旅游者统计口径的需要，再则是在出入境管理方面制定和执行有关政策（如入境签证、纳税等方面的政策）的需要。因此，这里所需要的旅游者定义乃是一种技术性定义，而不是作为日常用语时的泛泛解释。所谓技术性定义，就是指在其表述中含有某些可借以衡量的具体标准，以便能够有效地将旅游者同其他旅行者区别开来。

如何从技术上对旅游者的概念进行界定，无论是旅游学者还是有关的组织机构，都曾作过很多探讨和规定。例如，1933 年，英国人 F. W. 奥格威尔在其所著的《旅游活动》一书中曾提出，从对到访地区的经济影响着眼，旅游者是指符合以下两个条件的人：第一，离开自己的居住地到外面任何地方去旅行，在目的地的连续停留时间不超过一年；第二，在离开居住地期间，把他们的钱花在他们所到访的地方，而不是在其所到访的地方挣钱。不难看出，在对旅游者这一概念的解释中，所涉及的技术性界定标准包括：①离开居住地；②在目的地连续停留不超过一年；③不在目的地就业。也就是说，在奥格威尔看来，凡是符合这些标准的出访者或来访者都可列为旅游者。1936 年，另一英国学者诺沃尔在其《旅游业》一书中也提出，“不论出于什么原因（要求长期定居或就业除外），凡进入外国境内，并在所临时逗留的国家内花钱者（所花的钱必须是在别处挣的），均可算旅游者”。显然，这是一个针对国际旅游者所作的界定，其中所涉及的技术性标准包括：①离开居住国；②非定居或非移民目的；③非就业目的。在有关国际机构对旅游者所作的定义中，影响比较大的有两个：一个是第二次世界大战之前的国际联盟（League of Nations）针对“外国旅游者”所作的定义和解释；另一个则是第二次世界大战之后联合国（UN）国际旅游会议和国际官方旅游组织联盟（IUOTO，世界旅游组织的前身）对“游客”所作的定义和解释。

（一）国际联盟所作的定义

1937 年，国际联盟下设的专家统计委员会根据当时统一和规范各成员国的旅游统计口径的需要，对“外国旅游者”作了如下的定义和规定：

（1）外国旅游者：是指“离开自己的居住国，到另一个国家访问至少 24 小时的人”，其中包括：

①因消遣、家庭事务和健康等原因而出国旅行的人；

②为出席国际会议或作为公务（包括科学学术、行政、外交、宗教、体育等方面的会议或公务）代表而出国旅行的人；

③因工商业务原因而出国旅行的人；

④在海上巡游过程中停靠某国港口，并登岸访问的游轮乘客，即使其上岸停留的时间不足 24 小时（对于上岸停留时间不足 24 小时的游轮乘客，在统计时应另外分作一类，必要时可不考虑其惯常居住地）。

（2）与此同时，该规定中也明确指出下列人员不能列入外国旅游者统计范围：

①到某国就业谋职的人，不管其是否订有合同；

②到国外定居者；

③到国外去就读，膳宿在校的学生；

④居住在边境地区，日常跨境上下班的人员；

⑤临时过境但不作法律意义上停留的人，即使其在到访国境内的时间超过 24 小时，也不能列为旅游者（注：按照有关国际法，对于那些在临时过境停留期间没有离开所规定的中转等候区域的乘客或旅客，在法律意义上意味着没有入境该国）。

（二）联合国罗马会议所作的定义

随着战后国际旅游的迅速发展，为了统一世界各国的旅游统计口径，在国际官方旅游组织联盟（IUOTO，世界旅游组织的前身）的推动下，联合国于 1963 年在罗马召开了国际旅游会议（简称罗马会议）。会上对应纳入旅游者统计的人员范围提出了新的规范。

会议提出，在旅游统计中，将所有应纳入旅游者统计的境外来访人员统称为“游客”（visitor）。这些游客分作两类：一类是在到访国家停留过夜的游客，在旅游统计中称为“旅游者”（tourist）；另一类是在到访国家不作过夜停留，而是当日离去的游客，在旅游统计中称为一日游游客（excursionist 或 day visitor）。

具体解释如下：

游客是指除了为获取报酬的就业目的之外，任何基于其他目的到一个不是自己惯常居住的国家去访问的人。

在统计中，游客分为两类：一是（过夜）“旅游者”，即到一个国家作短期访问至少逗留 24 小时的游客。其来访目的包括：消遣（娱乐、度假、疗养、修学、宗教、体育等），以及工商业务、家庭事务、公务出差、出席会议等。二是一日游游客，即到一个国家作短暂访问，停留时间不足 24 小时的游客（包括在海上巡游过程中到访并上岸访问的游轮乘客）。

这一定义中的“游客”不包括那些在法律意义上并未进入该国的过境旅客（如未离开机场中转区域的过境航空旅客）。

根据上述解释，我们不难发现，这一定义中的基本要点包括：

（1）在旅游统计中，将所有纳入统计的异国来访人员统一称为“游客”；

（2）根据入境者的来访目的，决定其是否属于应纳入旅游统计的“游客”；

（3）根据来访者的惯常居住国而不是根据其国籍，决定是否属于应纳入旅游统计的“游客”；

（4）根据在到访目的地国家中的停留时间，将来访游客分别统计为“（过夜的）旅游者”和“（不过夜的）一日游游客”。

实际上，这一定义中所使用的游客界定标准主要涉及三项因素，即：

①离开惯常居住国；

②访问目的并非是去目的地国家获取谋生性的工资报酬；

③根据在目的地国家的停留时间，分别统计为“（过夜的）旅游者”和“（不过夜的）一日游游客”。显然，这一定义中所界定的只是国际或入境旅游者，而没有涉及国内旅游者。

（三）世界旅游组织所作的最新规范

在有关旅游统计工作的标准化方面，尽管联合国和世界旅游组织作了如上所述的种种努力，但事实上，世界各地在界定旅游活动时缺乏一致标准的情况依然存在。为了推进旅游统计工作的规范化，世界旅游组织于 1991 年在加拿大渥太华再次召开国际会议。这次会议的重点是制定旅游统计中的有关定义和分类，力争使这些定义和分类能够为世界各国所通用，并且在涉及人口统计、交通运输、国民账户等领域时，尽量使其能与现行的国际标准与分类相一致。会后，世界旅游组织将会上形成的意见提交给了联合国统计工作委员会。1993 年 3 月，联合国统计工作委员会第 27 次会议正式承认了这些意见。

在世界旅游组织渥太华会议所取得的各项成果中，最重要的成果之一是，与会各国对于旅游活动的界定取得了一致意见。这次会议对旅游活动的定义是：旅游是一个人前往其惯常环境之外的某地开展的一整套活动，在该地的连续停留时间短于一年，并且主要访问目的不是从事某种从到访地获取报酬的活动。这一定义之所以重要，是因为此前世界旅游组织所提出的有关定义都限于针对国际旅游，而这次提出的旅游活动定义则是涵盖了包括国内旅游在内的各类旅游活动。根据这一定义，凡从事符合上述条件之活动的人员，即可界定为旅游者，并在统计中使用“游客”这一术语。

世界旅游组织渥太华会议的另一成果是，与会各国一致同意将“游客”这一概念作为整个旅游统计系统的基础概念。也就是说，根据旅游统计工作的需要，对“游客”可作“国际游客”和“国内游客”之分。无论是国际游客还是国内游客，在统计中都可进一步划分为（过夜的）“旅游者”和（不过夜的）“一日游游客”。关于旅游统计中对这些类别的划分以及对相关术语的释义，参见表 3–1。

表 3–1　旅游统计中的术语和人员分类

术　语	国际旅游	国内旅游
居　民	在短期（不超过一年）出访他国之前，已在本国连续居住了至少 12 个月的人。	在短期出访本国境内其他地方之前，已在本地连续居住了至少 6 个月的人。
游　客	到一个不是自己通常居住的国家去旅行，连续停留时间不满一年，主要访问目的不是从事某种从所到访国家获取报酬的活动的人。	身为本国居民，离开自己的惯常环境而到本国境内其他地方去旅行，连续停留时间不满 6 个月，主要访问目的不是从事某种从访问地获取报酬的活动的人。
旅游者	到一个不是自己通常居住的国家去旅行，停留时间至少一夜，但至多不满一年，其主要访问目的不是从事某种从所到访国家获取报酬的活动的游客。	身为本国居民，离开自己的惯常环境而到本国境内其他地方去旅行，停留时间至少一夜，但至多不满 6 个月，其主要访问目的不是从事某种从访问地获取报酬的活动的游客。
一日游游客	到一个不是自己通常居住的国家去旅行，停留时间不足 24 小时并且未在所到访国家过夜，其主要访问目的不是从事某种从所到访国家获取报酬的活动的游客。	身为本国居民，离开自己的惯常环境而到本国境内其他地方去旅行，停留时间不足 24 小时并且未在到访地过夜，其主要访问目的不是从事某种从访问地获取报酬的活动的游客。

注：下列各类人员皆排除于旅游统计范围之外：跨境上下班工作的边民，临时移民，永久移民，游牧民，过境乘客，难民，军事人员，领事代表，外交官，随从军事人员、领事代表和外交官的眷属和家庭服务人员。

资料来源：世界旅游组织（UNWTO，1991）。

二、我国对入境旅游者的统计口径

自 1978 年我国旅游业的发展步入正轨后，在旅游统计工作方面，国家旅游局和国家统计局对应纳入旅游者统计范围的境外来访人员作过一系列的解释和规定。对于这方面的发展过程，本节中不再赘述。

目前我国入境旅游统计的基础系统如图 3-1 所示。

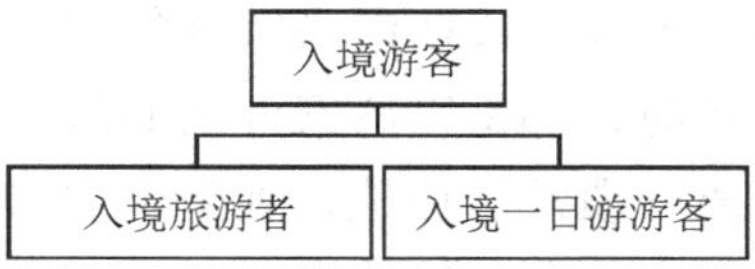

图 3-1　我国的入境旅游人次统计体系

（1）对其中有关统计术语的现行解释是：凡是应纳入旅游统计的入境来访人员通称为入境游客（inbound visitor）。

对入境游客的界定是，出于观光、度假、探亲访友、就医疗养、购物、参加会议或从事经济、文化、体育、宗教交流活动等原因或目的，离开惯常居住地前来我国大陆访问，连续停留时间不满 12 个月，并且来访的主要目的不是通过所从事的活动获取报酬的外国人、华侨和港澳台居民。其中的外国人指的是持外国国籍者，包括中国血统的外籍华人；华侨指的是持有中国国籍，但旅居外国的中国侨民；港澳台居民则是指居住在香港特别行政区、澳门特别行政区和台湾省的中国人。

在具体的统计安排上，根据这些入境游客在我国内地访问的停留时间，将其分作两类，分别称为“入境旅游者”和“入境一日游游客”。具体的技术性界定是：

● 入境旅游者（inbound tourist）：在我国内地旅游住宿设施内停留至少一夜的入境游客。

● 入境一日游游客（inbound day-visitor）：未在我国内地旅游住宿设施内作过夜停留，而是当日离去的入境游客。

（2）我国的入境旅游统计工作中还规定，下列入境来访者不属于入境游客的统计范围：

①应邀来华访问的外国部长级以上的政府官员及其随从人员；

②外国驻华使领馆的官员、外交人员及其随行家属和家庭服务人员；

③在我国驻期已达一年以上的外国专家、留学生、记者、商务机构人员等；

④乘坐国际航班过境我国，不需要通过护照检查进入我国口岸的中转旅客；

⑤边境地区（因日常工作和生活而出入境）往来的边民；

⑥回祖国大陆地区定居的海外华侨、港澳台同胞；

⑦已经在我国内地定居的外国人，以及出境后重又返回我国内地定居的外国侨民；

⑧归国的我国出国人员。

从前述有关国际组织对应纳入旅游者统计范围的人员界定中，以及从我国旅游统计工作对入境游客所作的现行解释中，我们可以发现，除了在各自的表述上以及在某些个别方面的解释上有所差异之外，所有这些定义及其解释内容都大致相同。换言之，目前世界各国在对入境游客进行界定和统计时，实际上都是以此前所述的罗马会议定义或者说都是以世界旅游组织所作的解释为基准的。由此可以认为，目前世界各国在对入境游客的界定方面，原则上已经达成共识。

三、关于国内旅游者的界定与统计

对于国内旅游者的界定与统计，长期以来世界各国一直未能做到统一。美国和加拿大在界定和统计国内旅游者时，都是以离家外出的旅行距离作为标准。例如，加拿大对国内旅游者的界定是：离开惯常居住地，到至少 50 英里以外的地方去旅行的人。但是，在不少欧洲国家中，判定一个人的外出旅行是否应列入国内旅游统计之中的标准，则是看其是否在外停留过夜。例如，英格兰旅游局在国内旅游调查和统计中规定，国内旅游者是指出于日常上下班以外的任何原因，离开居住地外出旅行，至少在外过夜一次的人。法国旅游行政部门对国内旅游者所作的界定则是，出于消遣、保健、会议、商务、修学等目的，离开居住地外出旅行超过 24 小时，但在外连续停留时间不足 4 个月的人。

（一）世界旅游组织的主张与建议

实际上，除了出游活动的开展是否跨越国界，国际旅游者与国内旅游者并无本质的不同。因此，在对国内旅游者的统计方面，采用与国际旅游者相一致的统计标准不仅是一种较为理想的做法，同时也便于人们就国内旅游的发展情况进行国家间或地区间的比较。世界旅游组织渥太华会议的一项重要工作就是谋求在这方面达成共识，即无论是国际旅游还是国内旅游，都属于离开惯常环境的非日常性旅行和在外逗留活动，无论是国际旅游者还是国内旅游者，都是出于就业和移民以外的其他原因或目的，暂时离开惯常居住地去异国他乡访问的人。

（二）我国对国内旅游的统计

我国国内旅游统计的基础系统如图 3-2 所示。

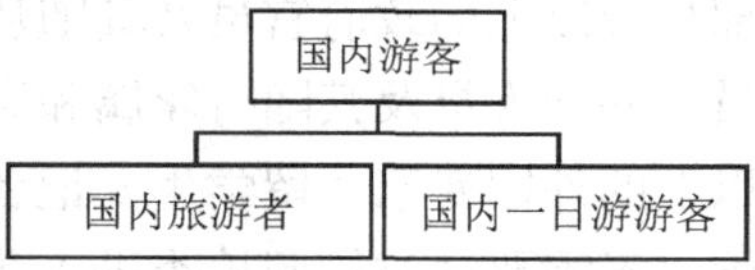

图 3-2　我国的国内旅游人次统计体系

（1）在我国的国内旅游统计中，对图 3-2 中有关统计术语的现行解释是：以作为旅游目的地的某一行政区划为基准，凡纳入国内旅游统计范围的国内外地来访人员，统一称为国内游客。

国内游客是指任何因休闲、娱乐、观光、度假、探亲访友、就医疗养、购物、参加会议或从事经济、文化、体育、宗教活动等原因，离开惯常居住地，到我国境内其他地方访问，连续停留时间不满 6 个月，并且主要访问目的不是去从事从所到访地区获取报酬的活动的我国内地居民。

在这一定义中，所谓惯常居住地，指的是一个人最近一年的大部分时间所居住的那一城镇（乡村），或虽然只在该城镇（乡村）居住了较短的时间，但在未来 12 个月内仍将返回该地居住。

在具体的统计安排上，根据这些国内游客在所到访地区的停留时间，将其分作两类，分别称为“国内旅游者”和“国内一日游游客”。具体的技术性界定如下：

● 国内旅游者：离开惯常居住地，去我国大陆境内其他地方旅行和访问，并在到访之地的旅游住宿设施内逗留至少一夜，连续停留时间最长不超过 6 个月的国内游客。

● 国内一日游游客：离开惯常居住地，到我国大陆境内 10 公里以外的其他地方去旅行和访问，出游时间超过 6 小时但不足 24 小时，并且未在所到访地区的旅游住宿设施内停留过夜的国内游客。

（2）我国的国内旅游统计中还规定，下列外出旅行的人员不纳入国内游客的统计范围：

①去外地巡视工作的部级以上领导干部；

②驻外地办事机构的临时工作人员；

③调遣的武装人员；

④去外地就读的学生；

⑤去外地下基层锻炼的干部；

⑥去国内其他地区定居的人员；

⑦无固定居住地的游民。

通过观察上述界定和分类，我们可以发现，我国在旅游统计工作中对国内游客所作的界定和分类与世界旅游组织的主张和建议基本一致。

四、影响个人旅游需求的因素

在上面的内容中，我们讨论了旅游者的界定以及旅游统计工作中的有关统计口径。接下来所要讨论的问题，则是个人旅游需求的决定因素。也就是说，明确一个人需要具备哪些条件才能实现其旅游需求，成为一名现实的消遣旅游者。

对于什么样的人才可成为一名消遣旅游者，有人可能会说：谁都可以成为消遣旅游者。这一回答虽然不无道理，但也明显存在失实的问题。说其不无道理，是因为在旅游和度假已经演变成为现代生活中一种基本需要的今天，的确人人都有外出旅游度假的权利。这一点在《马尼拉宣言》中已有明确阐释。说其未免失实，是因为有大量的事实表明，虽然人人都有外出旅游度假的权利，但并非任何人都可以无条件地自动成为现实的旅游者。在现实生活中，我们很容易发现，有的人几乎每年都外出旅游观光或度假，然而有的人虽然也想外出旅游，却从来不曾有过这样的经历。这一事实说明，并非人人都可自动成为旅游者。一个人要成为现实的旅游者，或者说一个人要实现其旅游活动，显然是需要具备一定条件的。这些条件也被称作影响或决定个人旅游需求的因素。在讨论这些因素之前，我们有必要说明的是，由于商务、公务或出席会议的原因而出访他乡的活动，都属因公差旅，都是出于工作上的需要或上司的派遣，因此这类活动的开展通常不会为个人方面的因素所影响。所以，人们在讨论个人旅游需求的影响因素时，都是针对消遣旅游和因私的家庭及个人事务性旅游而言的。

那么，个人旅游需求的实现都需要具备哪些条件呢？如果我们从正面去考虑这一问题，恐怕一时难以给出完整的答案。因此，在回答这一问题时，我们不妨换一个角度去思考其可能的答案。也就是说，与其从正面去思考个人旅游需求的实现应具备哪些条件，不如去了解一下那些不曾外出旅游度假的人究竟是出于何种原因未能参加到这类活动中。由此所得到的答案反过来也就是实现个人旅游需求所应具备的条件了。例如，如果我们去调查和询问一下那些不曾外出旅游的人为什么不去旅游，有些人的回答可能是"因为没钱"，有些人的回答则可能是"因为抽不出时间"，还有一些人的回答则可能是因为"没兴趣，压根儿就不想出去"。很多调查结果表明，这三种回答是所有答案中最具普遍性的典型代表。

这无异于是在告诉我们，一个人要成为一名现实的消遣旅游者，至少需要同时具备三个方面的条件。从客观上讲，一是需要具备足够的支付能力，二是需要拥有足够多的闲暇时间；从主观上讲，还必须具备外出旅游的动机。虽然我们不能说凡是同时具备了这三项条件的人肯定都会成为现实的旅游者（因为影响个人旅游需求的其他因素还有很多），但是完全可以肯定的是，一个人如果不能做到同时具备这三项基本条件，将注定无法成为现实的消遣旅游者。现将这三项基本条件分述如下：

（一）拥有足够的可自由支配的收入

一般地讲，个人或家庭收入达到足够高的水平，乃是一个人能够实现其旅游需求的客观前提之一，因而也是实现其出游活动的必要物质基础。

当然，一个人或其家庭的所得收入并非全部都可用于外出旅游。所以，在旅游研究中，人们经常以可支配收入或者可自由支配收入取代笼统的个人收入或家庭收入。

所谓可支配收入，指的是个人或其家庭所得收入中扣除应纳所得税之后的剩余部分。所谓可自由支配收入，亦称可随意支配收入，则指的是一个人或其家庭的全部收入中扣除应纳所得税、扣除社会保障性消费（指按规定应由个人负担的养老金、失业保险、健康保险等社会保障费用的预支，这些费用通常在发放工资时扣除），以及扣除日常生活必需消费部分（衣、食、住、行等）之后的余额。可见，只有这部分收入才真正可用于外出旅游。

由于可自由支配收入水平意味着真正的旅游支付能力，因而它不仅影响着一个人能否实现其旅游需求，而且会影响其在外旅游期间的消费水平和消费开支的构成，并且还会影响到对出游目的地以及对旅行方式的选择。所以，可自由支配收入水平是影响个人旅游需求的最重要的经济因素。

当然，这绝不是说凡可自由支配收入达到足够高的水平的人或家庭都会外出旅游。事实上，我们并不难发现，有的人虽然也想外出旅游，并且可自由支配收入很高，但却始终无法成行。因此，拥有足够高的可自由支配收入并不是实现个人旅游需求所必须具备的全部条件或唯一条件。

（二）拥有足够的闲暇时间

如上所述，有些人虽然拥有足够的支付能力，却依然不能实现外出旅游。造成这种情况的一个主要原因，便是因事务缠身而无暇外出。所以，拥有足够的闲暇时间也就成了一个人实现旅游需求所必须具备的又一基本条件。

那么，什么是闲暇时间？有人可能会回答：闲暇时间就是法定8个小时工作之外的非工作时间。其实这一回答并不正确。毫无疑问，闲暇时间的确属于非工作时间，但是，非工作时间并非都是闲暇时间。

要了解什么样的时间才是闲暇时间，还需要从了解人生的时间构成谈起。以在职人员为例，其全部时间一般由以下五个部分构成：

（1）法定工作时间。例如，我国现今实行的法定工作时间是每周5天、每天8个小时。这部分时间显然由不得个人随意支配。

（2）必须的附加工作时间。即在法定工作时间之外，必要的加班加点工作时间或从事必要第二职业的工作时间。例如，某人从事第一职业的报酬不足以维持其家庭生计，因而不得不在第一职业的法定工作时间之外从事某些其他工作。这部分时间同样也由不得个人随意支配。

（3）必需的社交活动时间。例如，作为学生家长，不得不出席学校召开的学生家长会，等等。这部分时间一般也容不得个人随意支配。

（4）用于满足生理需要的时间。例如，吃饭的时间、睡眠的时间，等等。这部分时间的付出显然更是不可避免，否则一个人将无法维持其生命。

（5）闲暇时间。只有这部分时间才是可由个人随意支配的时间。

上述情况说明，只有从全部时间中扣除（1）、（2）、（3）、（4）项这些不可由个人随意支配的时间之后，所余下的时间才是真正的闲暇时间。

因此，闲暇时间就是一个人在日常工作、学习、生活中必须占用的时间之外，可由个人任意支配，从而可用于消遣娱乐，或用于从事自己所乐于从事的任何其他事情的时间。简言之，闲暇时间就是可由个人任意支配的自由时间。

闲暇时间是实现个人旅游需求的必要条件之一。但是，并非任何闲暇时间都可用于外出旅游。事实上，一个人只有拥有足够的闲暇时间，才有可能实现外出旅游。所谓足够的闲暇时间，是指数量较多而且连续集中的闲暇时间。一般地讲，闲暇时间的分布主要涉及以下几种情况：

①平日闲暇，即每天中的闲暇时间，包括日常工作中的工间休息时间，以及下班之后的个人自由时间。这些闲暇时间量小而零散，虽然可用于休息和开展娱乐活动，却不足以用于外出旅游。

②周末闲暇，表现为周末工休时间。根据我国法定的工作制度，周末工休的放假时间为两天。此间的闲暇时间比较集中，因而可用于开展近距离的周末度假或一日游活动。

③公共假日，即法定的公共节假日。各国公共假日的数量不一，具体情况大都与

该国传统节日的多少有关。目前我国每年的公共假日累计为11天，包括元旦、春节、清明节、五一劳动节、端午节、中秋节和国庆节。在西方多数国家中，最典型的公共假日是圣诞节和复活节。公共节假日往往是家人或亲友团聚活动的好时机，特别是连续2~4天的公共假日，往往是人们外出探亲访友或外出作短期度假的高峰时节。自1999年以来，随着我国年节及纪念日放假制度的更新而出现的“黄金周”旅游潮更是这方面的典型案例。

④带薪假期。目前发达国家大都规定在职人员享有带薪年假，但各国实行带薪假期制度的具体情况不尽相同。例如，在西欧国家中，在职人员享有的带薪假期一般为每年4周。在瑞典，这种带薪假期为每年5~8周；在美国，则一般为2~4周。我国目前尚未正式推出带薪假期制度，但与之类似的带薪年假在某些人群中早已存在。2007年12月，国务院发布了《职工带薪年休假条例》（国务院令第514号），并自2008年1月1日起施行。该条例对于我国在职职工休息休假权利，作了制度性安排。2013年，国务院颁布《国民旅游休闲纲要（2013—2020年）》，其中提出的目标是：到2020年，职工带薪休假基本得到落实，城乡居民旅游休闲消费水平大幅增长，国民休闲质量显著提高，与小康社会相适应的现代国民休闲体系基本形成。由于带薪假期时间量大而且连续集中，因而往往成为人们外出旅游度假，特别是开展远程旅游的最佳时机。

上述情况说明，并非任何闲暇时间都可用于外出旅游。特别是远程旅游活动的开展，只能利用历时较长而且连续集中的闲暇时间。欧美游客来华旅游大都是利用带薪假期进行，原因即在于此。当然，需要再次重申的是，这里关于闲暇时间这一旅游需求条件的讨论，所针对的是一般的在职人员，至于其他人员——如退休人士——拥有闲暇时间的情况，则需另当别论。

（三）具备旅游动机

除了上述客观条件之外，个人消遣旅游需求的实现还必须具备主观条件。这一主观条件就是旅游动机。

动机是心理学中的一个概念。通俗地讲，动机就是激发一个人去做某事的内在驱动力。按照心理学家的解释，凡是引起个体去从事某项活动，并使活动指向一定目标以满足自己某种需要的内在驱动力，都叫作这一活动的动机。因此，旅游动机也就是一个人为了满足自己的某种需要而决定外出旅游的心理动因。

那么，一个人的旅游动机又是怎样产生的呢？人本主义心理学的观点认为，动机和需要之间存在着非常密切的关系。这种关系体现在，一个人的行为动机总是为满足自己的某种需要而产生。因此，动机是需要的表现形式，有什么样的需要，便会有与之相适应的行为动机。那么，旅游动机的产生是为了满足什么样的需要呢？这是一个很难具体回答的问题，或者说人们对这一问题的具体回答很难统一。这主要是因为：第一，人的具体需要是多种多样的；第二，个人与个人的情况不尽相同。即使抛开具体的需要不谈，而只谈这些需要的种类，人们的看法同样难以取得一致。

美国人本主义心理学家马斯洛提出需要层次理论，这是长期以来广为流传的一种动机理论。这一理论的内容要点包括：

（1）人有多种不同的需要；

（2）这些需要在层次上有高低之分；

（3）对于个体而言，只有位居较低层次的某一需要获得满足之后，才会产生向上一个相邻层次的需要，换言之，不可跳过相邻层次的需要而向更高层次的需要发展。

在这一动机理论中，马斯洛将人的需要划分为五个层次：

（1）生理需要：食物、饮水、氧气，等等；

（2）安全需要：治安、稳定、秩序和受保护；

（3）爱的需要（社交需要）：群体归属感、（亲友间的）感情联系；

（4）受尊重的需要：自尊、声望、成功、成就；

（5）自我实现需要：最大限度地发挥个人的潜能。

这些不同需要之间阶梯式的层次关系如图 3–3 所示。

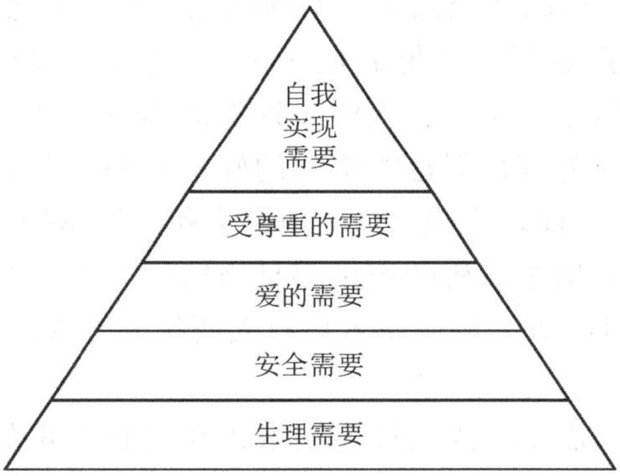

图 3–3　马斯洛的需要层次理论

虽然人们在谈到旅游动机问题时，几乎都会引用马斯洛的需要层次理论，但是马斯洛的这一理论，特别是其中对需要层次的划分，究竟能在何种程度上解释人们外出旅游动机的产生，难免也会令人有疑问。例如，一个人似乎不大可能会为了满足前两个较低层次的需要而决定外出旅游或度假。理由在于：

其一，我们已经知道，一个人只有当其个人（或其家庭）的富裕程度达到足够高的水平之后，才有可能实现外出旅游。这意味着凡在经济条件上有能力外出的旅游者，其温饱问题早已得到解决，因而不大可能是为满足生理生存需要而决定外出旅游。退一步讲，倘若一个人果真是出于谋求生存的需要而离乡出走，那么这一出行目的本身就决定了他的身份不是移民便是难民，而绝不会是前面所界定的旅游者。

其二，一个人似乎也不大可能会是出于对安全的需要而去异国他乡旅游。因为谁都知道，身处自己最熟悉的家乡环境比去任何其他地方都更有心理上的安全感。退一步讲，如果一个人果真是为了满足对安全的需要而外出他乡或异国，那么同样，他要么是属于难民，要么是属于移民，而不大可能是旅游者。

上述情况说明，马斯洛的需要层次理论似乎并不足以完全解释人们外出旅游的动机成因。虽然如此，通过上述分析，我们也不难看出，有可能促成人们旅游动机的需要多是那些较高层次的需要，而且这些较高层次的需要几乎无一例外地都是属于精神层面的需要。在外出旅游生活期间，旅游者虽然也需要满足其生理需要和安全需要，但这些层面的需要并非是其外出旅游的根本追求，更无法成为驱使其外出旅游的内在动因。

作为旅游学知识的入门教科书，这里没有必要将有关旅游动机的问题讨论得过于复杂。基于这一认识，无论是通过回顾旅游活动的历史发展，还是通过观察当今人们开展旅游活动的现实情况，我们都可能会发现，人们外出旅游动机的形成，简明地归纳，主要是出于满足以下两种需要的追求：

（1）探新猎奇的需要。通常表现为满足求知欲或好奇心的需要。人们很早就注意到，古往今来，伟人名士皆有外出旅行的经历。外出旅行可以增加一个人对异乡事物的了解，增长知识和开阔眼界，因而“行万里路”的功效犹如“读万卷书”。人们渴望到异国他乡了解和体验那里的乡土人情、事物风光、地方文化传统和习俗。长期以来，这一情形逐渐在社会中形成了一种价值观念，即喜欢并崇尚探索和猎奇。时至今日，随着教育的发展和信息技术的进步，人们对外部世界新奇事物的了解也在增多，这种情况进一步助长了人们对外部世界这类事物的好奇心和求知欲。人们不再满足于仅靠各种间接方式去“听景”，而是希望前往实地目睹和亲身体验。大众旅游的发展实践证明，相当大一部分旅游者出游动机的产生都是为这种探新猎奇的需要所驱使。出于这类动机而开展的旅游活动，即是国际学术界有人所称的“旅游猎奇”或“猎奇式旅游”（the tourist gaze）。

（2）逃避身心紧张的需要。现代社会城市化和工业化的发展不断改变着人们的生活，尤其是在高度城市化和工业化的社会中，喧嚣而沉闷的环境，繁忙而单调的工作，以及不断加快的生活节奏，都加重了人们的身心压力，不断使人感受到紧张和疲倦。为此，人们希望适时地调换环境，以便能够摆脱紧张，获得放松。外出旅游度假是实现这种追求的有效方式。在异国他乡旅游期间，人们既可摆脱自己日常身份的束缚，新鲜的环境又可提供轻松的生活氛围，从而可有效地缓解人们的紧张和压力。随着旅游活动的普及，越来越多的人都将外出旅游或度假当作逃避或摆脱身心紧张的一种方式。

五、旅游动机的基本类型

就多数情况而言，人们外出旅游动机的产生，主要是出于满足某种心理或精神层面的需要。事实上，这些心理或精神层面的需要往往会以多种不同的具体需要的方式来表现或反映。对于不同的个体来说，这一具体需要的表现方式有可能是希望开阔眼界和增加阅历，有可能是希望接触和了解异国他乡的社会生活，有可能是希望维系和加深与异乡亲友的感情联系，有可能是希望见识大自然的鬼斧神工，有可能是希望躲避惯常环境中的某些烦恼……这些需要一旦形成并为人们所意识到，便会以动机的形式表现出来。另外，不仅不同的需要会驱使人们产生不同的动机，即使是类属相同的需要，也可能会因个体在民族、性别、年龄、职业和受教育程度等方面的差异，而使旅游动机有着不同的外在表现。有人基于对这些外在表现的观察，在对旅游动机的分类方面作过很多尝试。例如，约翰·A. 托马斯曾将驱使人们外出旅游的动机列为18种。实际上，如果基于对这些外在表现的观察进一步详细罗列，所能列出的旅游动机种类恐怕还会更多。

因此，著名旅游学教授罗伯特·W. 麦金托什提出，通过分析这些具体的外在表现，可将旅游动机归纳为以下四种基本类型（McIntosh and Goeldner，1984）。

1. 身体方面的动机

这类动机主要包括为了缓解身心压力和增进健康而外出进行的休息放松、健身锻炼、海滩消遣、户外娱乐，以及其他直接与身体保健有关的活动。此外，还包括遵从医嘱外出做异地疗法、洗温泉浴或矿泉浴、做医疗检查等诸如此类的疗养活动。凡属于这方面的旅游动机都有一个共同特点，即都是通过开展与健身或养生有关的活动去消除身心紧张。

2. 文化方面的动机

这类旅游动机的产生旨在满足了解和体验异国他乡文化事物的需要，主要活动内容包括了解和体验异国他乡的历史、音乐、艺术、民俗、舞蹈、绘画、宗教、生活方式等。出于这种动机而开展的旅游活动，通常被称为“文化旅游”。在旅游文献中，也有人将前往陌生之地开展的这类文化旅游活动称为“软探险”旅游。

3. 人际（社交）方面的动机

这是人们为了满足自己的社交需要，旨在保持或建立同生活在他乡的某些人群的接触与感情联系而产生的一种旅游动机类型，在活动形式上突出表现为去探访生活在异国他乡的亲友，也包括深入他乡接触当地民众，结识新朋友，等等。

4. 地位和声望方面的动机

这方面的动机主要与关心个人成就和实现个人发展的需要有关。属于这类动机的外出活动包括商务、出席会议、考察研究、满足特殊兴趣癖好以及参加某种专项知识或技能培训等。旅游者希望通过这类活动的开展，去实现自己能够受人尊重、引人注意、被人赏识、获得好名声的愿望。

事实上，人们外出旅游很少只是出于某一单一动机。由于外出旅游是一种综合的象征性行为形式，可借以满足人们的多重需要，因而人们在决定外出旅游时，除怀有某一主要方面的动机之外，常常还会涉及某些其他方面的动机，或者只是某种动机被明显地意识到，而其他方面的动机未被意识到而已。因此，人们外出旅游的决定其实多是若干动机共同作用的结果。

值得顺便一提的是，在国内外有关旅游动机的研究中，人们大都根据人本主义心理学派有关动机的理论解释，认为产生旅游动机的驱动力在于人们希望满足自己某种内在的心理或精神需要。然而，通过观察人们出游活动的实际情况，人们似乎也不能否认，在促发人们外出旅游的动机中，有时确实也存在某些外在需要动因。这种情况的存在或许也是有些心理学学派主张人的行为不只是受内在动因的驱使，而且也可能是受外在动因驱使的结果的原因。例如，在我国的旅游研究中，有关的市场调查显示，不少内地游客前去香港旅游的主要动因就是为了购物。同样，国际上也有调查显示，很多日本妇女在婚前出国旅游时，主要动因就是为了购置嫁妆。旅游业对此作出反应，如香港在吸引游客来访方面，曾在很长时期将“购物天堂”作为自己的定位。

六、旅游动机的影响因素

如前所述，动机与需要之间有着非常密切的关系。人们外出旅游的动机之所以会多有不同，原因在于个人之间所追求满足的需要存在差异。从这个意义上说，那些影响个人需要的因素通常也就是旅游动机的影响因素。这些因素很多，其中主要包括：

1. 心理类型

在影响旅游动机的个人因素中，一个人的人格或心理类型起着重要的影响作用，不仅会影响其外出旅游的意愿，而且会影响其对出游目的地的选择。根据有关的旅游研究成果（Plog，2003），人们的心理类型可划分为五种，即依赖型、近依赖型、中间型、近冒险型和冒险型。这些不同心理类型的人在人口中大致呈正态分布，即中间大、两头小。其中，处于两个极端的心理类型分别是依赖型心理类型和冒险型心理类型。属于这两种心理类型的人在人口中所占的比例很小，属于中间型心理类型的人在人口中所占的比例最大。也就是说，绝大多数人的心理类型都属于中间型。近依赖型和近冒险型则分别是上述两个极端类型与中间型之间的过渡类型。如图 3-4 所示。

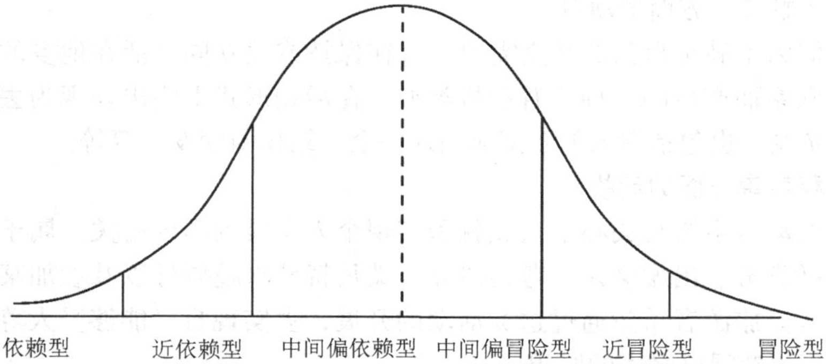

图 3-4　旅游消费者的心理类型分布

注：括号中为 Plog 在其早期研究中对有关心理类型所使用的称谓。

为了简明和便于理解，这里主要介绍其中最基本的三种心理类型：

（1）依赖型心理类型

这种心理类型者的人格特征是：

①思想上：封闭而保守，谨小慎微，多忧多虑，缺乏自信，不愿冒险；

②行为方面：喜安逸，好轻松，喜欢循规蹈矩的生活方式，愿意听从社会名人的建议或仿效他们的行为，偏好购买流行品牌的消费品，喜欢熟悉的氛围和活动。

因此，属于这种心理类型的人在外出旅游时，往往倾向于选择那些距离比较近、自己对该地情况比较熟悉的旅游目的地，特别是倾向于选择那些传统的旅游热点地区，而且对于自己所喜欢的那些旅游目的地多会经常地故地重游。

（2）冒险型心理类型

这种心理类型者的人格特征是：

①思想上：天性好奇，喜欢探索，充满自信，喜欢挑战，对待生活有自己的个人主见；

②行为上：喜新奇，好冒险，活动量大，不愿随大流，乐于与不同文化背景的人打交道和相处。

因此，属于这种心理类型的人在外出旅游时，强烈偏好那些环境独特、尚未充分开发、依然保留着其原始魅力的旅游目的地，特别不愿意随大流去那些传统的旅游热点地区。他们喜欢自助式旅游，而不愿参加由导游陪同的旅行团。他们在旅游过程中表现活跃，除了睡觉之外，大部分时间都用于考察和探访，而不是整天躺着晒太阳。他们偏好入乡随俗，乐于接受那些条件虽然较差，却非同一般类型的住宿设施。为了增加自己的阅历，他们会经常外出旅游，并且每年都会去寻找新的旅游目的地而不愿经常故地重游。

（3）中间型心理类型

这种心理类型的人在人格特征方面的表现介于上述两个极端类型之间，因而属于特点不明显的混合型。这种心理类型的旅游者对出游目的地的选择虽然通常没有什么苛求，但是一般都不愿选择去那些传统的旅游热点地区，同时也不会选择去那些风险很大的待开发地区。

对这一心理类型研究的结论是，一个人所属的心理类型距离冒险型越近，外出旅游的可能性就越大，并且所选择的旅游目的地的陌生性和冒险性程度也就越高。正因为如此，冒险型心理类型的旅游者多是新旅游目的地的发现者，是旅游者大军的先头部队。伴随着这类旅游者对该目的地的发现和传播信息，其他心理类型的旅游消费者随后会依次跟进。在这一过程中，该新发现的旅游目的地有可能会逐渐发展成为旅游热点地区，并最终能够吸引依赖型心理类型的旅游消费者来访。然而，与此同时，冒险型心理类型的旅游者则会逐渐失去对该目的地的兴趣，转而去寻访其他尚不大为人所知的新目的地。从图 3–4 中，我们不难预知，当中间型心理类型的旅游消费者也失去对该目的地的兴趣时，该旅游目的地也便进入了衰退期。

2. 文化水平与受教育程度

一个人的文化水平通常与所受教育的程度有关。由于这一原因，人们在旅游市场调研中往往是将受教育程度作为反映客源市场文化水平的测量指标。受教育程度在很大程度上决定着一个人的知识水平以及了解外部世界的能力，并因此会对一个人的需要产生影响。这主要表现在：一方面，知识水平的提高有助于获知有关外部世界的信息，从而易于诱发一个人对外界事物的兴趣和好奇心；另一方面，知识的增多有助于一个人克服对外部世界的心理恐惧。

3. 年龄

年龄对旅游动机的影响主要表现在两个方面：一是年龄的不同往往使人们所处的家庭生命周期阶段不尽相同，从而会影响人们的关注重点和需要。以双职工青年家庭为例，夫妻二人虽然具备外出旅游的物质条件和主观意愿，但由于家中有婴幼儿的拖累，因而多会决定暂停外出旅游。二是年龄的不同往往会使人们的体能和精力出现差异，从而也会影响到人们的需要和行为。例如，有些老年人在心理类型上虽然属于喜欢探索的冒险型，但由于体能条件的制约，因此多会倾向于选择节奏舒缓、体能消耗较小的旅游活动，而不再会选择自然探险等需要大量消耗体能的旅游活动。

4. 性别

性别本身并不会直接形成人们外出旅游的内在动因，但这并不意味着性别对一个人的需要和行为不具影响作用。性别差异对人们的需要和行为会产生影响，主要是出于以下两个方面的原因：第一，性别差异意味着男性和女性会在生理特点（如体力）上存在不同；第二，性别差异多会致使男女在家庭生活中扮演的角色不同。正是由于这些原因，很多调查结果都显示，在旅游活动参加者中，男性人数往往会多于女性，而且自然探险旅游的参加者也多为男性。

以上关于旅游动机影响因素的择要介绍，仅是就旅游者个人方面的因素而言。在现实中，除了旅游者个人方面的因素之外，很多外部因素，如社会历史条件、微社会环境等，也都会对一个人的旅游动机产生某种或正或负的影响。

总之，一个人只有同时具备了以上所述的各项客观条件和主观条件，才有可能实现其旅游需求，才有可能成为一名现实的消遣旅游者。

七、基于出游目的的旅游者分类

在本节的最后部分，我们还需要谈谈有关旅游者的类型划分问题。翻阅一下浩如烟海的中外旅游研究文献，我们不难发现，人们对于旅游者的类型有着各种不同的划分。这种情况并不足为怪，因为旅游者的类型划分实际上常常是与旅游活动的类型划分联系在一起的。可以这样说，有哪些类型的旅游活动，就有哪些类型的旅游者。我们在第一章中已经讨论了很多旅游活动的类型，并介绍了很多可用于划分旅游活动类型的标准。由于旅游者类型划分与旅游活动类型划分之间的连带关系，这些标准同样也可用来划分旅游者的类型。

不过，有必要再次重申的是，对旅游者进行类型划分本身并不是目的，而真正的目的在于通过类型划分，能够满足某方面旅游研究工作的需要。具体到本节对旅游者类型进行划分的目的，则主要是通过对旅游者类型的划分，分析和了解不同类型旅游者的基本情况和需求特点。

为了这一目的，我们参照国际旅游研究中的通常做法，根据旅游者外出访问的目的，将其划分为以下三种基本类型。

（一）消遣型旅游者

从总体上讲，这类旅游者的基本特点包括如下内容。

1. 在全部旅游者中所占的比例最大

例如，根据 2018 年我国城镇居民国内出游情况来看，观光旅游的出游人数占 28.7%，休闲度假的出游人数占 24.4%，商务出差的出游人数占 13.3%，探亲访友的出游人数占 29.5%，健康医疗的出游人数占 1%，文娱体育健身的出游人数占 2%，其他目的出游人数占 1%。如果按照世界旅游组织对有关访问目的所作的归类，上述统计中属于消遣性目的的国内旅游人数合计约为 53.1%（《中国国内旅游发展年度报告》，旅游教育出版社，2020）。

2. 出游时间的季节性很强

主要原因在于，除了退休者之外，所有的在职人员以及青年学生几乎都是利用假期时间外出旅游。因此，对于一个国家来说，这意味着，通过调整放假制度去分散人们的休假时间，将成为克服国民出游时间过于集中的一条必要途径。

3. 在选择出游目的地、旅行方式、具体出发时间等方面拥有较大的自由度

例如，如果消遣型旅游者行前得知其计划前往的某一目的地出现了不安全因素或其他不利的问题，很可能会临时改变其原先的出游计划，转而前往其他的同类目的地。对于这类旅游者中的散客来说，对外出旅游动身时间的选择空间也比较大。例如，如果届时遇到恶劣天气，他们很可能会临时变更出发时间，甚至会改变其最初计划的旅行方式。

4. 在旅游目的地的停留时间一般比较长

例如，这种类型的入境旅游者在我国停留期间，很少只是访问一个城市或地点，而通常都会去访问多个城市或地区。即使是那些一地式逗留的入境旅游者，由于是消遣性度假的原因，在该地的停留时间通常也会相对较长。

5. 价格敏感度高

这主要表现在，由于这类旅游者的出游活动多为自费，因而对价格大都比较敏感。无论是以下哪一种情况，都很可能会令其改变原先的打算，转而选择去其他的旅游目的地：A. 认为该目的地的旅游价格过于昂贵，超出了自己能够承受的程度；B. 与能够提供同类经历的其他目的地进行横向比较时，认为该目的地的旅游价格过高，超出了自己愿意接受的程度；C. 与该目的地旅游产品价格的历史同期情况进行纵向比较时，认为目前的价格上升幅度过大，从而超出了自己愿意接受的程度（维克多·密德尔敦著，向萍等译《旅游营销学》，中国旅游出版社，2001）。除了对旅游目的地的选择之外，在选择有关的单项旅游服务时，同样也会有类似的情况。以选择旅行方式为例，在时间条件允许的情况下，如果他们认为航空机票提价过高，这类旅游者往往会放弃航空旅行，而改选其他的旅行方式。总之，消遣型旅游者在选择旅游产品时，更倾向于关心价有所值（value for money）的。

（二）差旅型旅游者

相对于消遣型旅游者而言，差旅型旅游者的基本特点包括如下内容。

1. 出行频度高

这类人员的出行体现明显的差旅性：只要是工作需要，便会奉命外出。特别是其中的商务旅游者，有很多都属经常性的旅行者。这也是很多旅游企业——特别是航空公司和饭店企业——重视这一市场的主要原因之一。就全球航空客运市场而言，差旅型旅游者在其中所占的比重高达50%。在全球饭店业的住宿业务中，差旅型顾客的业务量也占据相当高的比例，特别是地处工商业大城市的高档饭店，来自差旅型顾客的业务量在其业务总量中所占的比重更是高达60%。

2. 出行活动没有季节性

由于这类人员是因工作或业务的需要而随时都有可能受命出行，因此他们的出行活动没有季节性。因此，这类旅游消费者的出行有助于减少旅游设施在消遣性需求淡季时期的闲置问题。这也是以饭店和航空公司为典型代表的很多旅游企业看重这一市场的又一重要原因。

3. 对出行目的地没有选择自由

由于这类人员是出于工作或业务需要而外出访问，因而必须前往指定的目的地，而不能像消遣型旅游者那样可随意变更出游目的地。由于这一原因，各地之间的旅游企业在差旅型市场的经营上并不存在真正的竞争。但是，对于某些同类的旅游目的地来说，在争取会议旅游市场方面，彼此之间的竞争不仅存在，而且可能会相当激烈。

4. 人均消费高

差旅型旅游者通常都注重舒适和方便，因而他们的旅游消费水准较高。例如，为了旅行方便，差旅型人员在做航空旅行时，一般不会选择附有限制条件的折扣机票；在选择住宿设施时，出于工作需要的考虑，通常都会选择不会令其有失体面的高等级饭店。这也是很多旅游企业看重这一市场的重要原因。

5. 价格敏感度低

差旅人员对旅游服务价格不大敏感的原因，一方面是与差旅费用报销有关，另一方面则是因为他们没有随意更改出行目的地的自由。因此，只要是工作或业务上需要，即使是遇到该目的地旅游服务的价格出现上涨，他们仍会继续前往。应当注意的是，这里所说的对价格不敏感，主要是指对出行目的地的选择而言。事实上，在就相同档次的旅游设施或旅游服务进行选择时，差旅型旅游者同样也会在一定程度上表现出对价格敏感的特点。

（三）家庭及个人事务型旅游者

这里所谓家庭及个人事务型旅游者，泛指所有因私的事务型旅游者。这类旅游者的需求特点比较复杂。这主要反映在，他们在某些方面既有不同于前两类旅游者之处，同时又兼有前两类旅游者的某些特点。例如，在出游时间上，他们当中虽有不少人是利用带薪假期外出探亲访友，但更多的人都是选择在某些传统节假日进行。就国际旅游而言，由于各国的传统节假日不一，加之有些家庭及个人事务（如出席亲友婚礼、参加子女的毕业典礼等）的办理都有日期限制，因此总的来讲，这类人员出游活动的季节性相对不强。就此而言，他们在这方面的特点与差旅型旅游者有些相似。但是，就对价格的敏感程度而言，他们又与消遣型旅游者的需求特点有些类似。然而，在对出游目的地的选择方面，他们又与差旅型旅游者相同，即没有选择目的地的自由。因此，对于这类旅游市场的特点，人们难以完整地归纳。或许是由于这一原因，虽然在基于目的地的旅游业管理这一较为宏观的层面上，有些国家和地区（尤其是在欧美）都表示看重探亲旅游这一市场，但在旅游企业的微观层面上，人们多是偏向于将这类人员视同为属于消遣型旅游市场，而很少有专门针对这类旅游消费者的市场举措。

第三节　旅游资源

一、旅游资源的重要性

旅游资源是旅游活动开展所涉及的三大要素之一。如果说旅游者是旅游活动的主体，那么旅游资源则是旅游活动的客体。旅游资源之所以构成旅游活动的客体，是因为对于旅游者来说，旅游资源乃是旅游者为之而来进行参观、游历、考察或访问的对象。旅游资源的本质特征在于对旅游者具有吸引力。旅游者之所以选择去某地或某国访问，完全是被那里的某些事物所吸引，因为他们认为自己的某种需要可通过对这些事物的访问而得到有效满足。

另外，对于旅游目的地国家或地区来说，旅游资源则是其能够吸引旅游者来访的前提条件，因而也是该地旅游业赖以生存和发展的根本基础。如果一个国家或地区拥有丰富而出色的旅游资源，则可能会吸引大量旅游者来访。反之，我们很难想象，一个旅游资源匮乏的地方其旅游业也能实现成功发展。所以，旅游资源对于一个国家或地区发展旅游业的重要性，无论怎样强调也是不过分的。一个旅游目的地是否具有竞争力，从根本上说，取决于该地拥有旅游资源的状况，以及该地对其旅游资源开发利用和管理的水平。

二、旅游资源的定义

旅游资源既然如此重要，那么，什么是旅游资源呢？对于“旅游资源”一词，人们似乎并不陌生，因为人们在生活中，无论是在报刊上还是在广播或电视节目中，经常会看到或听到。而且一提到旅游资源，人们首先联想到的便是诸如山水风光、名胜古迹之类令旅游者感兴趣的事物。但是，若要给旅游资源下一个科学而概括的定义，却不是一件很容易的事；至于要想给旅游资源下一个严格而统一的定义，则似乎难度更大。在界定旅游资源的概念或定义之前，让我们先来看一些有关旅游资源定义的例子。

郭来喜（1985）认为，凡是能为人们提供旅游观赏、知识乐趣、度假休闲、娱乐休息、探险猎奇、考察研究以及人民友好往来和消磨闲暇时间的客体和劳务，都可称为旅游资源。

邓观利（1983）提出，凡是构成吸引旅游者的自然因素和社会因素，亦即旅游者的旅游对象或目的物，统称为旅游资源。

有人认为，旅游资源是指对旅游者具有吸引力的，以山水名胜、自然风光为主的自然资源和以历史古迹、文化遗址、革命纪念地为主的人文资源。

黄辉实（1985）提出，旅游资源就是吸引人们前往游览、娱乐的各种事物的原材料。这些原材料可以是物质的，也可以是非物质的。它们本身并不是游览的目的物和吸引物，必须经过开发才能成为有吸引力的事物。

邢道隆（1986）认为，凡是能激发旅游者的旅游动机，为旅游业所利用，并由此产生经济价值的因素和条件即旅游资源。

谢彦君（2011）则认为，旅游资源是指客观地存在于一定的地域空间并因其所有的审美和愉悦价值而使旅游者为之向往的自然存在、历史文化遗产或社会现象。

在我国一些旅游行政管理机构的工作文件中，有时也会提到，旅游资源是指对旅游者具有吸引力，并可带来经济效益、社会效益和环境效益的各种自然事物和人文事物。

其他的例子还有很多，在此没有必要一一列举。

在这里，我们无意去评价这些有关旅游资源定义的观点和表述，而只是想说明这样一个问题，即从不同的认识角度出发，人们可对旅游资源的概念作出不同的界定。我们只要注意观察和分析一下上面所列举的各项定义，就不难发现，这些定义基本上可划分为以下两大类：

其中一类主要是从需求的角度去认识和解释旅游资源，即认为旅游资源是对旅游者具有吸引力，能够吸引旅游者来访的各种事物，因而也是旅游活动的客体或对象物。上面所列举的前四项定义基本上都属于这一类。

另外一类则主要是从供给的角度去认识和解释旅游资源，即认为旅游资源是旅游业能够借以开展经营的凭借物，是能够为旅游业所利用，并可带来经济收益的各种事物。上面所列举的后两项定义则都属于这一类。

应当说，无论是从哪一个角度去认识和解释旅游资源，都不无其合理的逻辑依据。不过，我们更主张强调从需求的角度去对旅游资源进行定义。道理很简单，全部旅游现象的发生，都源于旅游者的活动。如果没有旅游者，旅游业不仅将一事无成，而且自身也无法生存。另外，只有从这一需求角度去定义旅游资源，才能反映旅游吸引力这一全部旅游资源理论的核心要点。

据此，凡是能够造就对旅游者具有吸引力环境的自然事物、文化事物、社会事物或其他任何客观事物，都可构成旅游资源。在有些情况下我们甚至可以概括地说，凡能对旅游者产生吸引力的各种客观事物，均可构成旅游资源。

为了帮助理解这一定义，提醒读者注意以下几点：

第一，这一定义所强调的是，旅游资源是招引旅游者来访的吸引力本源。

第二，虽然表现这一吸引力的核心因素是该目的地的某一或某些事物，但是该事物吸引力的真正发挥，实际上与围绕该核心要素所形成的环境有关。

第三，某一事物所具有的作为旅游资源的地位未必是永恒的，它今天能对旅游者具有吸引力，它今天就具有作为旅游资源的地位，倘若有朝一日该事物失去了对旅游者的吸引力，也便不再继续是旅游资源。该定义中之所以使用“都可构成旅游资源”这一表述，意图即在于此。

三、旅游资源的类型划分

旅游资源的种类很多。同很多其他事物的分类一样，采用不同的分类标准，所划分出来的旅游资源类型往往也会存在差异。

（一）基于成因或内容属性的旅游资源分类

依据有关旅游资源的成因及其表现内容的基本属性，可将旅游资源划分为三大类：自然旅游资源、文化旅游资源和社会旅游资源。

1. 自然旅游资源

所谓自然旅游资源，顾名思义，是指生成于天然，以大自然造物为吸引力本源的旅游资源。在由各种自然要素、自然物质和自然现象所生成的自然环境或自然景观中，凡是具有观赏、游览、疗养、科学考察或借以开展其他活动的价值，从而能够引起旅游者来访兴趣的自然因素，都属于自然旅游资源的范畴。这类旅游资源的表现形式很多，一般地讲，主要可分为以下几种。

（1）气候条件：如风和日暖、阳光充足、空气清新、舒爽宜人，等等。气候条件在很大程度上是所有自然旅游资源中最具基础性却又往往容易为旅游目的地管理者所忽视的旅游资源。事实上，特别是就度假旅游而言，世界上几乎所有著名的旅游度假地，如地中海地区的“阳光、海水、沙滩”，巴哈马群岛的度假“天堂”，无一例外地都是以宜人的气候为吸引力的根本。

（2）风光地貌或自然景观：如辽阔的草原绿地、幽雅秀丽或气势宏伟的山川湖泊、温暖而无鲨的海滨与沙滩、罕见的地质结构、壮观的瀑布、神奇的火山区以及奇特的洞穴，等等。

（3）动植物资源：如大片的森林、珍稀树种、奇花异草、珍禽异兽。体现在具体环境上，如幽雅的垂钓环境、可供开展狩猎活动的天然猎场、可供观赏和摄影拍照的天然动物园、可供开展休闲活动的国家公园，以及可向游人开放的野生动植物自然保护区，等等。

（4）天然疗养条件：如天然矿泉、泥浴场、疗效温泉以及其他各种具有医疗保健或美容作用的天然资源。

我国有着为数众多的自然旅游资源，其中有些已被联合国教科文组织列入世界自然遗产或世界文化与自然（双重）遗产。截至2021年9月，我国被列为世界自然遗产的这类资源已有14处，即四川九寨沟风景名胜区、四川黄龙风景名胜区、湖南武陵源风景名胜区、云南三江并流保护区、四川大熊猫栖息地、中国南方喀斯特、江西三清山国家公园、中国丹霞、新疆天山、云南澄江化石遗址、湖北神农架、青海可可西里、贵州梵净山、中国黄（渤）海候鸟栖息地。此外，被列为世界文化与自然（双重）遗产的资源已有四处，即山东泰山、安徽黄山、四川峨眉山-乐山大佛、福建武夷山。

2. 文化旅游资源

文化旅游资源，顾名思义，是以文化事物为表现内容的旅游资源，属于人造（man-made）资源的范畴。文化旅游资源的构成比较复杂，其中既涉及有形的文化资源，也涉及无形的文化资源。此外，在有形的文化旅游资源中，又可分为历史遗产资源和当代人造资源。但一般地讲，对于文化旅游资源的种类可作如下归纳：

（1）历史文物古迹；

（2）民族文化及其表现场所；

（3）重大的体育和文化盛事：常简称重大节事活动；

（4）以主题公园为代表的现代人造游乐场所或现代人造旅游景点。

我国有着悠悠五千年的文明史，有着光辉灿烂的民族文化。在这些宝贵的历史遗产中，有很多都已成为享誉世界的旅游资源，其中不少已被联合国教科文组织列为世界文化遗产或世界文化与自然（双重）遗产。截至2021年9月，仅被列为世界文化遗产或世界文化景观遗产的旅游资源就有38处之多，其中包括：长城，明清故宫（北京故宫、沈阳故宫），甘肃敦煌莫高窟，陕西秦始皇陵及兵马俑，北京周口店“北京人”遗址，河北承德避暑山庄及其周围寺庙，山东曲阜孔庙、孔林和孔府，湖北武当山古建筑群，西藏拉萨布达拉宫历史建筑群，云南丽江古城，山西平遥古城，江苏苏州古典园林，北京皇家园林——颐和园，重庆大足石刻，北京皇家祭坛——天坛，河南龙门石窟，山西云冈石窟，明清皇家陵寝，四川青城山-都江堰，安徽皖南古村落——西递、宏村，江西庐山国家公园，山西五台山，河南安阳殷墟，福建土楼，河南登封“天地之中”古建筑群，浙江杭州西湖文化景观，内蒙古元上都遗址，云南红河哈尼梯田文化景观，大运河，丝绸之路：长安-天山廊道路网，高句丽王城、王陵及贵族墓葬，澳门历史城区，广东开平碉楼与村落，土司遗址，广西左江花山岩画，福建厦门鼓浪屿历史国际社区，浙江杭州良渚古城遗址，福建泉州：宋元中国的世界海洋商贸中心。

3. 社会旅游资源

在能够吸引旅游者来访的诸多事物中，有些事物既非自然属性，也不属于严格意义上的人文概念。如同经济学、管理学以及社会学等不能划入人文学科而实属社会科学一样，我们可将这些既非自然属性，亦非真正人文概念的旅游资源划作另外一类，称为社会旅游资源。较为常见的这类旅游资源如下。

（1）经济建设成就。这类事物不仅可吸引消遣型旅游者观光游览，同时也会成为商务游客前来考察和访问的重要原因。例如，在改革开放之后不长的时期内，深圳市之所以能够在接待国内外旅游者来访方面取得令人瞩目的成绩，与其说海内外游客是对该地以“锦绣中华”为代表的人造旅游景点感兴趣，不如说是为那里发生的经济建设奇迹和翻天覆地的社会变化所吸引。在其他方面，一些罕见的大型建设项目，如三峡工程，也会引发很多旅游者的游览兴趣。

（2）科技发展成就。例如，美国的国家宇航中心，以及我国的卫星发射基地等，都是国内外游客感兴趣的事物。

（3）社会发展成就。这类事物尤其为很多外国旅游者所感兴趣，因而也是吸引他们来访的重要因素。例如，很多来华访问的外国旅游者都希望去参观学校、幼儿园、养老院、居民社区等，以实现其亲身了解和考察我国社会生活的初衷。

（4）好客的社会氛围。当地居民对外来访问者的友善和好客态度也可构成当地的一项旅游资源。在这方面，最典型的例子莫过于美国夏威夷的“阿罗哈”（热情好客）精神。

（二）基于是否具备可再生性的旅游资源分类

根据有关旅游资源可否再生的情况，可将其分作两类，即可再生性旅游资源和不可再生性旅游资源。

1. 可再生性旅游资源

可再生性旅游资源是指那些在使用过程中，在出现耗损过大或遭受毁坏的情况时，可通过适当途径进行人工再造的旅游资源。在旅游业实务中，可再生性旅游资源通常是指那些没有重要历史价值或重大文化意义的当代人造旅游景点。这类人造旅游景点之所以被视为可再生性旅游资源，是因为人们可在任何时间、任何地点加以仿造或重建。主题公园便属此类中的典型。

2. 不可再生性旅游资源

不可再生性旅游资源通常是指那些在漫长的历史过程中形成，留存至今，并被用作旅游资源的自然遗存和文化遗存。这类资源一旦因使用过度或管理不善而遭到破坏，其损失将无法挽回。纵然设法采取人工措施进行补救，也无法通过重新再造使其能够真正复原，这些遗产性旅游资源本身固有的成因特点和历史文化意义使其不可任意仿制。因此，对于这类不可再生的旅游资源，如某一典型的生态环境、古建筑、古墓葬和古文化遗址等，尤其应当注意在保护的前提下进行合理开发和利用。

显然，这一分类方式比前述基于成因或内容属性而作的分类更具实用意义。这种分类等于是在告诉人们，对于那些不可再生的旅游资源，人们只能实行资源基础型的开发，而绝不能进行市场导向型的开发。对于可再生性旅游资源的开发，则必须实行市场导向。

（三）基于存在或使用状态的旅游资源分类

根据有关旅游资源目前的存在状态或使用状态，人们也可将其分作两类，即现实的旅游资源和潜在的旅游资源。

1. 现实的旅游资源

现实的旅游资源是指那些不仅其本身对旅游者具有吸引力，而且已经具备条件并且事实上正在接待游客大量来访的旅游资源。

2. 潜在的旅游资源

与现实的旅游资源相比较，潜在的旅游资源则是指那些其本身因具有某种特色而对旅游者具有吸引力，但因该地不具备可进入性或因受其他接待条件的限制，目前尚无法供游客正常享用的吸引性事物。在某种意义上，潜在旅游资源也可理解为尚待开发的旅游资源。

（四）基于资源品位或市场影响范围的旅游资源分类

在我国，人们有时会根据有关旅游资源的品位级别或市场影响范围，将其分作四类，即世界级旅游资源、国家级旅游资源、省（直辖市、自治区）级旅游资源和市（县）级旅游资源。

1. 世界级旅游资源

属于这一级别的旅游资源主要是那些经联合国教科文组织批准，被列入《世界遗产名录》的名胜古迹，以及被列入联合国“人与生物圈”保护区网络的自然保护区。这些资源具有世界级的品位和知名度，是全人类的宝贵遗产，因而也是众多海内外游客所向往的旅游对象（见表 3–2）。

表 3–2 我国被列入《世界遗产名录》的旅游资源项目（截至 2021 年）

名　称	类　型	列入时间（年）
明清故宫 北京故宫、沈阳故宫	文化遗产	1987 2014
周口店“北京人”遗址	文化遗产	1987
泰　山	自然和文化双重遗产	1987
长　城	文化遗产	1987
秦始皇陵及兵马俑坑	文化遗产	1987
敦煌莫高窟	文化遗产	1987
黄　山	自然和文化双重遗产	1990
九寨沟风景名胜区	自然遗产	1992
黄龙风景名胜区	自然遗产	1992
武陵源风景名胜区	自然遗产	1992
承德避暑山庄及周围寺庙	文化遗产	1994
曲阜孔庙、孔林、孔府	文化遗产	1994

续表

名　称	类　型	列入时间（年）
武当山古建筑群	文化遗产	1994
布达拉宫 大昭寺 罗布林卡	文化遗产	1994 2000 2001
庐　山	文化遗产	1996
峨眉山-乐山大佛	自然和文化双重遗产	1996
丽江古城	文化遗产	1997
平遥古城	文化遗产	1997
苏州古典园林：拙政园、留园、网师园、环秀山庄 沧浪亭、狮子林、艺圃、耦园、退思园	文化遗产	1997 2000
颐和园	文化遗产	1998
天　坛	文化遗产	1998
武夷山	自然和文化双重遗产	1999
大足石刻	文化遗产	1999
青城山-都江堰	文化遗产	2000
龙门石刻	文化遗产	2000
明清皇家陵寝：明显陵、清东陵、清西陵 明孝陵、十三陵 盛京三陵	文化遗产	2000 2003 2004
皖南古村落：西递、宏村	文化遗产	2000
云冈石窟	文化遗产	2001
云南三江并流保护区	自然遗产	2003
高句丽王城、王陵及贵族墓群	文化遗产	2004
澳门历史城区	文化遗产	2005
安阳殷墟	文化遗产	2006
四川大熊猫栖息地	自然遗产	2006
中国南方喀斯特	自然遗产	2007 2014
开平碉楼与村落	文化遗产	2007
福建土楼	文化遗产	2008
三清山国家公园	自然遗产	2008

续表

名　称	类　型	列入时间（年）
五台山	文化景观	2009
登封“天地之中”古建筑群	文化遗产	2010
中国丹霞	自然遗产	2010
杭州西湖文化景观	文化景观	2011
元上都遗址	文化遗产	2012
澄江化石遗址	自然遗产	2012
新疆天山	自然遗产	2013
红河哈尼梯田文化景观	文化景观	2013
大运河	文化遗产	2014
丝绸之路：长安–天山廊道路网	文化遗产	2014
土司遗址	文化遗产	2015
广西左江花山岩画	文化遗产	2016
湖北神农架	自然遗产	2016
鼓浪屿历史国际社区	文化遗产	2017
青海可可西里	自然遗产	2017
贵州梵净山	自然遗产	2018
良渚古城遗址	文化遗产	2019
中国黄（渤）海候鸟栖息地（第一期）	自然遗产	2019
泉州：宋元中国的世界海洋商贸中心	文化遗产	2021

2. 国家级旅游资源

属于这一级别的旅游资源主要包括由国务院审定公布的国家重点风景名胜区、国家历史文化名城、国家重点文物保护单位，以及由国家林业和草原局批准设立的国家级自然保护区和国家森林公园。它们要么是中国壮丽河山中的精粹，要么是中华历史文化中的瑰宝，具有重要的艺术欣赏、历史文化和科学研究价值，具有全国性的知名度和市场影响。

3. 省级旅游资源

属于这一级别的旅游资源主要包括省级风景名胜区、省级历史文化名城或名镇、省级文物保护单位、省级自然保护区、省级森林公园等，在省（直辖市、自治区）内和周边地区有较大的知名度和市场影响。

4. 市（县）级旅游资源

属于这一级别的旅游资源主要包括省级以下的市（县）级风景名胜区和市（县）级文物保护单位，其知名度和市场影响主要限于当地和周边临近地区。

（五）《旅游资源分类、调查与评价》中的分类

我国于2017年重新修订了关于认定旅游资源的国家标准——《旅游资源分类、调查与评价》（GB/T 18972—2017）。该标准由国家旅游局规划财务司、中国科学院地理科学与资源研究所合作研究制定，旨在通过这一分类系统的制定，实现旅游资源评价工作的标准化。该标准将所有旅游资源划分为三个层次，即八大主类、23个亚类、110个基本类型（见表3-3）。

表3-3　旅游资源分类表

主　类	亚　类	基本类型	简要说明
A 地文景观	AA 自然景观综合体	AAA 山丘型景观	山地丘陵内可供观光游览的整体景观或个别景观
		AAB 台地型景观	山地边缘或山间台状可供观光游览的整体景观或个别景观
		AAC 沟谷型景观	沟谷内可供观光游览的整体景观或个体景观
		AAD 滩地型景观	缓平滩地内可供观光游览的整体景观或个别景观
	AB 地质与构造形迹	ABA 断裂景观	地层断裂在地表面形成的景观
		ABB 褶曲景观	地层在各种内力作用下形成的扭曲变形
		ABC 地层剖面	地层中具有科学意义的典型剖面
		ABD 生物化石点	保存在地层中的地质时期的生物遗体、遗骸及活动遗迹的发掘地点
	AC 地表形态	ACA 台丘状地景	台地和丘陵形状的地貌景观
		ACB 峰柱状地景	在山地、丘陵或平地上突起的峰状石林
		ACC 垄岗状地景	在构造形迹的控制下长期受溶蚀作用形成的岩溶地貌
		ACD 沟壑与洞穴	由内营力塑造或外营力侵蚀形成的沟谷、劣地，以及位于基岩内和岩石表面的天然洞穴
		ACE 奇特与象形山石	形状奇异、拟人状物的山体或石体
		ACF 岩土圈灾变遗迹	岩石圈自然灾害变动所留下的表面痕迹
	AD 自然标记与自然现象	ADA 奇异自然景象	发生在地表一般还没有合理解释的自然界奇特现象
		ADB 自然标志地	标志特殊地理、自然区域的地点
		ADC 垂直自然带	山地自然景观及其自然要素（主要是地貌、气候、植被、土壤）随海拔呈递变规律的现象

续表

主　类	亚　类	基本类型	简要说明
B 水域景观	BA 河系	BAA 游憩河段	可供观光游览的河流段落
		BAB 瀑布	河水在流经断层、凹陷等地区时垂直从高空跌落的跌水
		BAC 古河道段落	已经消失的历史河道现存段落
	BB 湖沼	BBA 游憩湖区	湖泊水体的观光游览区与段落
		BBB 潭池	四周有岸的小片水域
		BBC 湿地	天然或人工形成的沼泽地等带有静止或流动水体的成片浅水区
	BC 地下水	BCA 泉	地下水的天然露头
		BCB 埋藏水体	埋藏于地下的温度适宜、具有矿物元素的地下热水、热汽
	BD 冰雪地	BDA 积雪地	长时间不融化的降雪堆积面
		BDB 现代冰川	现代冰川存留区域
	BE 海面	BEA 游憩海域	可供观光游憩的海上区域
		BEB 涌潮与击浪现象	海水大潮时潮水涌进景象，以及海浪推进时的击岸现象
		BEC 小型岛礁	出现在江海中的小型明礁或暗礁
C 生物景观	CA 植被景观	CAA 林地	生长在一起的大片树木组成的植物群体
		CAB 独树与丛树	单株或生长在一起的小片树林组成的植物群体
		CAC 草地	以多年生草本植物或小半灌木组成的植物群落构成的地区
		CAD 花卉地	一种或多种花卉组成的群体
	CB 野生动物栖息地	CBA 水生动物栖息地	一种或多种水生动物常年或季节性栖息的地方
		CBB 陆地动物栖息地	一种或多种陆地野生哺乳动物、两栖动物、爬行动物等常年或季节性栖息的地方
		CBC 鸟类栖息地	一种或多种鸟类常年或季节性栖息的地方
		CBD 蝶类栖息地	一种或多种蝶类常年或季节性栖息的地方
D 天象与气候景观	DA 天象景观	DAA 太空景象观赏地	观察各种日、月、星辰、极光等太空现象的地方
		DAB 地表光现象	发生在地面上的天然或人工光现象
	DB 天气与气候现象	DBA 云雾多发区	云雾及雾凇、雨凇出现频率较高的地方
		DBB 极端与特殊气候显示地	易出现极端与特殊气候的地区或地点，如风区、雨区、热区、寒区、旱区等典型地点
		DBC 物候景象	各种植物的发芽、展叶、开花、结实、叶变色、落叶等季变现象

续表

主　类	亚　类	基本类型	简要说明
E 建筑与设施	EA 人文景观综合体	EAA 社会与商贸活动场所	进行社会交往活动、商业贸易活动的场所
		EAB 军事遗址与古战场	古时用于战事的场所、建筑物和设施遗存
		EAC 教学科研实验场所	各类学校和教育单位、开展科学研究的机构和从事工程技术试验场所的观光、研究、实习的地方
		EAD 建设工程与生产地	经济开发工程和实体单位，如工厂、矿区、农田、牧场、林场、茶园、养殖场加工企业以及各类生产部门的生产区域和生产线
		EAE 文化活动场所	进行文化活动、展览、科学技术普及的场所
		EAF 康体游乐休闲度假地	具有康乐、健身、休闲、疗养、度假条件的地方
		EAG 宗教与祭祀活动场所	进行宗教、祭祀、礼仪活动场所的地方
		EAH 交通运输场站	用于运输通行的地面场站等
		EAI 纪念地与纪念活动场所	为纪念故人或开展各种宗教祭祀、礼仪活动的馆室或场地
	EB 实用建筑与核心设施	EBA 特色街区	反映某一时代建筑风貌，或经营专门特色商品和商业服务的街道
		EBB 特色屋舍	具有观赏游览功能的房屋
		EBC 独立厅、室、馆	具有观赏游览功能的景观建筑
		EBD 独立场、所	具有观赏游览功能的文化、体育场馆等空间场所
		EBE 桥梁	跨越河流、山谷、障碍物或其他交通线而修建的架空通道
		EBF 渠道、运河段落	正在运行的人工开凿的水道段落
		EBG 堤坝段落	防水、挡水的构筑物段落
		EBH 港口、渡口与码头	位于江、河、湖、海沿岸进行航运、过渡、商贸、渔业活动的地方
		EBI 洞窟	由水的溶蚀、侵蚀和风蚀作用形成的可进入的地下空洞
		EBJ 陵墓	帝王、诸侯陵寝及领袖先烈的坟墓
		EBK 景观农田	具有一定观赏游览功能的农田
		EBL 景观牧场	具有一定观赏游览功能的牧场
		EBM 景观林场	具有一定观赏游览功能的林场
		EBN 景观养殖场	具有一定观赏游览功能的养殖场
		EBO 特色店铺	具有一定观光游览功能的店铺
		EBP 特色市场	具有一定观光游览功能的市场

续表

主　类	亚　类	基本类型	简要说明
E 建筑与设施	EC 景观与小品建筑	ECA 形象标志物	能反映某处旅游形象的标志物
		ECB 观景点	用于景观观赏的场所
		ECC 亭、台、楼、阁	供游客休息、乘凉或观景用的建筑
		ECD 书画作	具有一定知名度的书画作品
		ECE 雕塑	用于美化或纪念而雕刻塑造，具有一定寓意、象征或象形的观赏物和纪念物
		ECF 碑碣、碑林、经幢	雕刻记录文字、经文的群体刻石或多角形石柱
		ECG 牌坊牌楼、影壁	为表彰功勋、科第、德政以及忠孝节义所立的建筑物，以及中国传统建筑中用于遮挡视线的墙壁
		ECH 门廊、廊道	门头廓形装饰物，不同于两侧基质的狭长地带
		ECI 塔形建筑	具有纪念、镇物、标明风水和某些实用目的的直立建筑物
		ECJ 景观步道、甬路	用于观光游览行走而砌成的小路
		ECK 花草坪	天然或人造的种满花草的地面
		ECL 水井	用于生活、灌溉用的取水设施
		ECM 喷泉	人造的由地下喷射水至地面的喷水设备
		ECN 堆石	由石头堆砌或填筑形成的景观
F 历史遗迹	FA 物质类文化遗存	FAA 建筑遗迹	具有地方风格和历史色彩的历史建筑遗存
		FAB 可移动文物	历史上各时代重要实物、艺术品、文献、手稿、图书资料、代表性实物等，分为珍贵文物和一般文物
	FB 非物质类文化遗存	FBA 民间文学艺术	民间对社会生活进行形象的概括而创作的文学艺术作品
		FBB 地方习俗	社会文化中长期形成的风尚、礼节、习惯及禁忌等
		FBC 传统服饰装饰	具有地方和民族特色的衣饰
		FBD 传统演艺	民间各种传统表演方式
		FBE 传统医药	当地传统留存的医药制品和治疗方式
		FBF 传统体育赛事	当地定期举行的体育比赛活动
G 旅游购品	GA 农业产品	GAA 种植业产品及制品	具有跨地区声望的当地生产的种植业产品及制品
		GAB 林业产品与制品	具有跨地区声望的当地生产的林业产品及制品
		GAC 畜牧业产品与制品	具有跨地区声望的当地生产的畜牧产品及制品
		GAD 水产品及制品	具有跨地区声望的当地生产的水产品及制品
		GAE 养殖业产品与制品	具有跨地区声望的养殖业产品及制品

续表

主　类	亚　类	基本类型	简要说明
G 旅游购品	GB 工业产品	GBA 日用工业品	具有跨地区声望的当地生产的日用工业品
		GBB 旅游装备产品	具有跨地区声望的当地生产的户外旅游装备和物品
	GC 手工工艺品	GCA 文房用品	文房书斋的主要文具
		GCB 织品、染织	纺织及用染色印花织物
		GCC 家具	生活、工作或社会实践中供人们坐、卧或支撑与贮存物品的器具
		GCD 陶瓷	由瓷石、高岭土、石英石、莫来石等烧制而成，外表施有玻璃质釉或彩绘的器物
		GCE 金石雕刻、雕塑制品	用金属、石料或木头等材料雕刻的工艺品
		GCF 金石器	用金属、石料制成的具有观赏价值的器物
		GCG 纸艺与灯艺	以纸材质和灯饰材料为主要材料制成的平面或立体的艺术品
		GCH 画作	具有一定观赏价值的手工画成作品
H 人文活动	HA 人事活动记录	HAA 地方人物	当地历史和现代名人
		HAB 地方事件	当地发生过的历史和现代事件
	HB 岁时节令	HBA 宗教活动与庙会	宗教信徒举办的礼仪活动，以及节日或规定日子里在寺庙附近或既定地点举行的聚会
		HBB 农时节日	当地与农业生产息息相关的传统节日
		HBC 现代节庆	当地定期或不定期的文化、商贸、体育活动等
8	23	110	

注：如果发现本分类没有包括的基本类型时，使用者可自行添加。增加的基本类型可归入相应亚类，置于最后，最多可增加两个。编号方式为：增加第一个基本类型时，该亚类两位汉语拼音字母 +Z；增加第二个基本类型时，该亚类两位汉语拼音字母 +Y。

资料来源：《旅游资源分类、调查与评价》（GB/T 18972—2017）。

四、旅游资源的特点

对于旅游资源的特点，一般可作如下归纳。

1. 涉及范围的多样性

观察前面归纳的旅游资源定义，我们不难发现，这一定义本身便反映出旅游资源是一个内涵非常广泛的概念，即任何能够造就对旅游者具有吸引力环境的事物皆可成为旅游资源。此外，旅游资源在表现形式上也可反映出具有多样性的特点。它可以是自然事物，也可以是文化事物或社会事物；既可以是历史留存下来的事物，也可以是当代人造的事物；既可以是有形的事物，也可以是无形的事物，凡此等等，多种多样。

2. 吸引力的定向性

对旅游者具有吸引力是各种旅游资源共有的本质特征，但这并非意味着任何一项旅游资源对所有的旅游者都会具有吸引作用。事实上，就具体的某项旅游资源而言，由于旅游消费者的兴趣和追求不尽相同，因而很可能对某些旅游消费者有很大的吸引力，而对另外一些旅游消费者则可能不会有多大的吸引力甚至根本不具吸引力。换言之，对于具体的单项旅游资源来说，其吸引力都有人群定向的特点，只能吸引某些旅游者人群，而不大可能对所有旅游大众都具有同样程度的吸引力。某一旅游资源开发之前之所以有必要认真开展市场评价工作，原因也在于此。理解旅游资源的这一特点，对于旅游经营者组合旅游产品和开拓旅游市场也会有重要的现实意义。它暗示旅游经营者，对于以不同类别的旅游资源为基础组合出来的旅游产品，应有其各自的目标市场，而不宜不加区别地采用撒大网式的营销做法，否则将难以带来符合成本效益的收效。

3. 遗产资源的不可移动性

除当代人造吸引物之外，大多数旅游资源，特别是一个国家或地区的历史文化遗产和自然遗产，都具有空间上不可移动的特点。无论是我国的长城、埃及的金字塔，还是美国的科罗拉多大峡谷或东非的天然动物园，莫不是如此。这也是很多国外旅游文献中称旅游资源为垄断性资源的原因。虽然有人可能会以为，在当今的经济和技术条件下，在其他地方仿造这些事物似乎并非完全不可能，但即使果真如此，这种仿制物由于脱离了特定的历史背景和空间环境，而不再具有原真性，从而失去该事物原本具有的价值和意义，其吸引力和吸引对象都会因此而发生变化。

4. 易损性

与传统的矿产资源有所不同的是，对于旅游资源，人们只要管理和使用得当，当会用之不竭，因为旅游者所带走的只是个人的经历或体验，而不是旅游资源本身。就此而言，特别是对于某些国家或地区来说，旅游业确实是一个比较理想的产业。但是人们也应看到，实现这一点的前提是必须做到“管理和使用得当”。因此，这里所谓旅游资源的易损性指的是，如果管理不善和使用不当，旅游资源同样也很容易因遭受各种形式的破坏而失去对旅游者的吸引力，自然旅游资源是如此，文化旅游资源也有同样的问题。一项使用过度的自然旅游资源可能会因此而被毁坏，一项文化旅游资源，特别是有形的历史文化遗产，同样也会因使用不当而遭受破坏，甚至无法再生。

5. 当代人造资源的可创新性

当代人造旅游资源属于可再生性资源，因而具有可创新性。这主要反映在：一方面，在传统旅游资源匮乏的国家或地区，为了发展旅游业，人们可凭借经济和技术能力去创建某些旅游吸引物；另一方面，旅游目的地也可通过这方面的创新，去适应市场需求的潮流。改革开放以来，随着我国经济的快速发展和人民生活水平的提高，为了适应国民不断增长的旅游需求，很多地方都新建了一大批人造旅游景观，创办了很多具有地方特色的节庆活动，如北京的世界公园、无锡的唐城、深圳的世界之窗、洛阳的牡丹花会、黑龙江的冰雪节，等等。

五、旅游资源的评价

旅游资源是旅游活动的客体，同时也是一个国家或地区发展旅游业所必须凭借的基础条件。要使旅游资源的吸引力能够得以发挥、改善和提高，一般都需要经过适当的开发。也就是说，旅游资源开发工作的直接目的就是为了发挥、改善和提高旅游资源的吸引力，使其成为能够为旅游者提供满意经历的旅游对象物，从而将潜在的资源优势转化成为现实的经济功能。

在对旅游资源实施开发之前，首先需要做的工作就是要对拟开发的旅游资源进行评价。这是一项非常重要的基础性工作。因为很多案例说明，未经评价而进行盲目开发的结果，往往是失败和劳民伤财。在开发某项旅游资源之前，对其进行评价的目的是为了分析和判定该项旅游资源的开发价值，并决定其开发的规模和建设的档次。

旅游资源评价是一项极其复杂的工作。由于旅游资源的类型很多，涉及面很广，加之不同民族、职业和文化背景的人往往有其不同的审美观，所使用的评价标准难免为评价者自身的主观认识所影响，因此很难形成一套完整而统一、适用于所有开发项目的旅游资源评价标准。在这里，我们选择介绍已故黄辉实先生提出的一种旅游资源评价体系。这一体系包括从旅游资源自身情况及其所处环境情况这两大方面对旅游资源进行评价。

1. 对旅游资源自身情况的评价

可采用六字标准进行评价，即美、古、名、特、奇、用。

（1）美：是否能给人以美感。美感是欣赏者对于美的认识以及由于美而引起的主观感情。

（2）古：具有悠久的历史。以古庙、古塔、古城等古建筑，古墓、古战场、古书院等遗址为例，这些旅游资源反映了古代文化和当时人类的生活，可以使人产生联想，增加新的感受。

（3）名：是不是享有名声的事物或与名人有关的事物。

（4）特：是不是别处没有或罕见的事物。“特”来源于资源的差异性，正是这种差异性对旅游者构成极大的吸引力。

（5）奇：是否能够给人以新奇之感。如四川峨眉金顶的佛光、云南大理的蝴蝶泉、浙江平湖南北湖的日月同升。这些资源多由于当地诸多自然条件偶合形成，在时间上不易掌握，因此对旅游者有奇异的吸引力。

（6）用：是否能够给人以使用价值。这种资源在人文旅游资源方面，如手工艺品、某些日用品；在自然资源方面，如有医疗价值的温泉、泥疗，供观赏食用的奇花异果。

2. 对旅游资源所处环境的评价

以季节、污染、联系、可进入性、市场五个方面作为评价标准。

（1）季节：有的地方寒冷季节较长，有的地方热天较长。由于季节的不同，风、雨和日照时间的不同，资源在该地的价值也会不同。例如，滑雪运动在寒冷时间较长的地区评价较高，海滨资源则在热天和日照时间较长的地区评价较高。

（2）污染：一项资源如果处在不能控制的噪声环境中，或附近有放射性物质或有毒气体等，它的价值就会大受损失，甚至毫无价值。

（3）联系：很多资源之间常常是有联系的。有的在性质上有联系，如苏州寒山寺与张继那首脍炙人口的《枫桥夜泊》诗文碑刻是有联系的。在互有联系的资源之间，有的相互辉映，有的相互带动。总之，以附近可联系的资源越多越好。

（4）可进入性：指旅游资源所在地与外界联系的交通条件。交通便利会有效地提高资源的利用价值。

（5）市场：是旅游产品生产和销售的出发点和归宿。旅游市场反映的是旅游者对各种旅游活动的整体需求，因而市场分析对旅游资源的评价至关重要。

除了上面所介绍的评价体系之外，还可以考虑从另外一个角度——从将会实现的效益方面对拟开发的旅游资源进行评价。这里所说的效益包括三大效益，即经济效益、社会效益和环境效益。这三个方面都是衡量某项旅游资源是否值得开发的重要指标。

- 经济效益评价：该项旅游资源的开发会给当地带来何种程度的经济效益，包括直接的经济效益以及对当地经济发展的影响。
- 社会效益评价：该项旅游资源的开发有可能会给当地的社会和文化带来哪些正面的意义和负面的影响。
- 环境效益评价：该项旅游资源的开发是否会造成当地生态的破坏和环境的恶化。

六、旅游资源开发工作的主要内容

对于一个旅游目的地来说，所谓开发旅游资源，实际上就是通过适当的方式，围绕有关的旅游资源，将其所在地改造成一个具有吸引力的旅游环境，从而使旅游资源的吸引力得以发挥、改善或提高。所以，旅游资源开发工作并非仅仅局限于将有关的旅游资源开发成旅游景点，更多的是在选定拟开发旅游资源的基础上，对与之有关的接待条件进行开发和建设，使旅游资源所在地成为一个有吸引力的旅游环境或旅游活动空间。正是因为如此，国际旅游学术界在其有关研究中从来就不使用“旅游资源开发”这样的表述，而是将“旅游开发”或“旅游业开发”（tourism development）作为这方面的规范用语。当然，鉴于“旅游资源开发”一语在我国的使用已经是约定俗成，我们也没有必要非得去追随外国人的用语习惯。旅游资源开发工作的内容主要包括如下几个方面。

1. 提高资源所在地的可进入性

这里所说的可进入性，主要是指旅游资源所在地与外部主要客源地之间交通往来的便利程度。游客往来的交通条件越是便利，旅游资源所在地的可进入性也就越高。反之，在交通条件方面，游客往来的难度越大，旅游资源所在地的可进入性也就越低。显然，便利的交通条件对于目的地旅游开发的成功至关重要。即使旅游资源自身的质量再好、品位再高，如果旅游资源所在地与主要客源地之间的交通运输问题得不到解决，旅游资源的价值也将难以实现。这类情况的案例很多。例如，在不少发展中国家中，旅游资源的吸引力之所以不能得到有效发挥，主要原因之一在于该地可进入性的制约。解决和提高可进入性的工作，不仅包括必要的交通基础设施的建设（如道路、车站、机场、码头等），还包括有关交通运输工具的运营安排。以陆路交通为例，也就是说，如果只是看重交通基础设施的建设，而忽视有关交通运输的运营安排，则有可能会出现诸如“有路而无车”的现象，其结果并不能使旅游资源所在地的可进入性真正有效地得到解决和提高。

2. 景区、景点的开发与建设

这方面的工作不仅包括新景区、新景点的开辟，还包括对已有景区、景点的更新和再生性开发。此外，这方面的工作不仅涉及硬件方面的开发与建设，而且还包括对游客活动项目、活动形式等软件内容的开发与更新。

3. 配套服务设施的开发与建设

旅游资源是旅游吸引力的本源。旅游者是为旅游资源所吸引而前来访问的。但对于除一日游游客之外的过夜旅游者，特别是对于那些停留天数较多的旅游者来说，其访问或游览活动的成功开展还需要有各种配套的生活服务设施加以支持。如果没有这些必不可少的生活服务设施，则来访旅游者无法实现停留，其参观和访问旅游资源的活动也便无法顺利开展。如果旅游者事先得知某目的地不具备或缺乏这些旅游生活服务设施，即使该地的旅游资源再好，那些需要过夜停留的中远程旅游者无论如何是不敢贸然前来访问的。另外，在构成旅游活动内容的基本六要素中，“游”只是其中的一项。对于大多数旅游者，特别是对于停留期较长的旅游者来说，仅有“游”这一项是不足以构成一次完整的旅游活动的。所以，与旅游者的“住”“食”“娱”“购”等方面活动有关的配套设施的开发与建设，也便成为旅游资源开发工作中的必要内容。

4. 培训具备专业水准的旅游服务工作人员

国际上在发展旅游业方面的很多经验和教训告诉我们，无论是对于一个旅游目的地，还是对于一个旅游景区或景点，其吸引力的本源虽然在于所拥有的旅游资源，但旅游服务的好坏或质量高低也会相应地增强或削弱旅游资源所在地对客源市场的吸引力。在存在拥有同类旅游资源的目的地或景区景点竞争的情况下，员工质量和服务水平将构成竞争力的关键要素。我们在这里强调对相关服务人员的培训，并非意味着否定或可以忽视对各类旅游管理人员的培训，而是鉴于这样一个事实，即就其在旅游者身上产生的效果而言，旅游服务的好坏或水平的高低，更多的是由与旅游者直接打交道的一线服务人员所体现的。另外，如果说所需要的管理人员，特别是关键岗位的管理人员，在必要情况下还可以采用引进的做法加以解决的话，对于所需的大量服务人员无论如何都要由当地自己解决；否则，旅游资源的开发和旅游业的发展在很大程度上便会失去对于当地经济的意义。

七、旅游资源开发工作的原则

旅游资源开发工作的直接目的是为了发挥、改善和提高旅游资源的吸引力，最终目的则在于通过发展旅游业，在能够吸引旅游者来访并满足其需要的同时，推进旅游目的地社会经济的发展。为了使这些目的能够得到最佳实现，旅游资源的开发和建设工作应注意遵循以下几个方面的原则。

1. 突出独特性的原则

旅游资源贵在稀有。在假定不考虑其他影响因素的情况下，一项旅游资源的价值在很大程度上取决于它所具有的与众不同的独特性。这既是其能够对旅游者产生吸引力的根本所在，同时也是决定其吸引力大小的主要影响因素。在一定地域范围内存在同类竞争资源的情况下，独特性往往意味着不可替代性。某一旅游资源的独特性程度越高，其不可替代的程度也就越高。这就是在同一地域的众多同类景点中，有的景点"香火兴旺"，而有的景点则经营惨淡的基本原因。因此，在开发旅游资源工作方面，注重旅游资源的独特性，有意识地保存和突出这些方面的特征，具有十分重要的意义。

这一原则的实施主要体现在以下几个方面：

（1）在调研和分析比较的基础上，应尽量选择开发那些在某些方面具有"最"字的旅游资源，如历史"最"悠久、规模"最"大、造型"最"奇、工艺"最"精、知名度"最"高等，以突出自己的独特性，实现人无我有或人有我佳。

（2）对于那些属于自然遗产和文化遗产的旅游资源，应尽可能做到保持其自然和历史形成的原始风貌。这类遗产资源的根本意义及其对世人的吸引力，在于其独特的天造奇观或历史价值。因此，在对这类旅游资源进行开发时，任何过分修饰和大规模毁旧翻新的做法都不可取，因为这样做将会破坏这些资源作为遗产的自然性和历史性，其结果势必会破坏其作为遗产的地位，削弱其作为旅游资源的吸引力。例如，在旅游发达国家中，我们常常可以见到一些以古代城堡为典型的历史建筑，其中有些建筑物尽管某些部位已经明显残破甚至缺失，但只要对参观者的人身安全不构成威胁，其管理者仍故意不去修补，其原因便在于此。另外，联合国教科文组织领导下的专门委员会在评审世界文化遗产和世界自然遗产时，也是将有关遗存保持原始风貌的程度作为原则性的标准。

（3）在开发和建设旅游设施时，特别是在建设旅游景区内的设施时，应注意处理好现代与传统或者"洋"与"土"的关系。我们知道，旅游者的需求中既有求异的一面，也有求同的一面。所谓求异的一面，主要表现在旅游者所希望和追求的是一种不同于其长住地的旅游环境，也就是说，如果旅游接待地区的物质环境同其生活本土的环境没有什么差异，旅游者是不大愿意前来访问的。所谓求同的一面，主要表现在绝大多数旅游者都希望旅游目的地所提供的生活条件符合其惯常的习惯和便利要求，也就是说，如果旅游接待地区让来访的欧美游客天天睡竹床或土炕，停留期间的一日三餐都是地方风味，他们肯定会不满，而且今后不会再来游访。这些情况都告诉我们，旅游设施的建设在外观上应注重民族化和地方化，在内部环境的设计和设施设备的配备上则应以照顾主要客源市场的生活习惯并使其具有熟悉感为准则。其中尤其值得强调的是，景区设施的建筑形式应努力反映当地的文化特点和民族特点，只有如此才有助于打造景区的环境特色。

2. 讲求经济的原则

旅游资源开发的最终目的是通过发展旅游业实现创收或增收，促进当地经济的发展。这意味着旅游资源的开发建设工作也应奉行讲求经济的原则。

这一原则的实施主要体现在以下两个方面：

（1）旅游资源的开发必须要服从当地经济发展的总体规划。如果开发旅游资源所付出的机会成本高于所能带来的经济收益，那么这种开发显然没有意义，有悖于发展旅游业的目的。

（2）在实施旅游资源开发建设时，要尽可能地使用当地的人力、物力和技术，以减少不必要的经济漏损，最大限度地起到促进当地经济发展的作用。

3. 注重保护与合理开发的原则

在开发工作中，要妥善处理旅游资源的开发与旅游资源的保护这两者之间的关系。如前所述，旅游资源开发的直接目的是为了发展旅游业，使这些资源能够得到有效利用。对旅游资源进行保护的目的实际上也是为了利用。因此，开发与保护这两者并非是不容调和的矛盾双方。但现实中时而出现的问题是，在有些旅游项目的建设中，人们在强调对某一旅游资源进行开发的同时，却在不经意地破坏与之相关的环境。例如，在某些自然景区景点的开发和建设过程中，为了解决该景区景点的可进入性和方便游客来访，在修筑通往该景区景点的道路时，开发者不是科学地选择路线，而是不作他顾地开山炸石，严重地破坏了当地的植被，致使沿途景观满目疮痍，令人惨不忍睹。尤其值得注意的是，旅游资源中有很多都是不可再生的自然遗产或历史文化遗产。在进行这类遗产性资源的开发时，更应将对这些资源的保护放在首位。

所谓合理开发，主要是指以下两个方面：

（1）对各旅游资源开发项目的空间布局和开发时序，要有合理的规划，避免出现不必要的自相竞争，以及不分时宜地随意上马。

（2）有关建设项目的性质、规模、高度、造型风格以及色彩和建筑材料的使用等，应与周围的环境和景观相协调。也就是说，旅游项目的建设应融入当地的环境，成为当地景观环境的补充，而不能喧宾夺主地改变当地原有的主体环境。

八、旅游资源的保护

旅游资源的保护是相对于旅游资源的开发而提出来的。它不仅包括对旅游资源本身的保护，使之不受损伤、破坏，特色不被削弱，而且还涉及周围环境的保护问题。

目前世界各国在大力开发旅游资源的同时，都十分重视旅游资源的保护问题，并将其视为使旅游业实现可持续发展的根本措施之一。我们知道，一个国家或地区旅游业的生存和发展有赖于旅游资源这一根本基础。但是，由于人们主观上有可能存在的认识偏差，加之承载力的限制和易损性的影响等客观因素的存在，对这些资源的开发和利用也蕴含着某种风险。虽然人们曾经广泛认为，旅游资源作为一种非消耗性的基本资产，如果开发利用得当，可以用之不尽，从而可长期造福于子孙后代，但这一点的实现毕竟需要以开发利用得当为前提。换言之，这些资源若利用和管理不当，同样也是很容易遭到破坏的。这种破坏，轻者会造成旅游资源质量的下降，从而削弱其原有的吸引力；重者则会导致这些旅游资源遭到损毁而不复存在，从而使该地的旅游业失去存在的基础。因此，在开发和利用旅游资源的同时，人们必须注意对旅游资源的保护。

（一）致使旅游资源遭受损害或破坏的原因

致使旅游资源遭受损害或破坏的原因是多种多样的。对此我们可以从以下两个方面去认识。

1. 自然因素的作用

这类因素不仅包括地震、洪水、飓风、泥石流等突发性的自然灾害，也包括日久天长的自然风化作用，还包括一些动物导致的破坏性影响。一场地震的发生或飓风的出现，可能会直接改变一个地区的环境面貌，毁坏当地的历史建筑，甚至有可能使生态环境出现变化，造成一些景观失去原有的观赏性和旅游价值。但最为常见的应当说是长期的自然风化作用对古代历史文化遗存的损害。这种例子之多在世界各地都可见到，我国三大石窟的情况更是人们常常谈及的典型。此外，诸如白蚁以及鸟类对建筑物和文物的破坏，也是很多地方都存在的问题。

2. 人为因素的作用

较之自然因素对某些旅游资源造成的损害，因人为因素而致使旅游资源遭受损害和破坏的情况表现得更为突出。这当中既有包括旅游开发者和经营者在内的当地人因某些活动的开展而对环境和旅游景观造成的侵害，也包括外来旅游者因某些行为的不当而对有关旅游资源造成的损害。具体表现在：

（1）在开发和建设风景区的过程中，破坏环境景观。例如，随意炸山取石，砍伐森林，大兴土木，等等。

（2）当地工业的“三废”污染对旅游资源与环境的破坏。例如，墨西哥南部的阿卡普尔科海滨曾是山清水秀、沙质细软的度假、避暑、海浴旅游胜地，但近年来遭到当地工业“三废”的严重污染，昔日美丽迷人的阳光海滩已趋于荒废。

（3）旅游业的过度开发所导致的“屋满为患”和环境质量的下降。以一些作为世界文化和自然遗产的旅游景区为例，由于大量兴建宾馆、商店、交通索道、人造景观等非遗产建筑物或构筑物，导致这些景区的人工化、商品化和城市化，从而破坏了遗产的真实性和完整性。例如，我国湖南的武陵源就曾被世界遗产组织的专家提出过严肃批评。我国有关专家对此也认为，如果这种局面得不到扭转，世界遗产组织有可能会将武陵源列入《濒危世界遗产名录》。

（4）当地人出于利己或无知等原因，对当地动植物资源的偷捕、偷猎、非法采伐，对古墓的偷盗以及对残留古建的随意挖掘所造成的破坏或损害。

（5）因旅游者的某些不当行为而对旅游资源造成的侵害。例如，旅游者对历史建筑的攀爬踩踏，乱刻乱画，乱丢弃物以及随意搜集“纪念品”等不良行为，都会损害甚至破坏有关旅游资源和环境。

（二）实施资源保护的途径

在了解了致使旅游资源遭受破坏的原因之后，人们便可有针对性地考虑采取必要的措施，将旅游资源保护工作落到实处。为保护旅游资源而采取的措施可分为主动性措施和被动性措施两大类。所谓主动性措施即为了将问题禁于未发而预先采取的措施，被动性措施即发现问题出现之后而采取的补救措施。换言之，这两大类措施之间的关系也就是“防”与“治”的关系。显然，实施旅游资源保护工作的原则应当是以“防”为主、以“治”为辅，“防”“治”结合。这一原则的具体实施，涉及对法律、行政、经济以及技术等多种手段的综合应用。

除了难以预知和不可抗拒的突发性天灾之外，针对因自然因素的作用而可能带来的危害，需按具体情况采取必要的技术措施去加以防范或处理。在这方面，世界各地都有不少可供借鉴的经验。例如，我国有关管理部门早已将秦俑坑和半坡遗址这样的古迹辟为室内展览馆。此举不仅可以有效地降低自然风化作用的影响，而且有助于使这些古迹成为便于游客参观的全天候游览场所。对于容易遭受鸟类危害的古建筑，最为普遍的做法即在建筑物的有关部位架设防鸟的隔离网罩。对于因条件限制无法采取预防措施的，或在防不胜防的情况下，则应注意经常检查，发现问题及时处理。

针对因游客可能带来的问题，应注意通过必要的教育或信息传播手段，预先告知到访游客提倡哪些行为以及哪些行为不可为。此外，对于那些重要的文物建筑以及环境敏感的区域，必要时应架设隔离装置，避免游客触摸攀爬或随意入内。对违反有关规定者要及时予以制止，并视情节轻重给予批评、课以罚款，直至追究其法律责任。

针对因当地居民或企业的行为不当而损害甚至破坏旅游资源的问题，除应加强环境和资源保护方面的宣传工作之外，还应制定和颁布必要的法律、法规加以管束。鉴于旅游资源的多样性和动态变化，国家不大可能制定全面的旅游资源保护法，因而往往都是通过相关方面的立法去加以反映。我国的情况同样也是如此，如文物保护法、森林法、环境保护法、野生动物保护法以及风景名胜区管理条例等法律法规都与保护旅游资源直接相关。在通过立法加以防范的同时，对于违反有关规定，致使旅游资源遭到损害和破坏的个人或单位，要给予必要的行政处罚和经济处罚。对造成严重破坏者，要追究有关人员的法律责任。

对于因规划工作或管理使用不当而可能带来的问题，应合理地制定并严格地实施旅游资源所在地的旅游规划，充分估计旅游资源所在地或景区景点的旅游承载力，正视超负荷接待对旅游资源安全的不利影响。在预计到旅游旺季有可能会出现人满为患的情况时，应事先有应对预案，以便届时能够拿出可行的措施加以控制，如调整价格、设法实行游客分流、控制游客进入量等。

无论如何，有效实施旅游资源保护工作的关键在于，分派和落实有关保护工作的职责。在这方面，现实中存在的问题很多，“说起来都承认重要，但做起来却无人去落实”的现象普遍存在，因而需要认真对待和切实解决。

第四节 旅游业

旅游业是旅游活动体系构成中的又一基本要素，在旅游理论研究中通常被称为旅游活动的中介体。在旅游活动体系构成的诸要素中，旅游业是拉动现代旅游发展的最积极、最活跃的一个要素。现代旅游活动发展到当今的规模，无论如何是同旅游业在其中的中介作用分不开的。

一、旅游业的概念

虽然有人依据宏观经济学理论中关于划定“产业”的传统标准，质疑旅游业的产业地位，但是在实践中，旅游业的存在却是一个不争的客观现实。具体表现在，大多数国家在制定本国的经济发展规划时，几乎无一例外地都将发展旅游业纳入其中的一项重要内容。在有些国家中，包括发达的工业化国家在内，旅游业实际上已成为其国民经济的一支重要力量。这些事实表明，旅游业的存在实为一种客观现实，对此谁都不应视而不见。

当然，旅游业不像传统产业那样边界分明，但这一情况所反映的只能说是旅游业的特点。此外，无论是目的地旅游产品的提供，还是旅游业的经济产出，都会涉及多种不同的传统产业，这同样也是旅游业自身特点的反映。所有这些情况都意味着，对旅游业的认识和界定，人们需要采用一种不同于宏观经济学传统观点的依据或标准。

在这方面，最为值得注意的是，尽管各类旅游企业所经营的业务或所生产的产品存在差异，但它们都有一个共同点。这一共同点在于，它们的业务都涉及直接为旅游者提供服务，都是通过其各自产品和服务的提供去满足同一市场即旅游消费者的需要。基于市场相同这一共性，它们也便在旅游业的旗帜下聚拢到了一起。因此，基于这一认识并将其作为界定标准，如果要给旅游业下一个概念性定义，那么可以认为，旅游业就是以旅游消费者为服务对象，为其旅游活动的开展创造便利条件，并提供其所需产品和服务的综合性经济产业。与传统的产业界定相比较，旅游业的这一定义有以下两点明显的不同之处：

（1）这一定义是一个需求取向的定义，而非供给取向的定义；

（2）所使用的界定标准是基于服务对象的一致，而不是基于业务或产品的相同。

二、旅游业的构成

关于旅游业的构成，人们有几种角度不同的说法，简单介绍如下。

1.“三大支柱”之说

即旅游业主要由旅馆业、交通运输业和旅行社业共同组成。这三个行业通常被人们称为构成旅游业的“三大支柱”。这类说法的提出主要是基于这样一个事实，即旅游业的总收入绝大部分都来自这三个行业。

2. “五大部门”之说

从一个国家或地区发展旅游经济的角度，特别是从旅游目的地市场营销的认识角度出发，旅游业由五大部门所构成，具体如下：

- 住宿供应部门：饭店、宾馆、度假村、出租公寓或别墅、野营营地，等等。
- 游览场所经营部门：国家公园、主题公园、博物馆、野生动物园以及各类旅游景点或参观景点。
- 交通客运部门：航空公司、铁路运输公司、轮船公司、公共汽车公司、租车公司等。
- 旅行社部门：包括各类旅行社以及具有同类职能的经营组织。
- 目的地旅游组织：各级旅游行政管理机构和旅游行业协会。

3. “六要素”之说

从游客开展旅游活动的需要出发，认为旅游业由行、游、住、食、购、娱六个方面的服务供应者所构成。

三、旅游业的基本特点

与以制造业为代表的传统产业相比较，旅游业具有以下一些基本特点。

1. 综合性产业

旅游业的经营目的是通过提供旅游产品与服务去满足旅游者的需要并实现自己的获利。旅游者在外旅游期间，会涉及行、游、住、食、购、娱等方面的多重需要，因而需要由多种不同类型的企业为其提供有关的产品和服务。这些不同类型的企业虽然分别隶属于若干传统上相互独立的行业，但满足旅游者需要这一业务关系的纽带，客观上把它们联系到了一起，使它们结成一个集合体，因而也使得旅游业具有了综合性的特点。

认识旅游业的这一综合性特点，对于目的地旅游业的经营和管理有着重要的实际意义。这些意义集中体现在以下两个方面：

（1）在目的地旅游业中，各构成行业的经营都相互依赖，因而其命运都是联系在一起的。任何一个行业的发展滞后或行为失误，都将会导致旅游者对该目的地整体旅游产品的不良评价，从而导致其他行业客源量的减少。只有各相关行业的产品和服务都能做到令旅游者满意，该地的旅游业才能够兴旺发展。旅游业中各行业应相互支持以及开展联合营销的必要性即在于此。

（2）在目的地旅游业中，各企业在所有权方面的分散性，及其为追求各自狭隘利益而各行其是的自由性，使得它们之间不存在自动的协调。人们主张旅游目的地管理者有必要对旅游业实行全行业管理，其中的道理也在于此。

2. 劳动密集的服务性产业

旅游业属于第三产业即服务业，因为旅游业的产品主要是以劳务形式表现的服务。虽然目的地整体旅游产品中包含某些物质因素，但旅游者所追求，并最终得到的是一次完整的旅游经历或旅游体验，所真正获得的是某种心理或精神需要的满足。正是由于这一整体性的需求性质，决定了一个旅游目的地出售给旅游者的产品在旅游者看来只是对该次旅游经历的“记忆”。作为第三产业中的一员，旅游业具有劳动密集的特点。在我国，常有人以为，在旅游业中，只有旅行社才称得上是劳动密集型企业，而饭店和航空公司之类的旅游企业并非是劳动密集型企业。他们的理由是，旅行社由于投资较小而雇用人员相对较多，因而算得上是劳动密集型企业。饭店和航空公司的情况则不然，不仅投资量很大，而且与投资额相同的制造业企业相比，未必能造就出较多的直接就业机会，所以算不上是劳动密集型企业。

实际上，判定一个企业或行业是否属劳动密集型，其标准并非是表面上雇用职工人数的多寡，也不是其投资数额与职工人数的比例大小，而是其工资成本在全部营业成本中所占的比重。所占的比重越大，劳动密集程度也就越高；反之，则越低。由于旅游业的产品是以提供劳务为主的旅游服务，营业中消耗性的原材料成本很小，从而使得工资成本在全部营业成本中占有非常高的比重。正是由于这一点，才决定了旅游业的劳动密集特点。在国际学术界，无论是旅游学家还是经济学家，无一例外地都称旅游业是劳动密集型行业，其依据即在于此。

3. 涉外政策性强的产业

任何一个国家的旅游业在开展入出境旅游业务方面都不能违背本国的涉外政策。我国旅游业在开展入出境旅游业务方面不仅需要遵守我国的外交政策，在某些情况下还需要执行我国的侨务政策和统战政策，并且需要配合我国的改革开放工作，宣传有关的方针政策和我国社会主义建设的成就。在这个意义上，旅游业也是政治性较强的行业。当然，我们不能用政治性较强这一特点去掩盖和混淆旅游业作为经济性产业的属性。

4. 脆弱的产业

旅游业的脆弱性反映在其发展会受到多种因素的影响。从旅游业的内部看，旅游供给的各组成部分在数量上和质量上都需实现协调发展，其中任何部分出现脱节，都会造成整个目的地旅游业的供给失调，从而影响旅游业的成功发展。从旅游业经营的外部环境看，无论是在经济环境和社会环境方面，还是在自然环境和政治环境方面，一旦出现情况重大的不利变化，都将会影响旅游业的发展。例如，2001 年美国“9·11”事件的突发，中断了大批国际游客的访美计划；2003 年“非典”和禽流感在亚洲的流行，不仅迅速抑制了国际游客访问亚洲的兴趣，而且很多亚洲国家的国内旅游需求也因此而出现了严重下降；2008 年汶川大地震的发生，使四川省的旅游业遭受了重大挫折；2014 年和 2019 年，香港特别行政区的“占领中环”“反修例风波”非法集会使香港旅游等行业受到了很大的负面影响；2020 年起席卷全球的新冠肺炎疫情使世界各地的旅游业发展遭受了重创。以上所列举的都是旅游目的地方面的例子。除此之外，在旅游客源地方面，某些不利的重大变故的出现，同样也会使某些目的地的旅游业遭遇挫折。总之，无论是旅游目的地方面还是旅游客源地方面的原因，一旦某些不利的变故出现，都会影响旅游业的正常发展。人们通常认为旅游业具有脆弱性，主要原因便在于此。

需要说明的是，以上所陈述的只是旅游业同制造业相比的一般特点，并没有完全涉及旅游业的经营特点。也就是说，如果要谈旅游行业的经营特点，还会有很多与上述不同的内容。

本章小结

本章围绕构成旅游活动体系的三大要素——旅游活动的主体、客体和中介体——开展讨论。在主体方面，我们讨论了对旅游者的技术性界定，一个人成为旅游者应具备的条件，旅游动机的基本类型，以及基于出游目的的旅游者的类型划分。在客体方面，我们讨论了旅游资源的定义、类型、特点、评价及其保护，并且介绍了旅游资源开发工作的主要内容和基本原则。在中介体方面，我们主要探讨了旅游业的概念及其构成，并分析了旅游业的基本特点。这些都是学习旅游专业的学生必须熟悉和掌握的基本知识。

主要术语

旅游者（tourist）　　游客（visitor）

一日游游客（excursionist, day tripper）　　可支配收入（disposable income）

可自由支配收入（discretionary income）　　闲暇时间（leisure time）

带薪假期（paid holiday）　　消遣型旅游者（holiday-maker）

差旅型旅游者（business traveler）　　旅游资源（tourism resources）

旅游开发（tourism development）　　可进入性（accessibility）

旅游业（the tourism industry）

自然旅游资源（natural resources of tourism）

人造旅游资源（man-made resources of tourism）

思考与练习

1. 名词解释：可支配收入，可自由支配收入，闲暇时间，旅游动机，旅游资源，旅游业。

2. 简述旅游活动的内容构成所涉及的基本要素。

3. 简述构成旅游活动体系的基本要素。

4. 简述旅游活动的主体、客体和中介体。

5. 试述联合国罗马会议、世界旅游组织对应纳入旅游统计的人员的界定与分类。

6. 在我国的旅游统计中，对应纳入入境旅游者的人员范围是如何界定的？有哪些具体的规定？

7. 在我国的国内旅游统计中，对应纳入统计范围的人员是如何界定和分类的？有哪些具体的规定？

8. 就消遣型旅游活动而言，一个人要成为现实的旅游者，至少需具备哪些条件？

9. 简述旅游动机的基本类型。

10. 人们的旅游动机为什么会不尽相同？

11. 简述马斯洛的需要层次理论的内容要点。

12. 简述消遣型旅游者和差旅型旅游者的特点。

13. 简述旅游资源类型的划分。

14. 简述旅游资源开发工作的主要内容。

15. 旅游资源开发工作应注意遵循哪些原则？

16. 为什么应注重对旅游资源的保护？如何才能保护旅游资源？

17. 简述关于旅游业构成的几种认识。

18. 同制造业相比，旅游业有哪些主要特点？

第四章 旅游业经营部门

学习重点

- 熟悉中外对旅行社类型的划分。
- 熟悉旅行社的批发业务和零售业务，以及团体包价旅游与散客旅游的特点。
- 了解旅游交通的任务和作用，熟悉常见的旅行方式及其现状和发展趋势。
- 了解住宿业的历史演进以及饭店在住宿业中的角色。
- 熟悉饭店等级评定工作的基本常识。
- 掌握饭店业中集团化经营趋势的产生原因。
- 了解旅游景点类型的划分。
- 理解和掌握旅游景点经营应注意的主要问题。

第一节 旅行社

一、旅行社的定义

旅行社是随着近代旅游活动的发展而始于19世纪中叶的一种经营旅行服务的行业，在我国台湾地区出版的某些经济学辞书中也将其称作旅行业。这一行业由为数众多的旅行社企业组成。所以，在不同的语言环境中，旅行社一词的使用含义也不尽相同——有些情况下用作集合名词指旅行社行业，有些情况下则用以指旅行社企业。

这里所界定的是旅行社企业。根据我国国务院2009年颁布、2017年第二次修订的《旅行社条例》，旅行社是指“从事招徕、组织、接待旅游者等活动，为旅游者提供相关旅游服务，开展国内旅游业务、入境旅游业务或者出境旅游业务的企业法人”。其中所称的“招徕、组织、接待旅游者，为其提供相关旅游服务”主要包括：

（1）安排交通服务；

（2）安排住宿服务；

（3）安排餐饮服务；

（4）安排观光游览、休闲度假等服务；

（5）导游、领队服务；

（6）旅游咨询、旅游活动设计服务。

所以，凡是主要经营上述旅游业务的营利性企业，无论其所使用的具体名称是××旅行社、××旅游公司、××旅游服务公司、××旅行服务公司、××旅游咨询公司，还是其他的类似称谓，都属于旅行社企业。

二、旅行社的分类

在不同的国家，对旅行社企业的分类情况也不尽相同。

（一）外国对旅行社的分类

这里所谓外国的旅行社，主要是指以欧美地区为代表的多数国家的旅行社。在以欧美地区为代表的多数国家，人们通常根据旅行社行业中的自然分工状况，按照有关旅行社所主要经营的业务类型（主营批发业务还是主营零售业务），将旅行社企业划分为两大类：一类是旅游批发经营商，另一类是旅游零售商。

1. 旅游批发经营商

旅游批发经营商是主要经营批发业务的旅行社。这里所说的批发业务，是指旅行社根据自己对客源市场需求情况的了解和预测，成批量地分别订购有关交通运输公司、饭店、旅游景点等各类有关旅游企业的产品和服务，然后将这些单项的产品和服务组合为不同的包价旅游线路产品或包价度假集合产品，并通过一定的销售途径向旅游消费大众出售。通俗地讲，所谓旅游批发经营商，就是经营组团业务的旅行社。根据所采用的销售途径的情况，这些从事批发业务的旅行社实际上包括两个亚类，即旅游批发商（tour wholesaler）和旅游经营商（tour operator）。这两者之间的差别在于：

（1）旅游批发商在完成包价旅游产品的组合工作之后，自己并不直接向旅游大众零售这些产品，而是通过第三方——通过独立的旅游零售代理商——向旅游大众出售。

（2）旅游经营商在完成包价旅游产品的组合工作之后，除了像旅游批发商一样，也经由第三方向旅游大众出售之外，还拥有自己设立和经营的零售网点。也就是说，旅游经营商自己还直接向旅游大众出售其包价旅游产品。

旅游批发商与旅游经营商之间除了上述细微差别外，其业务完全相同。正因为如此，在欧美地区的旅行社业内人士中，旅游批发商和旅游经营商这两种称谓常被用作同义语，在实际使用中不作严格的区分（McIntosh, 1984）。旅游批发经营商这种旅行社企业的规模通常都比较大，因此其数量也相对较少。

2. 旅游零售商

旅游零售商，顾名思义，即主要经营零售代理业务的旅行社。在形式繁多的旅游零售商中，最具代表性的是旅行代理商（travel agent）。作为旅游零售商中的典型代表，旅行代理商在市场中所扮演的实际上是一种双重角色，既可以说是代表顾客向被代理的旅游企业（如组团旅行社、航空公司、饭店等）购买其产品和服务，也可以说是代表委托方的旅游企业向旅游消费大众销售其各自的产品和服务。

旅行代理商的具体业务一般包括：

（1）为顾客提供各种有关出游计划及相关信息的咨询服务；

（2）代客购买或预订包价旅游、交通、住宿等旅游产品；

（3）代办旅行证件（护照、签证等）；

（4）陈列和散发被代理方的旅游宣传品；

（5）向被代理方反映顾客意见。

传统上，旅行代理商提供代理预订服务时，通常不向顾客收取服务费，其收入主要来自被代理方所给付的销售佣金。但近年来，随着经营环境的变化，越来越多的旅行代理商都开始向顾客收取服务费。

在旅行社行业中，旅行代理商为数众多，一般多为小型企业，并且大都是主要面向其经营所在的社区提供旅行代理服务。不过，并非所有的旅行代理商都是小型企业。随着集团化经营的发展，一些规模较大的旅游零售公司也已发展起来，并占据了相当大的市场份额。以美国的情况为例。进入新千年以来，在美国的旅行代理行业中，美国运通旅游公司（American Express Travel）、卡尔森旅行公司（Carlson Wagonlit Travel）和互动旅行公司（InterActiveCorp）在规模上一直位于前三名，年营业额都在百亿美元以上。

随着科学技术的发展，特别是随着互联网以及各种电子化预订或销售系统在旅游业中的应用和普及，很多领域内旅游供应商的直销能力都因此而得到了增强。由于这一变化，加之有些旅游供应商可能不愿再因向旅行代理商支付佣金而削弱自己的产品在价格方面的竞争力，从而给旅行代理行业生存和发展带来了一定的威胁。有人曾预言旅行代理行业将会因此走向灭亡。然而事实上，这种情况至今也没有出现。对于其中的原因，这里不再展开讨论。

总之，在以欧美为代表的多数国家中，旅行社行业内基于业务类型的上述分工是自然形成的结果，而非行政要求的产物。另外，在这些国家的旅行社行业中，旅行社企业虽有批发商和零售商之分，但这并非意味着经营批发业务的旅行社不会插手零售业务，同样，也不意味着经营零售代理业务的旅行社绝对不会涉足批发业务。实际上，在这些国家中，有不少旅行社或旅游公司既经营批发业务，也从事零售业务，只不过是对这两种业务的经营有主次之分而已。对于批发商兼营零售业务的情况，前文对旅游经营商的介绍已是最好的证明。至于旅行代理商有时也兼营批发业务的情况，同样也不乏其例。通常的情况是，由于旅行代理商的服务对象通常是其营业地点所在社区的居民，因此旅行代理商对这些顾客的需求偏好和潮流变化了解得非常清楚和及时。在了解到这些顾客对某旅游目的地有共同兴趣的情况下，旅行代理商有时也会自己组织包价产品和开展组团业务。

（二）我国对旅行社的分类

改革开放以来，我国对旅行社的分类大体上经历了三个阶段。

1996 年以前，我国旅游行政管理部门将旅行社企业分为三类：一类社，即有外联权的入境旅游接待社；二类社，即没有外联权的入境旅游接待社；三类社，即只能经营国内旅游业务的旅行社。

随着 1996 年《旅行社管理条例》的颁布，我国对旅行社企业的分类作了调整，即根据不同的经营范围，将旅行社企业划分为两类：一类是国际旅行社，另一类是国内旅行社。

2009 年，国务院颁布了《旅行社条例》。在这一现行条例中，不再使用“国际旅行社”和“国内旅行社”这些称谓，但依旧是根据不同的经营范围，将旅行社企业规范为两大类：一类是经营国内旅游业务和入境旅游业务的旅行社，另一类则是经营国内旅游业务、入境旅游业务和出境旅游业务的旅行社。

1. 经营国内旅游业务和入境旅游业务的旅行社

按照《旅行社条例实施细则》中的解释，条例中所称的国内旅游业务，是指旅行社招徕、组织和接待中国内地居民在境内旅游的业务。条例中所称的入境旅游业务，是指旅行社招徕、组织、接待外国旅游者来我国旅游，香港特别行政区、澳门特别行政区旅游者来内地旅游，台湾地区居民来大陆旅游，以及招徕、组织、接待在中国内地的外国人，在内地的香港特别行政区、澳门特别行政区居民和在大陆的台湾地区居民在境内旅游的业务。因此，这类旅行社不妨可简称为“没有出境旅游业务经营权的旅行社”。

这类旅行社企业经营活动的内容主要包括为国内 / 入境团体旅游者：

（1）安排交通服务；

（2）安排住宿服务；

（3）安排餐饮服务；

（4）安排观光游览、休闲度假等服务；

（5）提供导游、领队服务；

（6）提供旅游咨询、旅游活动设计服务。

（7）这类旅行社还可以接受委托，提供下列旅游服务：

①接受旅游者的委托，代订交通客票、代订住宿和代办出境、入境、签证手续等；

②接受机关、事业单位和社会团体的委托，为其差旅、考察、会议、展览等公务活动代办交通、住宿、餐饮、会务等事务；

③接受企业委托，为其各类商务活动、奖励旅游等代办交通、住宿、餐饮、会务、观光游览、休闲度假等事务；

④经旅游行政管理部门批准的其他旅游服务。

2. 经营国内旅游业务、入境旅游业务和出境旅游业务的旅行社

这类旅行社除了可经营前一类旅行社的所有旅游业务之外，还有权经营出境旅游业务。因此，这类旅行社不妨可简称为“具备出境旅游业务经营权的旅行社”。

按照《旅行社条例实施细则》中的解释，条例中所称的出境旅游业务，是指旅行社招徕、组织、接待中国内地居民出国旅游，赴香港特别行政区、澳门特别行政区和台湾地区旅游，以及招徕、组织、接待在中国内地的外国人、在内地的香港特别行政区、澳门特别行政区居民和在大陆的台湾地区居民出境旅游的业务。

与前一类旅行社企业相比较，这类旅行社在业务内容方面最为突出的不同之处在于：可经营出境旅游业务，可接受旅游者的委托，为其代办出境、入境、签证手续。除此之外，这类旅行社企业在其他旅游业务方面与前一类旅行社几乎没有差别。

总之，与欧美国家中旅行社行业的情况相比较，我国的情况主要有两点与之不同。第一，我国对旅行社的分类始终都是基于加强对旅行社行业管理的需要而作出的行政规定，主要目的旨在规范我国旅行社行业的发展。换言之，我国旅行社的分类并非各旅行社企业在开展业务方面自然分工的结果。第二，我国的各类旅行社除了在业务范围是否涉及出境方面有所不同之外，在其他业务开展方面并无区别。换言之，与欧美国家中的旅行社相比，我国的旅行社企业并无真正的批发商和零售商之分，因为几乎所有旅行社企业在开展业务方面都是既经营批发业务，也经营零售业务。

三、旅行社的主要业务形式

就我国旅行社行业的情况而言，旅行社的主要业务根据顾客类型的不同可分为两大方面：一是组织和接待团体旅游，二是接待和安排散客旅游。

（一）组织和接待团体旅游

这里所说的组织和接待团体旅游，主要是指组织和接待团体包价旅游。包价旅游在概念上通常是指综合包价旅游，即旅行社经过事先计划、组织和编排旅游活动项目，向旅游大众推出的包揽一切有关服务工作的旅游形式，一般规定旅游的日程、目的地，食、宿、行、游的具体地点和服务等级及各处旅游活动的内容安排，并以总价格的形式一次性地收取费用。但在实际运作中，包价旅游也可以就旅游全程中的部分服务项目实行包价，如仅就交通和住宿两项内容实行包价。

团体包价旅游方式的主要优点是：

（1）由于全程活动的开展都在意料之中，因而旅游者会感到方便易行，没有劳心之苦；

（2）价格比散客旅游便宜；

（3）旅游者会感到安全可靠。

显然，团体包价旅游尤其会令那些初次去某地旅游、缺乏经验的旅游者感兴趣。但是，对于旅游者来说，团体包价旅游也有不尽如人意之处，最大的缺点在于受集体统一活动的限制，个人自由度小。

（二）接待和安排散客旅游

按照我国旅游业的现行惯例，相对于团体而言，散客是指独自活动的游客以及同行人数不足 10 人的自行结伴旅游者。在使用旅行社服务方面，他们通常是购买旅行社的某些单项服务，如提供导游，以及委托旅行社购买或预订其他旅游供应商的某些单项产品，如委托旅行社为其购买或预订航空公司的机票或旅馆的客房等。但有的时候，有些散客也有可能会委托旅行社根据其要求，为其作出一整套全程服务安排。散客旅游者在活动日程、停留时间以及活动内容的选择上可完全自主，活动比较自由，不像参加团体包价旅游活动那样受预定计划和集体统一活动的限制。因此，随着人们外出旅游次数的增多和旅游经验的积累，人们更乐于自由自在地独来独往。所以，世界上散客旅游近年来一直呈增长趋势。在来华访问的海外游客中，散客的数量也在逐年增长。

目前，我国旅行社行业中针对散客开展的业务主要包括散客成团业务和委托代办业务。所谓散客成团业务，指目的地旅行社将来自不同客源地的到访散客就地临时组合成团，组织他们前往某些地方开展观光游览活动。旅行社对这类在目的地当地临时组合的旅游团一般不设导游陪同，到达既定地点后，旅游者根据各自的兴趣自由活动，因而在活动开展上具有较强的自主性。在委托代办业务方面，主要涉及：

（1）当地单项委托：接受到访散客的委托，为其代办预订房间、租雇车辆，以及提供翻译导游等单项服务项目；

（2）联程委托：服务对象主要是入境旅游者，包括当地联程委托和国际联程委托两种，前者通常指入境口岸城市的某旅行社接受到访入境旅游者的委托，按照自己计划的旅游线路，为其安排和提供按时抵离沿途某些旅游目的地的接送服务；后者通常是指旅行社根据旅游者的事先委托，为其安排入境来访期间或出境访问期间所需要提供的各项旅行服务，如根据顾客的要求，为其提供翻译导游、预订旅馆房间、预订租用汽车、代办旅游签证、代订机票车票，以及机场、车站或码头的接送服务等项目。

第二节　旅游交通

一、旅游交通的概念与任务

旅游交通是指旅游者利用某种交通工具，实现从一个地点到另一个地点的空间转移过程。它既包括旅游者从居住地抵达旅游目的地以及结束全程旅游活动后又返回居住地的空间转移过程，也包括旅游者在旅游目的地内部不同地点之间活动往来的空间转移过程。从这个意义上说，所谓旅游交通实指广义的客运交通。

在旅游业中，旅游交通的任务是要解决旅游者在旅游客源地与旅游目的地之间的往返，以及在旅游目的地内不同活动地点间便利往来的问题。这意味着，它不仅需要帮助旅游者克服往来不同地点的空间距离问题，而且更重要的是其中所涉及的时间距离问题。

二、旅游者的主要旅行方式

目前，人们外出旅游可选择使用的交通运输工具主要有四种：汽车、飞机、火车和轮船。这四种旅行方式的使用可根据情况相互配合与补充。

（一）公路旅行

公路旅行包括自驾车、搭乘城际公共汽车、包乘旅行大客车等多种不同的形式。公路旅行是人们中短程外出旅游时所乐于选择的旅行方式。这一情况的出现，有其多方面的原因，其中主要的原因包括：

（1）私家车的普及；

（2）公路建设的不断完善和高速公路网的发展；

（3）很多中短程的旅游目的地只有公路交通可行；

（4）最重要的是，公路旅行——特别是自驾车旅行——具有自由、便利、灵活等特点，不仅能使人们根据兴趣随时停留，而且能够机动地安排行止时间。

自驾车旅行虽然对于旅游者来说有很多优点，但随着这种活动规模的扩大，也不可避免地会带来某些副作用，其中最典型的问题便是容易造成或加重旅游接待地区的交通拥堵和环境污染。此外，对于很多旅游度假地或景区景点来说，由于土地资源有限，加之为了保护旅游景观等原因，当地不可能无止境地增建或扩建停车场和道路设施。面对自驾车游客数量的不断增多，世界上很多著名的旅游景区景点采取了一系列的应对性管理措施。其中最常见的举措便是限制小汽车的进入，要求驾车来访的游客将车辆停放在一定距离之外的指定地点，然后步行或换乘公交抵达景区景点的入口。

在公共汽车客运方面，由于其节能效率是小汽车的三倍，因而在很多国家中，汽车公共客运服务的价格都比较低廉，特别是汽车旅游公司的客运价格更是如此。在欧美地区，包价汽车游不仅是深受老龄市场欢迎的旅游方式，而且也越来越多地吸引着青年学生等消费水平较低的旅游者。

与其他的旅行方式进行比较，公路旅行也有其缺点，主要包括：

（1）不适合作长途旅行，否则会使人产生疲惫和感觉不适。正因为如此，人们一般将 1~1.5 小时的行车距离作为划定一日游地域范围的半径。

（2）人均能耗 / 废气排放量大，尤其自驾车旅行更是如此，因而不利于环保。

（3）安全性较差。据统计，在人们常用的交通运输工具中，汽车交通的事故率高居榜首。

（二）航空旅行

航空旅行的主要优点首先是快速高效。目前大中型客机的飞行时速一般为 700~800 公里，比汽车、火车快许多倍。因此，采用航空旅行时，旅途中所花的时间最少。航空旅行的另一显著优点是旅行舒适。飞机座位设计舒适，设备先进，加之机上服务周到和旅途耗时较短等原因，人们可以舒适地度过旅途生活。由于这些优点，航空旅行深受远程旅游者的欢迎，成为人们外出远程旅游时的主要交通工具。

但是，航空旅行也有一定的局限性，主要反映在：

（1）有些人对飞行怀有恐惧心理。尽管航空公司为此在宣传和教育方面作过很多努力，但收效并不明显。

（2）很多地方都不在航空运输的服务范围之内，因而在这方面不具备可进入性。

（3）由于机场建设的选址要求，机场通常都是建在距离城市市区较远的地点。因此，抵离机场所需的时间可能会很长，甚至会超过旅途的飞行时间。

（4）噪声大，对机场周围的环境质量影响很大。尤其是一些起降大型客机的机场，周围几十公里之内，人和动物都难以忍受飞机起降时所产生的噪声。这便是机场的选址都必须远离城市市区的原因。

（三）铁路旅行

铁路客运有很多其他运输方式所不具备的优点，主要表现在：

（1）运力大。一列火车可同时搭乘数百甚至上千名旅客。

（2）票价低。对于中低收入或价格敏感的旅游者具有较大的吸引力。

（3）安全性高。在各类交通运输手段中，铁路运输事故的人员伤亡率最低。

（4）不会受到交通堵塞问题的干扰。

（5）车内活动自由。乘客能够在车厢内自由走动和伸展放松，并可观赏沿途风光。

（6）人均能耗低，污染小，环保性强。

自20世纪80年代开始，很多国家的铁路公司都试图通过推出新的服务项目、改进铁路运输技术和改善设施设备等措施去维护和争取扩大自己在客运市场中的份额。这些措施包括：在主要城市间开设城际直达列车；提高列车座席的舒适程度；开发和研制高速列车以提高火车的运行速度；等等。有些欧洲国家的铁路公司在某些沿途景观优美的线路上重新启用旧式蒸汽机车，推出专项铁路旅游，包括重新推出横贯欧亚的古老东方列车之旅，以重振铁路旅游对人们的吸引力。不过，这些做法在很大程度上已不再是将铁路用作交通运输手段，而是演变为一种特别旅游项目。

尤其值得注意的是，随着人们环境意识的增强以及对可持续发展的关注，铁路运输对环境污染较小的特点也越来越多地得到了人们的重视。很多国家都开始重新重视铁路运输的发展。高速铁路的建设和高速列车的研制已成为很多国家关注的重点。在这方面，我国是后来者居上，已经走在了世界的前列。

（四）水路旅行

水路客运主要分为四种，即远程定期班轮服务、海上短程渡轮服务、游船服务和内河客运服务。

远程定期班轮服务已于20世纪50年代以后衰落。目前，这种服务在世界各地所剩无几，少数幸存的远程海上定期客运航班一般也只是季节性经营。但近程的定期海上客运服务在世界各地仍有不少。我国与韩国以及与日本之间的定期班轮服务便是其中的例子。

海上短程渡轮业务自第二次世界大战后，特别是自20世纪60年代大众旅游兴起以后，曾一度有过较大的发展。但就目前情况而言，这种渡轮服务主要是在欧洲，特别是在希腊海域、英吉利海峡、爱尔兰海、地中海等地区流行。另外，新西兰南、北岛之间的库克海峡也是世界上渡轮业务较多的地区之一。不过，随着英法之间海底公路和铁路隧道的开通使用，英法之间的轮渡业务已遭到沉重的打击。

在远洋客运交通衰落的同时，作为度假形式的海上邮轮旅游开始发展起来。海上邮轮旅游业的出现可上溯到第二次世界大战之前。海上巡游度假的特点是悠闲、舒适。在海上巡游过程中，人们既可在不同的地点登岸旅游，又可随时回船休息，免除了每到一地后上下搬运行李和寻找旅馆的麻烦。此外，游船上也提供各种消遣娱乐设施，因此人们常称这种游船为“漂浮的度假胜地”和“漂浮的旅馆”。但是，这种邮轮旅游通常比较豪华，价格昂贵，加之邮轮的航行速度不能太快，比较耗费时日，所以收入低和闲暇时间较少的旅游消费者难以享用。

目前，世界上最流行的海上巡游区域仍在加勒比海域和地中海海域。这些地区一则气候温暖，二则可登陆参观游览的旅游地为数众多，而且彼此相距不是很远，因而是较为理想的游船活动区域。此外，北美的阿拉斯加海域每年夏天也是邮轮旅游较为集中的海域。由于邮轮航行速度较慢，而人们的假期时间又有限，所以大部分参加海上巡游的游客都是先乘飞机到巡游区域，然后登船巡游度假，巡游结束后，再乘飞机返回定居地。

从经营角度讲，邮轮旅游业务存在的主要问题是：第一，它是一种劳动密集程度较为突出的业务，其营业成本的大约 65% 为工资成本。在有些邮轮上，工作人员同乘客的比例高达 1 ： 2.1，这难免会给价格竞争带来不利影响。第二，建造新船的投资很高，远高于建造饭店所需的投资。由于这些原因，邮轮旅游的价格是一般劳动大众难以承担的。

内河航运在一些地区和国家也是旅游交通中的重要组成部分。例如，我国的长江、北美的密西西比河、南美的亚马孙河、爱尔兰的香农河、欧洲的多瑙河以及英国的泰晤士河，等等，都是重要的内河航运河道。但实际上，大多数内河航运业务已向游船服务业务发展或者已成为旅游项目，单纯交通运输方面的意义已经不大。

三、我国旅游交通的发展

我国的旅游客运所依赖的主要是航空运输、铁路运输和公路运输。改革开放以来，我国的交通运输业有了很大的发展。今后的发展目标是：到 21 世纪中叶，建立起一个可持续性的、以高速化和智能化为目标的新型综合交通运输体系，交通科学技术达到世界先进水平，交通运输技术装备、运输组织和运输管理进入世界先进行列。

（一）航空运输

1980—2000 年期间，中国民用航空业以近两倍于国民经济增长的速度迅速发展。进入新千年以来，我国民用航空旅客运输量的增长尤其快速。2002 年，我国民航业的旅客运输量为 8594 万人次，2006 年已增至近 1.6 亿人次，2018 年更是达到了 6.1 亿人次。

根据预测，到2030年，中国将全面建成安全、高效、优质、绿色的现代化民用航空体系，实现从民航大国到民航强国的历史性转变，航空运输在国家综合运输体系中所占的比重将有较大提高，在世界民航业中的排位将会进一步提高，成为引领世界民航发展的国家。据国际民航组织统计，世界航空运输量的年均增长率一般保持在6%左右的水平。航空运输在综合交通运输体系中的地位将大大提高，成为人们执行公务和商务、旅游、探亲访友的主要交通工具之一。

21世纪，民用机场建设仍将是我国基础设施建设的重点。截止到2020年，我国民航航班使用的机场已经达到241个。2030年，中国机场数将达300个以上；在100公里范围内，全国95%以上的县级行政区将得到航空服务。届时，中国民航业的机队规模将达到6450架，是现有机队的3倍。到21世纪中叶，在合理布局的前提下，全国各地区（州、盟）都可实现通航，一部分有条件的重要县级城市也有望实现通航。根据发展需要，今后将在一些重要城市建设第二机场，使全国2/3的机场能起降中型以上的飞机，并形成若干个设施先进、功能完善、服务一流、高度现代化的、具有中心辐射功能的大型枢纽航空港。

今后，中国国内航线布局的发展重点将放在沿海开放地区、西部交通不便的地区以及中部地区的一些旅游城市。因此，我国将继续扩大以北京、上海、广州等城市为中心的航线网络布局；增加省会、自治区首府城市及旅游城市之间的航班密度；同时，进一步完善和发展中西部地面交通不便的地区和东南沿海经济较发达地区的支线航线。

（二）铁路运输

在铁路运输方面，一个以北京为中心的全国铁路网已经形成。截至2018年末，我国铁路的营业里程已经达到13.1万公里，其中高铁营业里程达到2.9万公里以上。

在运输线路不断延伸的同时，线路质量也得到改善，包括增加复线建设、采用重型钢轨和无缝钢轨的线路里程以及电气化铁路的通车里程不断增加，等等。

在线路等基础设施大大改善的基础之上，铁路部门还适应市场需要，不断提高运营效率。自1997年以来的数次铁路调图和提速，大大提高了全国铁路客车的运行时速和运输能力。新的铁路运营图以北京为辐射中心，在京哈、京沪、京广三大干线提速区段，高速列车的最高运行时速可达350公里，非提速区段快速列车的运行时速也可达到120公里。新图一方面增加了夕发朝至的列车车次，另一方面在大城市之间开行大密度、小编组、快速度的城际列车。此外，还可根据客流情况，随时组织加开各种旅游列车、假日列车等特殊需求列车。所有这些举措大大增强了铁路运输的市场竞争能力。

在营业里程不断延长、路网不断完善的同时，我国的高速铁路迅速发展，2016年，国家出台了以“八纵八横”高铁网为主通道的《中长期铁路网规划》，我国铁路建设投资连续保持在每年8000亿元以上，“八纵八横”高铁主通道目前建成运营规模达70%。京沪、京哈、京港澳、沪昆、广昆等通道已贯通，沿海、陆桥、京昆、兰广等通道剩余区段正在加快建设中。截至2018年5月，我国共有28个省会城市、180余个地级城市、370余个县级城市已开通高铁线路，将各种类型站点计算在内，全国共有超过700余个高铁站，基本覆盖国内主要人口聚集区。目前，我国高速铁路运营里程已经稳居世界第一，超过世界高铁总里程的2/3，成为世界上高铁里程最长、运输密度最高、成网运营场景最复杂的国家，到2018年底，中国高铁动车组已累计运输旅客突破90亿人次，成为中国铁路旅客运输的主渠道，中国高铁的安全可靠性和运输效率世界领先。高速铁路具有速度快、运能大、能耗省、污染轻等优势，是当今世界铁路发展的大趋势。

未来，我国高铁线网将在原来的“四纵四横”的基础上，形成“八纵八横”的路网结构。根据国家发布的《新时代交通强国铁路先行规划纲要》，到2035年，全国铁路网运营里程将达到20万公里左右，其中高铁路网7万公里左右，20万人口以上城市实现铁路覆盖，50万人口以上城市实现高铁通达。

（三）公路运输

据交通运输部官网，截至2019年末，我国的公路运输线路已达到501.25万公里，公路密度52.21公里／百平方公里，其中高速公路里程已达14.96万公里。

在公路交通的发展布局方面，我国已建成“五纵七横”12条国道主干线，总长约3.5万公里，贯穿全国所有省、自治区、直辖市，连接所有百万人口以上的大城市和大部分50万以上人口的城市。在此基础之上，我国将进一步完善公路网络，形成以高速公路为骨架，主要公路客货运输段为枢纽的公路体系，实现全国重要城市、工农业生产中心、交通枢纽和主要陆上口岸的连接，并通过发达的干支线公路和农村道路连接全国各地，形成国道主干线、干线、支线相衔接、高速便捷的全国公路网。

在高速公路方面，截至目前，我国各地已建成并投入使用的高速公路主要包括：西宝（西安—宝鸡）；西铜（西安—铜川）；西临（西安—临潼）；广深（广州—深圳）；广珠（广州—珠海）；广佛（广州—佛山）；深汕（深圳—汕头）；成渝（成都—重庆）；贵黄（贵州—黄果树）；宁合（南京—合肥）；宁连（南京—连云港）；宁通（南京—南通）；福厦（福州—厦门）；郑洛（郑州—洛阳）；京沪（北京—上海）；京津塘（北京—天津—塘沽）；京石（北京—石家庄）；京沈（北京—沈阳）；沈大（沈阳—大连）；沈丹（沈阳—南芬河段）；四长（四平—长春）；沪宁（上海—南京）；沪杭（上海—杭州）；杭甬（杭州—宁波）；济青（济南—青岛）；烟青（烟台—青岛）；海南岛东环岛公路，等等。

一方面我国在发展客运交通方面成就巨大，但另一方面，就旅游业而言，交通运输仍属其中的薄弱环节。这主要表现在：第一，运力不足的问题仍未完全得到解决，旅行难的现象在很多地区和线路上依然存在。虽然航空、铁路、公路和水路等交通线路已将全国各地连接成网，但由于受交通基础设施规模和质量的制约以及定期或定时客运班次数量的影响，很多旅游目的地的可进入性程度仍然较低。第二，交通运输部门的服务质量落后于其他旅游服务部门。交通运输服务所涉及的内容很多，其中主要为两个方面：一是旅客候乘期间的服务，二是运输途中的旅行服务。我国交通运输部门在前一方面普遍存在着服务质量差的问题，旅客检票登乘时普遍存在的拥挤和混乱现象便是其中最突出的反映。在途中服务方面，除了航空公司之外，其他客运部门都存在较多的问题。这些情况说明，随着市场经济的发展，虽然很多交通运输企业已经感受到客源竞争的压力，但是距离现代营销观念的真正树立尚有一段路程。

第三节　住宿业与饭店

住宿业亦称旅馆业，通常被认为是旅游业的三大支柱行业之一。商业性住宿设施的类型很多，因而住宿服务企业所使用的称谓也不尽相同，包括如宾馆、饭店、酒店、旅馆、旅社、招待所、度假村、度假营地等。在中国，人们冠之以“宾馆”、“饭店”或“酒店”的住宿接待设施，其实大都属于国际上所通称的“hotel”。对于这种类型的住宿接待设施，我们在此统一以文化和旅游部在正式文件中所使用的“饭店”一称表述。显然，饭店只不过是众多类型的住宿设施中的一种。然而，一个不争的事实是，饭店这种类型的住宿设施如今已成为住宿业中的主力。正是由于这一原因，如今人们时常将“饭店业”与“住宿业”用作同义语。当然，严格地讲，“饭店业”与“住宿业”是有区别的。

一、住宿业的历史演进

从历史的角度进行观察，住宿业的演进大致可以划分为以下三个时期。

1. 19 世纪中叶以前的小客店 / 客栈时期

19 世纪中叶以前，旅行活动的规模相对较小，而且人们外出时的旅行方式多为徒步或乘坐以自然力或畜力为动力的代步工具。这些代步工具的运载能力都十分有限，即使是作为当时最先进的交通客运手段的公共马车，也只能同时载运为数不多的几名乘客。这意味着，即使一辆公共马车上的乘客同时在某地下车并要求过夜住宿，也只不过需要几张床位或几间客房便可满足。正是由于这一原因，在 19 世纪中叶以前，当时的商业性住宿接待设施基本上都是小客栈或小客店（inn）。换言之，这一情况是当时的需求规模所决定的。值得说明的是，虽然冠称“饭店”（hotel）的住宿接待设施在 18 世纪中叶的法国已经开始出现，但由于以上所述的市场需求原因，在 19 世纪中叶之前始终未能真正得到推广和发展。

2. 19 世纪中叶至 20 世纪中叶的饭店发展时期

进入 19 世纪后，由于产业革命的成功和社会经济的发展，不仅商务旅行活动的规模空前扩大，而且因消遣性目的而外出的旅游活动在规模上超过了传统的商务旅行。更为重要的是，此时铁路和轮船的出现不仅在技术上使大规模的人员流动成为可能，而且日渐成为人们主要的旅行方式。这些变化意味着，随着旅行和旅游市场的规模扩大和需求层次的变化，传统的小客店 / 小客栈已不再能够满足当时的市场需求。在市场需求的推动下，饭店这种类型的住宿接待设施开始得到迅速推广，并且无论是在设施数量上还是在所占据的市场份额上，都远远超过了传统的小客店 / 小客栈。总之，在 19 世纪中叶至 20 世纪中叶这百年期间，饭店这种类型的住宿设施在住宿业中逐渐取得了绝对主力的地位。

3. 20 世纪中叶以来以饭店为主力的多种住宿设施竞争时期

自 20 世纪中叶开始，旅游市场的规模和旅游者的需求格局不断出现新的变化。在旅行方式上，汽车日益成为人们中短程旅行的主要代步工具，飞机则成为人们实现外出远程旅行的主要手段。所有这些变化推动了饭店这类住宿接待设施的发展，不仅其数量迅速增多，而且在服务项目和服务质量上也都有了改进和提升。饭店企业在住宿业中的地位得到了进一步的巩固。然而与此同时，在这一时期中，伴随着旅游市场需求格局的变化，一些新型的住宿接待设施也如雨后春笋般纷纷出现，如度假村、野营营地、青年旅舍等。面对新的市场竞争，为了巩固自己在竞争中的地位，饭店的功能和所提供的服务项目也在不断演进和完善，并日渐成为外来旅游者以及所在地社会的社交中心。饭店设施的设计、装修、经营与管理也都日益专业化。

时至今日，虽然饭店设施的根本功能仍在于为旅行者提供住宿服务，但随着在功能和服务项目方面的不断拓展，如今的饭店已不再仅仅是传统意义上的住宿接待场所，而是已经成为一种不断现代化和专业化的综合接待企业。这一情况决定了对现代饭店必须以现代企业思想进行经营和管理，任何小农经济思想和传统的客店经营意识都注定将会导致饭店经营管理的失败。因此，对于饭店经营者来说，具备现代企业思想和市场意识至关重要。

二、饭店的类型

饭店的种类很多，人们对于饭店的类型并无统一的划分。所选用的划分标准不同，所划分出来的饭店类型自然也就不同。综合人们对饭店类型的称谓，可发现有以下几种常见的划分途径或划分标准：

（1）根据坐落地点进行划分，如城市饭店、度假地饭店、海滨饭店，等等；

（2）根据与有关运输工具或交通设施的联系进行划分，如汽车旅馆、铁路饭店、机场饭店、海港饭店，等等；

（3）根据顾客来此的访问目的或根据该饭店的主要目标市场进行划分，如商务饭店、度假饭店、会议饭店，等等；

（4）根据设施规模进行划分，如大型饭店、中型饭店、小型饭店；

（5）根据设施等级进行划分，如豪华饭店、经济型饭店、星级饭店，等等；

（6）根据经营形式进行划分，如独立经营的单体饭店、连锁饭店，等等；

（7）根据经济类型进行划分，如国有饭店、外资饭店、合资饭店，等等。

三、饭店的等级

（一）饭店等级的划分与评定

当今世界上饭店的数量与日俱增，各饭店所提供的设施设备、服务项目以及服务工作的质量往往不尽相同。为了便于旅游消费者选择，保护消费者利益，同时也是为了便于对饭店业进行管理和维护本国或本地区作为旅游目的地的对外形象，很多国家和地区都对本国或本地区内的饭店进行了等级评定。

关于饭店等级划分、评定的标准，以及用于标志等级的符号，各国以及各地区的具体情况不一。为了便于国际旅行者在选择和预订饭店时能够进行比较，国际上比较通行的做法是将饭店划分为五个等级，并以星号的多少表示其等级的高低，即一星级、二星级、三星级、四星级和五星级。尽管国际上也有某些饭店自称是“六星级”甚至是“七星级”饭店，但这些称谓其实都是这些饭店的管理者出于营销宣传目的，为突出本饭店的品质不凡而进行的自我标榜。按照国际饭店业界的通常理解，所谓五星饭店，意味着该饭店已经是尽善尽美（perfect），对于客人的要求能够做到有求必应。按照这一理解，真正能够为国际饭店行业所公认的五星级饭店其实为数不多。法国在其饭店等级评定制度中将最高等级定为“四星”，其中的原因或许便在于此。应当知道，对饭店进行分等定级的根本目的在于维护消费者利益，方便消费者的选择。如果超出消费者对饭店等级的惯常理解，对饭店进行等级评定便会失去其市场意义。

简单地讲，评定饭店星级的一般标准是：

（1）一星级：设备简单，提供食、宿两项最基本的饭店产品，能满足下榻客人的基本生活需要，设施和服务符合国际现行的基本水平；

（2）二星级：设备一般，除基本的食宿设施外，还设有简单的小卖部、邮电、理发等便利设施，服务质量较好；

（3）三星级：设备齐全，有多种综合服务设施，服务质量较高；

（4）四星级：设备豪华，服务设施完善，服务项目健全，服务质量优秀；

（5）五星级：国际标准的最高等级。饭店设施功能健全，提供全方位侍应服务，设施使用方便、安全，内外装修采用高标准材料，工艺精致，具有突出风格，指示性标志清晰、实用、美观，服务质量达到国际一流水平。

以上只是对星级饭店基本标准的一般性描述。实际上，在评定一个饭店的等级时，有关标准在饭店的建筑、客房面积、设施设备条件、管理水平、服务项目和服务质量等方面都有详细而具体的要求和明确的规定。但总的来说，考核一个饭店的等级时，大都需要从硬件（设施设备）、软件（服务和管理），以及从顾客满意程度等多个方面进行综合考核与评定。考核内容主要涉及：

- 设施、设备的技术品质和健全程度；
- 服务项目设置的完善程度和提供服务的水平与质量；
- 顾客的满意率和满意程度；

● 社会印象。

在有些国家中，有关组织在评定一个饭店的等级时，还要考虑该饭店每年用于维修的费用支出。例如，在美国，一个饭店要保持其豪华等级，每年至少必须拿出赢利的 5% 用于维修工作；三星级和二星级的饭店至少须将每年赢利的 3% 用于维修工作；一星级饭店的年维修费用支出则至少占其年利润的 1.5%。

饭店星级评定工作的实施原则一般包括：

● 参评饭店必须要有一年以上的营业历史；

● 等级的评定需经多次调查之后才能确定；

● 饭店等级的高低通常不受规模大小的限制；

● 评定后的等级并非永久不变，日后可根据情况变化作出变更。

（二）我国饭店业中的星级评定工作

我国饭店业中的星级评定工作始于 1988 年。30 多年来，这一工作的开展不断有所调整和改进。2010 年，国家旅游局颁布的《旅游饭店星级的划分与评定》对此前原有的相关规定进行了一些修改和调整，其中主要的修改内容包括：增加了对国家标准 GB/T 16766、GB/T 15566.8 的引用；更加注重饭店核心产品，弱化配套设施；将一、二、三星级饭店定位为有限服务饭店；突出绿色环保的要求；强化安全管理要求，将应急预案列入各星级的必备条件；提高饭店服务质量评价的操作性；增加例外条款，引导特色经营；保留白金五星级的概念，其具体标准与评定办法将另行制定。据文化和旅游部的网站，目前《旅游饭店星级的划分与评定》第四次修订正在立项中。

我国饭店星级评定的组织工作由全国旅游饭店星级评定机构统筹负责，其责任是制定星级评定工作的实施办法和检查细则，授权并督导省级以下旅游饭店星级评定机构开展星级评定工作，组织实施五星级饭店的评定与复核工作，具有对各级旅游饭店星级评定机构所评定饭店星级的否决权。

各省、自治区、直辖市的旅游饭店星级评定机构按照全国旅游饭店星级评定机构的授权和督导，组织本地区旅游饭店星级评定与复核工作，具有对本地区下级旅游饭店星级评定机构所评饭店星级的否决权，并承担推荐五星级饭店的责任，此外还负责将本地区所评星级饭店的批复和评定检查资料上报全国旅游饭店星级评定机构备案。

其他城市或行政区域的旅游饭店星级评定机构按照全国旅游饭店星级评定机构的授权和所在地区省级旅游饭店星级评定机构的督导，实施本地区旅游饭店星级的评定与复核工作，具有对本地区下级旅游饭店星级评定机构所评饭店星级的否决权，并承担推荐较高星级饭店的责任，此外还负责将本地区所评星级饭店的批复和评定检查资料逐级上报全国旅游饭店星级评定机构备案。

四、饭店集团

纵观半个多世纪以来世界饭店业的发展，其中最为突出的一个现象便是集团化经营的发展。实行集团化经营的饭店公司在客源竞争中占据了越来越大的市场份额，而数以万计的独立自营的单体饭店只能在竞争中去分享所剩不多的市场份额。随着这一竞争格局的继续发展，饭店经营者对集团化经营显示出越来越大的兴趣。饭店业中集团化经营的发展趋势为什么会久盛不衰？饭店集团何以会占据如此大的市场份额？独立自营的单体饭店对此又是如何作出反应的？所有诸如此类的问题都不可避免地会为人们所关心。

所谓饭店集团实际上分为两大类：一类是饭店连锁集团（hotel chains），另一类则属于饭店合作集团（hotel consortia）。

（一）饭店连锁集团

所谓饭店连锁集团，是一种由某一饭店公司以品牌为纽带，将若干成员饭店统一于该公司旗下开展联号经营的紧密型饭店集团。连锁集团下属的所有成员饭店都使用相同的店名、店徽，经营相同的产品、服务，采用相同的业务规程，执行相同的服务标准，甚至各成员饭店的内外装修以及用品规格也都完全相同。在当今世界上，这类饭店连锁集团中的势力较大者已发展到300多个。在已经进入我国经营的外国饭店公司中，为人们所熟知的那些国际品牌如“假日”“洲际”“万豪”“雅高”“希尔顿”“凯悦”“香格里拉”等，无一例外地都属于这种连锁集团。

1. 连锁集团的优势

在饭店业的竞争中，与独立经营的单体饭店相比，饭店连锁集团在很多方面都明显占有优势。这些优势集中到一点，就是集团化经营所带来的规模经济。具体地讲，这些优势的来源主要包括：

（1）资本优势。首先，饭店连锁集团由于其规模的缘故，本身资金实力就比较雄厚。其次，在确因需要开发某些重大项目而一时面临资金短缺时，一方面可设法在本集团成员饭店间进行调集；另一方面又可凭借其集团的资产实力做担保，从而能够比较容易地从银行及有关的金融机构获得贷款，甚至是低息贷款。这使得饭店集团在根据市场需求变化开发新产品、及时增添和更新饭店设施设备方面始终走在饭店业的前列。

（2）技术经济优势。集团可以把某些设施设备集中起来，统一为本集团内的各个成员饭店服务。例如，在某一地域范围内有多个成员饭店经营时，集团可在该地域设立统一为各成员饭店服务的洗衣房、面包房等，从而避免每个饭店都分别设置这类设施，这样便可以降低生产面包和洗衣服务的单位成本。

（3）市场营销优势。由于饭店连锁集团的各成员饭店都使用统一的字号或品牌、统一规格的设施设备、统一的服务程序和统一的服务标准，因而便于树立本集团的形象，并可使消费者毫不困难地了解和熟悉每一个成员饭店的产品和服务质量。同时，一个成员饭店的营销宣传可对整个集团产生效果。此外，大多数饭店集团采用了先进的电脑预订系统，使各个成员饭店都具备中心预订的功能。这样，同一集团内各成员饭店之间可相互输送顾客，从而有助于增加客源。

（4）采购优势。连锁饭店集团通常为各成员饭店集中采购开展经营所需的用品和物资。由于大批量订货的原因，在同供应商进行价格谈判时，往往会处于有利的地位，从而在购买价格上可以获得较大的优惠，使各成员饭店的营业成本因此而得以降低。

（5）管理优势。众所周知，一个饭店管理费用的大小同营业量之间并非完全成正比例。由于有些方面的管理职能统一由集团总部行使，因而集团成员饭店的平均管理费普遍低于相同营业量的独立饭店。此外，对于聘用代价很高但又并非经常需要使用的某些高级专业人员，如高级会计师、高级营销专家等，饭店连锁集团则可由总部聘任，并根据成员饭店的临时需要，派出这些高级专业人员去帮助它们解决所遇到的问题。通过这种做法，各成员饭店在实现高水平管理的同时，又不致付出过高的代价。这一点，独立自营的单体饭店无论如何是做不到的。

2. 成员饭店的类型

饭店连锁集团旗下的成员饭店通常可分为以下四类：

第一类成员是饭店连锁公司自己拥有产权并且自己直接经营的饭店。

第二类成员是饭店连锁公司从房地产开发商或者从某些饭店业主手中租来经营的饭店，也就是说，饭店连锁公司对这些饭店只是拥有经营权而没有产权，饭店连锁公司须根据双方签订的租赁合同，向这些资产的业主支付租金。

以上这两种类型的成员是饭店连锁公司的核心力量，也可以说是其“嫡系”成员。

第三类成员是由连锁公司代管经营的饭店，即管理合同成员。这类成员饭店可分为两种情况。一种情况是完全由饭店连锁公司代理经营和管理的饭店，即某些饭店设施的投资者（如投资于饭店房产的保险公司）在购进饭店房产后，因自己并不擅长经营饭店业务，因此转而委托某一饭店连锁公司代为经营。另一种情况是由饭店连锁公司派员参与经营和管理的饭店，即某些饭店企业因自己经营不力，希望借助某一饭店连锁集团的品牌和管理经验谋求生路，因而委托该饭店连锁公司派遣管理人员，以该饭店连锁公司的品牌进行经营。但无论是上述哪一种情况，其共同点都是饭店连锁公司作为代理人，根据与这些饭店的业主签订的管理合同（management contract），派遣人员代为管理或协助管理这些饭店的经营。饭店连锁公司按双方所签管理合同中的相关规定，或收取管理费，或按比例分享利润。在这种类型的成员饭店中，饭店连锁公司可能对其有投资或贷款，也可能没有这种关系。总之，这类成员饭店最根本的特点在于，都是由饭店连锁公司派员直接参与管理。目前，我国饭店业中的中外合资饭店和中外合作饭店大都是有关连锁集团中的这类成员。

第四类成员是特许经营成员。所谓特许经营（franchising），即饭店连锁公司同意向某些独立饭店的业主出让特许经营权，后者根据与饭店连锁公司签订的特许协定，在交付特许权使用费或利润分成的前提下，使用饭店连锁集团的品牌，按照饭店连锁公司设计的服务程序和产品规范，在饭店连锁公司的监督和指导下，由这些饭店的业主自行管理和经营。换言之，这类成员饭店的特点在于，饭店连锁公司并不派员工参与其经营管理，只是在必要时对其经营工作给予指导。因此，我们也可以将这类成员饭店称为由饭店连锁公司指导经营的饭店。

半个多世纪以来，饭店连锁集团规模的不断扩大，很大程度上是由于上述第三、第四类成员饭店的数量不断增加的结果。特别是，很多第三世界国家为了发展旅游业，在缺乏管理知识与管理技术而又急于开发国际旅游市场的情况下，不得不求助于国际上的连锁饭店公司。另一方面，西方国家中一些规模较小的饭店公司为了在竞争中求生存，也向大型饭店连锁公司购买特许权，以借助它们的品牌和市场形象进行经营，从而也加盟到饭店连锁集团的旗下。由于饭店连锁集团所拥有的管理实力和竞争优势，特别是鉴于它们已经在市场上树立起形象和市场声誉，可以断言，饭店连锁集团的发展今后将会继续下去。

（二）饭店合作集团

饭店连锁集团的不断发展及其在市场竞争中的雄厚实力，对那些独立经营的单体饭店以及小型饭店公司无疑构成了很大的威胁。面对这一无可回避的现实，有些独立经营的单体饭店以及小型的饭店公司开始联合起来，谋求通过合作起来的集体力量，使自己能够有条件或至少在某些方面有条件同这些庞大的饭店连锁集团抗衡，各种形式的饭店合作组织也因此开始出现。所谓饭店合作集团，就是若干独立经营的单体饭店和小型的饭店公司为了抗衡饭店连锁集团的竞争，而在物资采购、房间预订、人员培训及市场营销等方面采取联合行动而自愿组建起来的一种饭店合作组织。

显然，饭店合作集团实际上是一种其内部不存在统辖关系的松散型联合体。就目前的发展状况来看，饭店合作集团主要涉及以下几种类型。

1. 市场营销合作集团

市场营销合作集团是指以联合营销为主要合作内容的饭店合作组织。组建这种合作集团的主要目的是为了争取能以较为平等的地位同饭店连锁集团竞争客源。参加合作集团的饭店共同组建一个市场营销机构，为全体成员饭店宣传推销，招徕客源，并协调各成员饭店在这些方面的合作，以形成一个较大的宣传推销网络。

2. 采购合作集团

这类合作集团是指若干独立自营的单体饭店和小型的饭店公司为了在物资采购方面增强同连锁集团抗衡的力量而自愿组建成的合作组织。它们借助联合所形成的合力，通过统一采购和批量购买，提高自己在同有关供应商进行价格谈判时的地位，从而能够压低价格或获得一定的优惠。目前，这类合作集团在各类饭店合作集团中所占的比例最大。

3. 人员培训合作集团

这类合作集团是指若干独立自营的单体饭店和小型的饭店公司为了在人员培训方面降低费用而自发组成的合作组织。其合作内容一般只涉及共同设立一个培训中心，承担为各成员饭店培训员工的任务，而不涉及各成员饭店的经营业务。随着饭店连锁集团培训中心的开放和对外承接培训业务，加之旅游教育的发展和院校培训能力的增强，饭店之间联合组建培训中心的必要性日渐消失。因此，这类合作集团如今已为数不多。

上述情况说明，大多数饭店合作集团的宗旨要么是为其成员饭店吸引和扩大客源，以便提高成员饭店的客房出租率和营业收入；要么是为成员饭店节省采购费用，以便降低营业成本。这种借助集体合作而获得的规模经济，在一定程度上增强了独立自营的饭店和小型饭店公司同饭店连锁集团抗衡的力量。通过联合与合作，使独立饭店和小型饭店公司势单力薄的处境得到一定的改善。

五、我国饭店业的集团化发展

我国饭店业经营走集团化发展之路的重要性不仅仅在于实现规模扩张，更重要的是在于树立自己的民族品牌，建立自己的管理模式。面对中国加入世界贸易组织之后所带来的压力，加快集团化建设步伐已成为我国饭店业界的普遍共识，并且近年来已经取得了较快的进展。1998 年，在世界上排名前 200 位饭店集团行列中，我国的饭店企业只有锦江集团和凯莱集团两家，其中锦江集团排第 75 位，凯莱集团排第 180 位。但继此之后，我国本土饭店的集团化发展步伐明显加快，今后这一趋势仍将会继续。图 4–1 为 2018 年我国本土饭店集团（管理公司）的经营规模。

表 4–1　2018 年我国本土饭店集团（管理公司）

排名	饭店集团名称	门店数	客房数
1	上海锦江国际酒店（集团）股份有限公司	6243	650 754
2	华住集团	4120	406 158
3	北京首旅酒店（集团）股份有限公司	4001	394 503
4	青岛尚美生活集团有限公司	2352	121 483
5	东呈国际集团	1374	120 229
6	住友酒店集团	788	47 190
7	99 旅馆连锁	831	41 553
8	山东蓝海酒店集团	136	39 011
9	浙江开元酒店管理股份有限公司	150	34 286
10	君澜酒店集团	142	32 000
11	上海亚朵商业管理（集团）股份有限公司	275	31 611
12	逸柏酒店集团	568	30 211
13	万达酒店及度假村	86	25 427
14	山东银座旅游集团有限公司	267	24 762
15	碧桂园酒店集团	73	24 329
16	中州国际酒店管理集团有限公司	109	22 088

资料来源：中国旅游饭店业协会《中国饭店管理公司（集团）2018 年度发展报告》。

第四节　旅游景点

一、旅游景点的概念

通常旅游景点被人们用以泛指各种可供旅游者开展参观和游览活动的场所。的确，在很多情况下，任何一个可供旅游者参观游览或开展其他休闲娱乐活动的场所都可谓之旅游景点。这种场所的地理概念可以很小，如一座古代宫殿、一所博物馆、一处名人故居，甚至一块历史碑刻；但是也可以很大，如我国杭州的西湖风景区、美国科罗拉多州的大峡谷、美国与加拿大交界的大湖区、东非的野生动物保护地等。不过，如此理解的旅游景点有可能带来的一个问题便是，将旅游景点与旅游资源混为一谈。

在国际学术界的旅游研究中，旅游景点作为旅游业经营部门的组成部分，是指那些由某一组织或企业对其行使管理的旅游景点（managed attractions），也就是说，是指那些有明确的界限同外界相隔，并且设有固定的出入口，从而能够对来访游人的出入行使有效控制的参观游览或休闲娱乐场所。所谓有明确的界限，是指该景点的四周或圈以围墙，或设以栅栏，或借助某种天然条件（如借助河流、山沟等难以逾越的自然屏障）所形成的边界，从而使人们不能随便出入。对于这种有人管理的旅游景点，国际旅游学术界有人将其定义如下：

所谓旅游景点，是指“专为来访公众参观、游乐和增长知识而设立和管理的长久性休闲活动场所”。

这一定义告诉我们，一个真正意义上的旅游景点应具备以下几个特点：

（1）专用性。旅游景点是专门用来供游人参观、游览或开展娱乐休闲活动的场所。这种专用性的指定如果发生改变，则不再属于旅游景点。例如，工厂、学校、乡村和部队军营也都可供旅游者参观或游览，但它们都不属于真正意义上的旅游景点，因为它们的设置目的和用途都不是专供游人参观。换言之，只有那些专供游人参观、游览或开展其他休闲活动的场所才属于真正意义上的旅游景点。

（2）长久性。旅游景点必须有其长期固定的场址。这里对长久性的强调，主要是用以将旅游景点同那些没有固定场址的旅游资源区别开来，如临时在某个场地举办的展览、流动演出及民间盛会等。由于这类暂时性的旅游吸引物有其不同的组织和营销方式，并且没有长期专用的固定场址，因而不属于旅游景点的行列，特别是在讨论旅游景点的经营管理时更是如此。

（3）可控性。旅游景点必须有人管理，必须能够对游人的出入行使有效的控制。否则，从旅游管理的意义上讲，便不属于真正的旅游景点，而只是一般的开放性公共区域。但这并非意味着旅游景点一定要对游人实行收费准入，而真正强调的是必须有人管理。事实上，我们在世界各地都可见到一些对游人实行免费参观的旅游景点。这类景点多为政府和社会团体出于社会公益目的而兴办和管理的参观和游览场所。顺便说明的是，目前世界各地的绝大多数旅游景点都实行购票准入。商业性的景点是如此，非商业性的公益景点也是如此。商业性景点旨在通过收费去获取利润。有些公益性景点虽然也实行门票收费，但其目的并非赢利，而是为了补充景点的维持费用。这也是这类景点的收费标准普遍低于商业性景点的原因。

二、旅游景点的类别

旅游景点的种类很多，人们对其类别的划分也不尽相同。一般而言，关于旅游景点类别的划分通常有以下几种情况。

（1）按照景点的性质或设置目的，可分为商业性旅游景点和公益性旅游景点两大类。前者指投资者完全是出于赢利目的而建造和经营的旅游景点，因而这类旅游景点纯属企业性质。后者指政府或社会团体出于国民或社会公益目的而建造或设立的旅游景点。这类旅游景点虽然也多采用收费准入的管理方法，但收费的目的不是赢利，更不是为了借此回收其建设投资。

（2）按照景点内容的属性，可分为自然旅游景点和人造（或人文）旅游景点两大类。前者的内容属大自然的造物；后者的内容或为历史文化遗产，或为现代人造产物。当然，如果把这两类内容兼而有之的情况也包括进去，则可以考虑再增加一类混合型的景点，即自然和文化双重景点。

（3）按照景点内容构成的特点，可分为单一性的旅游景点和复合性的旅游景点两大类。前者指那些游览对象比较单一的旅游景点，如某一历史建筑或名人故居等。后者指由多种景物或多项游览对象共同构成的一个旅游景点。

（4）按照景点的内容或表现形式对旅游景点进行分类更是国际上最为常见的做法。根据这类标准，旅游景点通常可划分为以下几种主要类别：

①古代遗迹（ancient monuments）：尤指挖掘出土并加以保护的古迹，如古城防建筑、古墓葬等。我国西安的半坡遗址、秦俑坑，北京周口店的“北京人”遗址等，都属这类景点。

②历史建筑（historic buildings）：指以历史上遗留下来的各种建筑物为主要游览内容的旅游景点。这些建筑物包括历史上遗留下来的城堡、宫殿、名人故居、庙宇寺院、历史民居等。

③博物馆（museums）：博物馆的系列十分庞大，其中可分为两大类：一类是以特定收藏品为展示内容的博物馆，如中外的各种科学博物馆、历史博物馆、军事博物馆、交通运输博物馆等；另一类则是以特定场址为展示内容的博物馆，如我国的故宫博物院、美国的殖民地时期威廉斯堡博物馆、英国的铁桥堡博物馆等都属此类。另外，博物馆还可按其收藏品来源的地域范围进行划分，如国家博物馆、地区博物馆、地方博物馆。

④美术馆（art galleries）：美术馆多数以收藏和展览历史或传统美术作品为主。

⑤公园和花园（parks and gardens）：指以具有特色的自然环境和植物景观为主要

游览内容的旅游景点，如国家公园、自然保护区、著名的花园和园林等。

⑥野生动物园区（wild life attractions）：指以观赏野生动物为主要活动内容的旅游景点，如动物园、水族馆、观鸟园、天然动物园、蝴蝶庄园等。

⑦主题公园（theme parks）：多为以某一中心主题为基调而兴建的大型人造游览娱乐园区。以美国的迪斯尼乐园最具代表性。

⑧早期产业旧址（industrial archeology sites）：指那些在已经遗弃的早期工矿产业旧址基础上形成的参观景点，主要使参观者了解当地早期的社会生产和技术状况。例如，在早期的采矿业、纺织业、铁路运输业以及运河码头等旧址的基础上设立的景点都属此类。

（5）按照质量等级对旅游景点进行分类。这种分类在很大程度上是为我国所独创的一种旅游景点分类做法。我国关于评定旅游景点质量等级的国家标准——《旅游区（点）质量等级的划分与评定》——问世于1999年，并于2003年进行了修订。该标准（GB/T 1775—2003）规定，旅游区（点）质量的等级依据《服务质量与环境质量评分细则》《景观质量评分细则》的评价得分，并结合《游客意见评分细则》的得分综合进行评定。现行的标准将我国的旅游区（点）按质量划分为五个等级，从高到低依次为AAAAA、AAAA、AAA、AA、A级旅游区。旅游区（点）质量等级的标志、标牌、证书，均由全国旅游景区质量等级评定机构统一规定。旅游区（点）质量等级评定工作按国家和地方两级进行。文化和旅游部负责组织全国旅游区（点）质量等级评定委员会，各省、自治区、直辖市文化和旅游局负责组织地方旅游区（点）质量等级评定委员会。全国旅游区（点）质量等级评定委员会负责AAAAA级、AAAA级和AAA级旅游区（点）的评定工作。地方旅游区（点）质量等级评定委员会负责本行政区域内AA级和A级旅游区（点）的评定工作。

最后值得一提的是，我国曾有人主张将旅游景点划分为游览型、知识型和康乐型三个类别。实际上，除了某些极个别的情况之外，人们很难将一个景点在这三者之间进行截然区分，至少大多数旅游景点都兼有游览型和知识型的特点。所以在此不再采用这种分类。

三、影响景点经营的外部因素

一个旅游景点的经营若要实现长期成功，在需要做好内部管理工作的同时，必须关注和监视以下几项外部环境因素的变化，并及时采取措施作出反应。

（一）游客需求层次的变化

随着改革开放的不断深入，人们的受教育程度已普遍提高，人们的出国经历在不断增多，通过电视等各种传媒对国外情况的了解也在不断增多。由于这些方面的影响，人们势必会以国际水准来衡量和要求国内的旅游景点。除此之外，由于国内某些一流景点在开发水准和服务水准等方面的表率和示范，人们同样也往往会以此为参照去衡量其他景点。所有这些都会影响人们的需求层次，从而致使人们对景点产品的质量也会越来越挑剔。因此，旅游景点的经营者必须随时关注人们需求层次的变化，及时更新景点的展示方式和接待设施，提高景点的服务水准，以满足旅游者变化了的需要。

（二）竞争状况的发展

随着旅游业的快速发展，旅游景点之间的市场竞争也日趋激烈。旅游景点的竞争主要表现为以下两个方面：

其一是地处同一地区内的各景点之间的竞争。由于大多数旅游景点都面对同样的市场，因此，同一地区内景点数量的增加，意味着一个景点必须更加努力工作才有可能维持其游客接待量不减。

其二是同周边相邻地区景点的竞争。由于越来越多的地区出于发展经济和增加就业的需要而发展旅游业，从而使旅游景点的供给能力在不断增加，并且在一定的距离范围内构成对周边地区旅游景点的竞争。各旅游景点之间的竞争不仅体现在产品和价格方面，而且还体现在促销工作上。有些旅游景点除采用传统的营销方式（如广告、印刷品）之外，还采用了大型旅游推介活动、举办旅游节庆、互联网营销等新式促销手段，从而在激烈的市场竞争中赢得一定的竞争优势。在这种竞争不断加剧的竞争环境中，一些旅游景点可能会因不去适应新形势的变化而无法争取到足够数量的游人来访，从而导致经营状况不佳，甚至可能被市场所淘汰。因此，旅游景点经营者必须要随时关注竞争状况的发展，以便确定相应的经营对策。

（三）新技术的发展

随着现代科技的发展，一些新技术的出现有可能会为旅游景点的建设和更新改造带来新的机会。例如，目前，声、光、电、激光等现代技术以及塑料和碳纤维等新型材料都已应用于旅游景点的建设中，形成现代化的展示手段，甚至连过山车之类的娱乐设施所使用的传统滑道也已让位于使用管形钢材的新式螺旋轨道和立式环形轨道。此外，随着技术的发展和生产能力的提高，利用电脑操纵的各种模拟器已不再十分昂贵。由于这些模拟技术可以创造出令人身临其境的逼真动感和视听效果，因而可能会越来越多地应用于旅游景点的建设和更新改造之中。如果景点管理者不去关注这类新技术的发展，不能适时地引入和利用这些新技术，那么由于前述两项因素的影响，其后果是不难想象的。

（四）有关政策的变化

同任何其他行业一样，旅游业的经营需随时关注宏观政策的变化。无论是与旅游业发展相关的法律法规还是经济政策，都应当成为旅游景点在经营中密切关注的对象。例如，我国《旅游区（点）质量等级的划分与评定》的修订，对旅游景点的经营与管理提出了新的标准与要求。如果旅游景点经营者无视这些标准与要求，不能做到与时俱进，则不但会难以招徕顾客，而且很有可能会招来负面的公共宣传效应，从而影响景点的成功经营。

因此，旅游景点的经营者必须要密切关注国家的宏观政策倾向，及时预测与分析宏观政策对于旅游景点经营的影响，积极采取应对措施，以便抓住机遇或规避风险。

本章小结

旅行社、交通运输、以饭店为代表的住宿业以及旅游景点是旅游业中的四大经营部门。本章分别介绍了与这四大行业有关的基本概念、企业或设施的基本类型、业务方面的特点以及可能的发展趋势。本章内容虽然较多，但都很务实和重要，因此学习时应当特别注意。

主要术语

旅行社（travel service）
旅游批发商（tour wholesaler）
旅游零售商（travel retailer）
旅游经营商（tour operator）
旅行代理商（travel agent）
包价旅游（package tour）
散客旅游（independent travel）
旅行方式（mode of travel）
定期航班（scheduled flight）
邮轮旅游（cruising）
独立饭店（independent hotel）
等级评定（grading）
饭店集团（hotel groups）
饭店连锁集团（hotel chains）
饭店合作集团（hotel consortia）
管理合同（management contract）
特许经营（franchising）
国有饭店（state-owned hotel）
合资饭店（joint-venture hotel）
星级饭店（star-graded hotel）
主题公园（theme park）
旅游景点（tourist attractions）

思考与练习

1. 国内外在对旅行社分类方面有何不同？
2. 在旅行社行业中，什么是批发业务？什么是零售业务？
3. 对于旅游消费者来说，团体包价旅游与散客旅游各有哪些优点和不足？
4. 简述旅游交通的任务和作用。
5. 在现代旅游活动中，常见的旅行方式主要有哪些？试比较它们各自的优点和不足。
6. 在我国，私人小汽车的不断增加将会给旅游业带来哪些业务机会？
7. 铁路运输为什么会再度兴起？其发展趋势是什么？
8. 评定饭店等级时，主要考核哪些方面？
9. 在饭店业的竞争中，集团化经营有哪些优势？为什么？

10. 什么是旅游景点？真正意义上的旅游景点应具备哪些特点？
11. 你如何认识景点类型的划分？
12. 旅游景点的成功经营应注意的主要问题有哪些？为什么？
13. 我国目前对旅游景点的等级是怎样划分的？

第五章 旅游业的产品与市场

学习重点

- 理解和掌握旅游产品的概念。
- 掌握旅游产品的特点及其认识意义。
- 掌握旅游市场的概念并认识客源市场的重要性。
- 了解全球国际旅游接待量和客源的分布格局。
- 认识和理解全世界国际旅游客流的基本流动规律。
- 熟悉我国旅游业海外客源市场的现状。
- 熟悉我国国内旅游市场的发展现状和表现特点。
- 了解我国出境旅游市场的发展现状。

第一节 旅游产品

一、旅游产品的概念

根据国内外旅游学术界的普遍共识，对于旅游产品这一概念，需要从两个层次上去进行理解和认识：一是整体旅游产品（the total tourist product），二是具体的单项旅游产品（the specific tourist product），因为人们在使用旅游产品这一术语时，有时是指整体旅游产品，有时则是指具体的单项旅游产品。

（一）整体旅游产品

整体旅游产品这一概念，首先是从需求角度提出来的。在旅游消费者看来，他真正想购买的并且实际上最终得到的乃是一次完整的旅游经历，而不是哪一个或哪几个旅游企业所提供的设施和服务。换言之，这次完整的旅游经历才是旅游消费者认识中的旅游产品。他为了获得这一经历而支付的消费开支，也便成为这一整体旅游产品的价格。

因此，可以认为，所谓整体旅游产品，就是以旅游者在目的地停留期间的访问活动为核心，构成一次完整旅游经历的所有各种有形因素和无形因素的集成或总和。在旅游者看来，整体旅游产品亦即通过支付其价格而获得的一次完整旅游经历。

虽然整体旅游产品这一概念的最初提出是基于需求角度的认识，但我们也不难发现，旅游供给方的某些部门在工作中所称的旅游产品，有时也是这种整体性的产品概念。例如，旅游目的地营销组织在对外开展营销传播时，所推介和宣传的旅游产品并非是哪个旅游企业的产品，而是包含该地所有旅游供给因素在内的整体旅游环境。此外，组团旅行社在面向客源市场推销前往某地旅游或度假的综合包价产品时，所使用的产品概念在很大程度上也是这种经历性的整体产品。所以，我们不妨这样进行推论：如果是从供给角度去认识，或者是从旅游目的地的角度去认识，整体旅游产品则是指一个旅游目的地为满足来访者某类旅游经历的实现而提供的各种接待条件和相关服务的总和。其中所涉及的接待条件既包括有形的物质条件——如该地的基础设施和旅游接待设施，也包括无形的非物质条件——如该地社会的好客文化等；所涉及的相关服务既包括该地旅游业提供的商业性服务，也包括该地社会提供的非商业性服务。

（二）单项旅游产品

单项旅游产品这一概念，则是站在旅游企业的立场上去认识而提出来的。毫无疑问，对于一个旅游企业来说，它所面向旅游者出售的产品理所当然地也是旅游产品。比如，饭店企业为旅游者提供的住宿服务，航空公司为旅游者提供的交通客运服务，旅行社为旅游者提供的导游服务，等等。只不过它们各自提供的这些旅游产品和服务并不能单独构成旅游者的一次完整出游经历，而只是一次完整出游经历即整体旅游产品中的某些组成部分。在旅游企业看来，它们为旅游者提供的产品则是有关的设施和服务。所以，所谓单项旅游产品，是指旅游企业面向旅游消费者市场提供的设施和服务，或者说，是旅游企业借助一定的设施向消费者市场提供的服务项目，即单项旅游产品＝设施＋服务。

其实，从旅游业市场营销的意义上说，旅游企业提供的单项旅游产品也是一种经历性或体验性产品。对此，我们在这里不作深入讨论。

二、旅游产品的特点

在性质上，旅游产品显然属于服务性产品。同其他大多数服务产品一样，旅游产品有很多不同于实物产品的特点。了解和认识这些特点对于旅游企业的成功营销至关重要。具体地讲，这些特点主要包括以下几个方面。

（一）无形性

对于旅游消费者来说，旅游产品是一种经历或体验。对于旅游企业来说，旅游产品则是借助一定的设施向旅游者提供的旅游服务。可见，无论从上述哪个角度讲，旅游产品都属于非物质的无形产品。

旅游产品的这一无形性特点决定了旅游消费者在进行购买决策时，不可能“先尝后买”，更不可能像某些制造业产品的营销做法那样，可先试用一段时间，然后再决定是否购买。

认识这一点对旅游营销工作具有重要的实际意义：

第一，无形性这一特点决定了形象与声誉对于旅游企业乃至对于旅游目的地的重要性，从而也决定了旅游经营者有必要关注其产品品牌的打造与维护。

第二，无形性这一特点也决定了旅游目的地和旅游企业在市场营销工作中，必须设法通过某些手段——如借助附有文字说明的图片以及音像资料等——使其无形产品有形化，以促使旅游消费者作出购买决策。

（二）不可转移性

这一特点有其双重的含义。

其一，是指旅游产品的流通具有在地点上不可转移的特点。我们知道，制造业的物质产品在生产出来之后，可运销于消费者市场所在之地，整个过程表现为物流。然而，旅游产品进入流通领域后，并不能运送到客源市场地区去销售和消费，而是始终固定在原先的地点。旅游者只能到旅游产品的生产地点进行消费，从而使旅游产品的流通表现为人流而不是物流。

其二，是指包含在旅游产品中的有关设施设备的所有权不会随着旅游产品的售出而发生转移。我们知道，在物质商品流通的过程中，一旦消费者的购买行为发生，该物品的所有权便会随之发生转移。与之相比，旅游者的购买行为发生之后，所获得的不是相关旅游设施或设备的所有权，而只是对该设施或设备的有限使用权。例如，某旅游者在一家饭店预订或购买了为期三天的过夜住宿产品，他所得到的只是这三天内该间客房的使用权，而不是该间客房的所有权。这一点决定了旅游者无权随意破坏该间客房以及其中的设备，并且这一使用权的有限性也决定了旅游者无权擅自决定让他人分享该间客房的使用权。在很多情况下，旅游者甚至无权自己将所购得的使用权转让他人。例如，旅游者在购买航空机票之后，无权擅自转让给他人使用。

（三）不可储存性

我们知道，以制造业为代表的物质生产部门所生产出来的产品一般都具有可储存的特点，也就是说，如果这些产品暂时销售不出去，可以先储存起来，留待日后继续出售。但是对于表现为服务项目的旅游产品来说，无论是饭店的客房、航空公司的舱位还是餐馆的座位，如果届时得不到占用或销售不出去，则无法储存起来留待日后继续销售。原因在于，服务产品的价值是固着于时间上的，随着时间的过去，其价值也将自然消失，并且永远不复存在。当新的时间到来时，它将表现为新的价值。例如，如果饭店客房某日出现闲置，则饭店无法从客房获得收入，而且这一天的损失也将无法得到补偿。这就是很多饭店对于晚上八点以后来投宿的不速之客，宁肯房价打折也会努力将其留下来的原因。总之，不可储存性这一特点决定了很多旅游企业有必要对其产品实行差别定价，以及采用各种必要的营销手段去刺激和影响低谷时期的市场需求，以最大限度地提高设施的使用率。

（四）生产与消费的同步性

同大多数其他服务产品一样，旅游产品是在旅游者来到服务现场时才进行生产并交付使用的。因此，旅游产品的生产与消费在时间上是同时发生的，并且在空间上也处于同一地点。旅游者消费旅游服务的过程，也就是旅游企业生产和交付旅游产品的过程。在这一点上，旅游产品与制造业的物质产品有着明显的不同，因为制造业产品的生产过程是在工厂内部完成的，整个制造过程是同消费者相分离的，消费者不仅看不到有关产品的制作过程，更不可能成为其中的参与者。

认识这一特点的意义在于，由于旅游服务产品的生产与消费是同时发生的，所以旅游服务人员的一言一行、一举一动，甚至于他们的装束和表情，都会影响消费者的情绪和满意程度，都会影响旅游服务产品的质量。这就是很多旅游服务企业在招聘员工时往往会对其相貌条件有所要求的原因，同时也是旅游服务企业格外注重对员工开展服务知识培训和服务技能培训的原因。

需要注意的是，这一特点并不意味着旅游产品的消费与购买在时间上不可分割。过去国人中曾有人提出，旅游产品的生产、交换（购买）与消费都是同时发生的。这一认识其实是有问题的。我们只要注意观察一下旅游业中的经营实践就不难发现，旅游消费者对旅游产品的购买（预订）不仅在时间上完全可以同生产与消费拉开，而且拉开的距离越长，对旅游企业的经营就越有利。事实上，旅游企业开展市场营销工作的目的之一，就是争取使消费者尽可能提前预订（购买）本企业的产品。为此，很多旅游企业都对提前一定时间进行预订或购买的顾客给予价格优惠。其中的原理很简单，例如，如果一个旅游企业将某一时期内目标销售量的很大部分（如 80%）提早很长时间便预订出去，则会在市场竞争中处于非常有利的地位。更为典型的例子是，旅游消费者对于旅行社包价旅游产品的购买，几乎都是提前预订，而不是临到该产品的消费或生产之时才进行购买。

（五）整体旅游产品的综合性

如前所述，基于旅游消费者的认识，一个旅游目的地提供的旅游产品是某种整体性的经历或体验。对于旅游目的地管理者来说，该地的旅游产品则是为满足旅游者的需要而向其提供的各种接待条件和服务的总和。这一整体旅游产品的提供，涉及该地在行、游、住、食、购、娱等诸多方面的经营者。大多数旅游消费者在选择出游目的地的决策过程中，都不止考虑该地的旅游吸引物如何，还将该地的多种相关服务或单项产品综合起来进行权衡。例如，一个度假旅游者在选择度假目的地时，除了考虑该地自然条件的适宜程度之外，还会考虑该地的住宿、交通、饮食等一系列的供给和服务情况。其中任何一个方面的供给不利，都会影响旅游消费者对该地的选择，从而会影响到其他相关行业的成功经营。

整体旅游产品的这一综合性特点，不仅使其不同于制造业的实物产品，同时也使其有别于其他服务行业的服务产品。正是由于目的地整体旅游产品的这一综合性特点，决定了一个旅游目的地中各旅游行业应当同步发展和开展联合营销的必要性和重要性。

第二节　旅游市场

一、旅游市场的概念

对于“市场”一词，人们有多种不同的用法和解释。在现有的国内外辞书中，“市场”一词通常有以下几种释义：

（1）市场是商品买卖的场所。

（2）市场是商品交换关系的总和，是不同的生产资料所有者之间经济关系的体现。它反映了社会生产和社会需求之间、商品供求量和有支付能力的需求之间、生产者和消费者之间及国民经济各部门之间的关系。

（3）市场是在一定时间、地点以及在一定的人群或企业之间决定商品交易数量与性质的条件。这种条件包括：可供商品量（或可供的服务能力），可供商品的需求、价格，以及由政府或其他组织机构参与的管理。

（4）市场指某一特定产品的经常购买者或潜在购买者。

（5）市场是指具有某些相同特点，被认为是某些特定产品的潜在购买者的人群或企业。

但是，在国内外大多数旅游研究中，以及在实业界的旅游管理工作中，人们在讨论市场时，通常指的是上述中的最后两种释义。也就是说，无论是在旅游学术界还是在旅游实业界，“旅游市场”这一概念通常都是用于指旅游需求市场或旅游客源市场，即用于指某一特定旅游产品的经常购买者和潜在购买者。

二、旅游市场细分

无论是对于一个旅游目的地来说，还是对于一个旅游企业来说，对整体旅游市场进行划分或细分都是一项十分重要的工作。这主要是因为，市场细分工作的开展有着多方面的实际意义，其中主要包括：

（1）有助于选择适合自己经营的目标客源市场；

（2）有助于根据目标市场人群的需要，有针对性地研发适销对路的产品，从而避免因盲目开发产品而造成的失误和浪费；

（3）有助于面向目标客源市场有针对性地开展营销传播，从而使有限的营销预算最大限度地发挥其效用。

在对旅游市场进行细分时，不可避免地会涉及以何为依据对市场进行细分的问题。在为数众多的旅游消费者中，有些人会因为某一方面或某些方面特点相同，而形成某些有着共同需求的群体。因此，这些相同的特点或共同之处也便往往会成为用以对旅游市场进行细分的依据或标准。不难想象，可用于对旅游市场进行细分的标准会有很多。在这里，我们仅是就其中最为基本因而也是最为常见的细分标准作一简要介绍。这些标准包括：依据地理因素进行划分、依据人口统计因素进行划分，以及依据旅游者的行为特点进行划分。

（一）以地理因素为标准进行市场细分

在旅游业中，根据地理因素对旅游市场进行划分是一种最为常见的做法。在以这种方法对旅游市场进行细分时，所涉及的具体依据或标准有着多种不同的表现形式，常见的情况包括：

（1）就国际旅游市场的划分而言，用作细分标准的地理因素有可能是洲别、世界大区、国别等。例如，各国际旅游接待国往往是依据国别对国际旅游市场进行划分，诸如中国市场、美国市场、日本市场、英国市场、法国市场等。

（2）就国内旅游市场的划分而言，用作细分标准的地理因素常常是省（区）和城市，诸如广东市场、广西市场、江苏市场、北京市场、上海市场等。但有时也会涉及将某种跨行政区的地理区域作为这类标准，如珠三角市场、长三角市场、环渤海市场等。

（3）作为地理因素之一，游客来访的旅行距离也常常被旅游目的地和旅游景点用作对客源市场进行划分的依据，如远程市场、中短程市场等。但从务实的意义上讲，旅行距离这一细分依据主要应用于划定一个旅游目的地或一个旅游景点的一日游客源市场。

（二）以人口统计因素为标准进行市场细分

所谓依据人口统计因素对旅游市场进行划分，就是以某些方面的人口学特征为依据，将旅游消费者划分为不同的人群。较为常用的这类细分标准包括潜在旅游消费者的年龄、性别、职业、收入水平、受教育程度，等等。

对旅游市场如果仅按地理因素进行划分，难免会有其不足之处。这主要是因为处于同一地理区域内的人口不大可能都成为某一旅游产品的购买者，因而可能有必要以其他方面的标准进行进一步细分。也就是说，以人口统计因素为标准对旅游市场的划分，一般是在已经确定了自己的目标地域市场的情况下，对该地居民中的潜在旅游消费者作进一步细分。特别是对于旅游企业来说，尤其应当重视根据人口统计因素对客源市场进行细分。

（三）以游客的行为特点为标准进行市场划分

不论是旅游目的地还是旅游企业，往往还会根据旅游消费者来访时的行为特点或行为表现，对其进行人群划分。在我国旅游业的营销实践中，人们在采用这种方法对客源市场进行细分时，经常使用的依据或标准主要包括：

（1）游客的来访目的，如据此可将其划分为消遣旅游者、商务旅游者等；

（2）游客来访时的旅行方式，如据此可将其划分为航空旅游者、自驾车旅游者等；

（3）游客的购买率，如据此可将其划分为初次购买者、经常性回头客等；

（4）游客活动的组织形式，如据此可将其划分为自助式散客、团队旅游者等。

三、全球国际旅游接待量的分布格局

2017 年，全球国际游客人数达到了 13.23 亿人次，较 2016 年增加 8400 万人次，同比增长 6.8%，增速创 2010 年以来新高。如此规模的国际旅游客流都流向了哪些地方，或者说全球国际旅游活动的地区分布状况如何？为了回答这一问题，让我们回顾一下在入境旅游接待量和国际旅游收入方面位居世界前列的国家或地区最近 30 年来的变化情况。

根据世界旅游组织的统计，在 20 世纪 80 年代中期至 90 年代初这一期间，排名世界前十位的国际旅游目的地一直都是法国、美国、西班牙、意大利、匈牙利、奥地利、英国、墨西哥、德国和加拿大。这 10 个国家的入境旅游接待量合计，每年都占全球总量的半数以上。值得注意的是，这十大国际旅游接待国无一例外地都是欧美地区的，其中有 7 个是欧洲国家，其余 3 个是美洲国家。

进入 20 世纪 90 年代后，全球十大国际旅游接待国的构成及其排序的情况开始出现新的变化。其中最明显的变化是，中国（内地）开始跻身世界十大旅游接待国的行列，成为其中唯一来自亚洲的国家。根据世界旅游组织 1999—2000 年的统计，全球十大旅游接待国的构成及其排名顺序，依次为法国、美国、西班牙、意大利、中国（内地）、英国、俄罗斯、墨西哥、加拿大和德国。这 10 个国家的入境旅游接待量合计，约占全球总量的 54%。

进入 21 世纪后，首先是加拿大退出了全球十大旅游目的地的行列，继而奥地利、中国香港也分别于 2009 年和 2005 年退出。与之相比，泰国于 2013 年入围其中，排名第十；俄罗斯也于 2012 年回归行列，然而 2017 年又退出前十。前十名中，除了中国、墨西哥的排位出现小幅上升，英国和德国排位出现小幅下调外，其他各国排名基本保持稳定（见表 5-1）。另一方面，观察表 5-1 和表 5-2，我们会发现，进入新千年以来，世界十大国际旅游目的地的入境旅游人次和它们所实现的国际旅游收入，在全球总量中所占的比重都呈现下降的趋势。以 2017 年的情况为例，世界十大国际旅游目的地的入境旅游接待量合计，大约占全球总数的 41.66%。也就是说，与 2000 年大约占 54% 的情况相比，这十大国际旅游目的地在全球国际旅游接待量中所占的份额下降了约 12 个百分点。同样，2017 年世界十大旅游目的地所实现的国际旅游收入合计，大约占该年全球国际旅游收入总额的 50.55%，与 20 世纪 90 年代之前所占比重超过 60% 的情况相比，下降了 10 个百分点。

表 5-1　2000—2017 年世界十大国际旅游目的地接待量

单位：百万人次

国家 / 地区	2000 年	排名	2005 年	排名	2008 年	排名	2009 年	排名	2010 年	排名	2011 年	排名	2012 年	排名	2013 年	排名	2017 年	排名
法国	75.5	1	76.0	1	78.5	1	74.2	1	76.8	1	79.5	1	83.0	1	84.7	1	86.9	1
西班牙	48.2	3	55.6	2	57.3	3	52.2	3	52.7	4	56.7	4	57.7	4	60.7	3	81.8	2
美国	50.9	2	49.4	3	58.0	2	54.9	2	59.7	2	62.3	2	67.0	2	69.8	2	75.9	3
中国（内地）	31.2	5	46.8	4	53.0	4	50.9	4	55.7	3	57.6	3	57.7	3	55.7	4	60.7	4
意大利	41.2	4	36.5	5	42.7	5	43.2	5	43.6	5	46.1	5	46.6	5	47.7	5	58.3	5
英国	25.2	6	30.0	6	30.1	6	28.0	6	28.1	6	29.2	7	29.3	8	31.2	8	37.7	7
德国	19.0	10	21.5	8	24.9	7	24.2	8	26.9	8	28.4	8	30.4	7	31.5	7	37.5	9
墨西哥	20.6	8	21.9	7	22.6	8	21.5	10	22.4	10	23.4	10					39.3	6
奥地利			20.0	10	21.9	10												
俄罗斯	21.2	7											25.7	9	28.4	9		
加拿大	20.4	9																
中国香港																		
土耳其			20.3	9			25.5	7	27.0	7	29.3	6	35.7	6	37.8	6	37.6	8
马来西亚					22.1	9	23.6	9	24.6	9	24.7	9	25.0	10				
泰国															26.5	10	35.4	10

资料来源：根据世界旅游组织（UNWTO）和亚太旅游协会（PATA）相关资料整理。

表 5–2　2009—2017 年世界十大国际旅游目的地旅游收入

单位：十亿美元

国家 / 地区	2009 年	2010 年	2011 年	2012 年	2013 年	2017 年
美　国	93.9	103.5	116.3	126.2	139.6	210.7
西班牙	53.2	52.5	59.9	55.9	60.4	68
法　国	49.4	46.3	53.8	53.7	56.1	60.7
意大利	40.2	38.8	43.0	41.2	43.9	44.2
中国（内地）	39.7	45.8	48.5	50.0	51.7	69.5
英　国	30.0	30.4	35.9	36.4	40.6	51.2
德　国	34.7	34.7	38.8	38.1	41.2	39.8
澳大利亚	25.6	30.1	31.4	31.5		41.7
土耳其	21.3	20.8				
奥地利	19.4					
泰　国					42.1	57.5
日　本						34.1
全世界				1078	1159	1340

资料来源：世界旅游组织（UNWTO）。

接下来，让我们继续观察近年来国际旅游活动在全球各地区的分布状况。进入新千年后，世界旅游组织在其统计工作中对全球旅游大区的划分作了新的调整。调整后的情况是，全世界被划分为五个旅游大区，分别是非洲地区、美洲地区、亚太地区、欧洲地区和中东地区。与过去划分为六个大区时的情况相比，如果我们按调整后的这一划分去观察其中各个地区的国际旅游接待量，那么无论是全世界国际旅游客流的基本流向，还是全球国际旅游接待量的地区分布格局，都表现得更为清楚（见表 5–3）。

表 5–3　2000—2017 年全球国际旅游接待量的地区分布

单位：百万人次 / 年

地　区	2000 年	2005 年	2009 年	2010 年	2011 年	2012 年	2013 年	2017 年
全世界	686.8	803.0	880	940	983	1035	1087	1323
非　洲	28.2	37.3	45.6	49.4	50.2	52.4	55.8	63.0
美　洲	128.1	133.2	140.7	149.8	156.6	163.1	167.9	209.0
亚　太	110.5	155.3	181.2	203.8	217.0	233.6	248.1	323.0
欧　洲	395.8	438.7	459.7	476.6	504.0	534.2	563.4	671.0
中　东	24.2	38.3	52.9	60.3	55.4	52.0	51.6	58.0

资料来源：根据世界旅游组织（UNWTO）和亚太旅游协会（PATA）相关资料整理。

通过观察表 5–3，我们发现：

（1）在入境旅游人次方面，欧洲地区始终占有最大的市场份额。以近年的情况为例，2011 年，欧洲地区的入境旅游接待量为 5.04 亿人次，约占全球入境旅游总量的 51.3%；2012 年的接待量为 5.34 亿人次，约占全球总量的 51.6%；2013 年的接待量为 5.63 亿人次，约占全球总量的 51.8%；2017 年的接待量为 6.71 亿人次，约占全球总量的 50.7%。换言之，接近或超过全球半数的国际旅游活动都是在欧洲地区进行的。这一事实表明，欧洲仍然是当今世界上国际旅游活动量最集中的地区，因而也是世界上国际旅游业最为发达的地区。

（2）进入 21 世纪后（从 2002 年起），亚太地区的入境旅游接待量开始超过美洲地区。2013 年亚太地区的入境旅游接待量已达到 2.48 亿人次，约占全球总量的 22.8%；2017 年，亚太地区的入境旅游接待量已达到 3.23 亿人次，约占全球总量的 24.4%，在全球五大旅游区的排序中位居第二。

（3）进入 21 世纪后（从 2002 年起），与亚太地区形成对照的是，美洲地区的入境旅游接待人次已退居五大旅游区中的第三位。2013 年，美洲地区的入境旅游接待量约为 1.68 亿人次，约占全球总量的 15.4%；2017 年，美洲地区的入境旅游接待量为 2.09 亿人次，约占全球总量的 15.8%。

（4）欧洲、亚太和美洲三大地区所接待的入境旅游人次合计，在全球总量中所占的比重约为 90%，其余 10% 左右的市场份额则由中东地区和非洲地区分享。

上述这些情况显示，进入 21 世纪后，全世界国际旅游客流的地区分布格局出现了引人注目的变化。这一变化表现在，在全世界国际旅游接待量的地区分布方面，此前一直是“欧—美—亚太”三足鼎立的传统格局，如今已为“欧—亚太—美”这一新的排序格局所取代。

四、全球国际旅游客源的分布格局

以上我们简要分析了全球国际旅游接待量在世界各地的分布格局。那么，这些国际旅游客源来自何处？或全球国际旅游客源的分布又是怎样的情况？

为了更好地认识全球国际旅游客源分布格局的演变情况，我们首先来看一下进入 21 世纪之前的情况。根据世界旅游组织的统计，1986—1991 年世界十大国际旅游支出国的构成情况如表 5–4 所示。

表 5–4　1986—1991 年世界十大国际旅游支出国支出额

国　别	1991 年排位	1986 年排位	支出额（亿美元）		占世界份额（%）	
			1991 年	1986 年	1991 年	1986 年
美　国	1	1	394.18	260.00	16.24	20.80
德　国	2	2	316.50	180.00	13.04	14.40
日　本	3	4	239.83	72.29	9.88	5.78
英　国	4	3	167.93	89.42	6.92	7.16

续表

国　别	1991年排位	1986年排位	支出额（亿美元）		占世界份额（%）	
			1991年	1986年	1991年	1986年
意大利	5	10	133.00	29.10	5.48	2.33
法　国	6	5	123.38	65.13	5.08	5.21
加拿大	7	7	105.26	42.94	4.34	3.44
荷　兰	8	6	77.00	49.01	3.17	3.92
奥地利	9	8	74.49	40.26	3.07	3.22
瑞　士	10	9	65.80	33.68	2.17	2.70
合计					69.39	68.96

注：表中国际旅游支出额数字中不含国际间交通费。

资料来源：世界旅游组织。

从表5-4中我们可以发现：

（1）在1986—1991年期间，世界十大国际旅游支出国一直都是美国、德国、日本、英国、意大利、法国、加拿大、荷兰、奥地利和瑞士。

（2）这10个国家每年的国际旅游支出额合计，大约占全球国际旅游消费总额的69%。

（3）这十大国际旅游支出国中，有7个是欧洲国家，其国际旅游支出额合计约占全球总额的39%；有两个是北美国家，其国际旅游支出额合计约占全球总额的21%；只有1个是亚洲国家，其国际旅游支出额约占全球总额的10%。

（4）这十大国际旅游客源国无一例外地都是经济合作与发展组织（OECD）的成员国，换言之，都是经济发达的工业化国家。

但是，进入21世纪后，随着亚太地区经济的快速增长和出境旅游市场的迅速发育，全球十大国际旅游支出国的构成情况明显地出现了变化（见表5-5）。

表5-5　2000—2017年世界十大国际旅游支出国支出额及排位

单位：亿美元

国别	2000年支出额	排位	2008年支出额	排位	2009年支出额	排位	2010年支出额	排位	2011年支出额	排位	2012年支出额	排位	2013年支出额	排位	2017年支出额	排位
德国	530	2	910	1	812	1	777	1	843	1	838	2	859	3	891	3
美国	647	1	797	2	732	2	755	2	791	2	835	3	862	2	1350	2
英国	384	3	685	3	503	3	486	4	506	4	523	4	526	5	714	4
法国	178	5	431	4	385	5	394	5	417	5	372	6	424	6	414	5
中国	131	7	362	5	437	4	549	3	726	3	1020	1	1286	1	2577	1

续表

国别	2000年支出额	排位	2008年支出额	排位	2009年支出额	排位	2010年支出额	排位	2011年支出额	排位	2012年支出额	排位	2013年支出额	排位	2017年支出额	排位
意大利	157	6	308	6	279	6	271	8	287	8	264	10	270	9	277	10
日本	319	4	279	7	251	7	279	7	272	9	279	8				
加拿大	124	8	269	8	242	8	295	6	330	6	351	7	352	7	318	7
俄罗斯	88	10	249	9	208	9	265	9	325	7	428	5	535	4	311	8
荷兰	122	9	217	10	207	10										
韩国															306	9
澳大利亚							225	10	269	10	276	9	284	8	342	6
巴西													251	10		

资料来源：根据世界旅游组织（UNWTO）和亚太旅游协会（PATA）有关资料整理。

从表 5-5 我们可以看到：

（1）进入 21 世纪后，在世界十大国际旅游支出国中，亚洲国家的数目有了明显的增加，尤其是中国的表现相当抢眼，在国际旅游支出中已稳居世界第一。以 2017 年为例，中国依旧是出境游消费的领头国家，境外消费额为 2577 亿美元，约占全球国际旅游总支出的 1/5，超过排在第二的美国国际旅游支出近 1 倍。为此，中国（内地）出境旅游市场正在受到世界各地旅游业越来越多的关注。

（2）2017 年，十大客源国的国际旅游支出额合计为 7500 亿美元，约占全球国际旅游消费总额的 56%。与 1986—1991 年期间十大客源国的年国际旅游支出额占全球总量 69% 的情况相对照，进入新千年后所占的比重显然已经大幅下降。这并非意味着十大客源国的国际旅游支出出现了缩水，而是反映出进入新千年后有更多的国家或地区加盟国际旅游客源地的行列，从而使国际旅游支出增多。

（3）进入新千年后，世界十大国际旅游支出国的地域分布出现了一些变化，但是依然是来自欧、美、亚三个洲。其中，欧洲国家为 5~6 个，其国际旅游支出额合计占全球总额的 20% 左右；北美国家为 2 个，其国际旅游支出额合计占全球总额的 12% 左右；亚洲国家为 1~2 个，其国际旅游支出额合计占全球总额的 20% 左右。亚洲国家的国际旅游支出额所占比重进一步上升，主要是由于中国居民的出境旅游支出大幅度提升，中国已经成为世界第一大出境旅游客源国，对全球旅游市场贡献了重要力量。

以国际旅游支出额这一尺度去衡量，自 20 世纪 80 年代至 90 年代，全世界国际旅游客源的地区分布格局基本上维持不变，一直都是欧洲地区居首位，美洲地区次之，亚太地区居第三位，其余份额很小的国际旅游客源则是在非洲和中东地区中产生。自21世纪以来，尤其是2012年以来，随着中国经济的持续发展，中国居民出境旅游人数持续增加，国际旅游支出占比不断提高，国际旅游客源的地区分布格局逐渐演变为：亚太地区居首位，欧洲地区次之，美洲地区退居第三，其余份额很小的客源则产生于非洲和中东地区。

五、旅游客流的基本规律与趋势

旅游客流规律所反映的是关于旅游者流向与流量发展的基本法则。根据长期以来的观察，这些基本法则主要如下。

1. 旅游消费者对出游目的地的选择通常都是由近及远

观察表明，无论是参与国内旅游还是出境旅游，大多数旅游消费者对出游目的地的选择都呈现先近而后远的发展规律。正因为如此，近距离旅游的客流量总是会占据很大的比重。

近距离出游之所以会在旅游活动总量中占据如此大的比重，有着多方面的原因。其中比较直接的原因包括：

（1）旅行距离近，交通费用较少，因而具备这一支付能力的旅游消费者人数众多。

（2）往返旅途所需时间较短，特别是，由于在很多情况下可采用自驾车方式出游，因而易于把握时间。所有这些都意味着，就近距离的出游活动而言，具备时间这一需求条件的旅游消费者人数众多。

（3）旅游目的地社会与旅游客源地社会之间的文化距离较近，特别是在语言和生活习惯方面没有大的障碍，因而旅游者易于适应。

（4）很多国家对邻国旅游者的入境来访实行特别对待，允许在入境口岸临时办理签证，甚至实行免签证。这类政策的实施不仅便利邻国旅游者的来访，而且有助于诱发邻国居民的冲动性来访。

2. 旅游客流主要源自经济发达程度较高的地区

无论是国内旅游还是国际旅游，旅游客流主要源自经济发达程度较高的地区。以我国出境旅游市场的地区分布情况为例，多年来，我国出境旅游市场的空间分布格局始终维持稳定，没有出现过值得关注的明显变化。经济发展程度较高的东部沿海地区，尤其是珠三角、长三角和环渤海地区城市，以及一些经济发展水平相对较高的沿边城市，一直是我国出境旅游的高发地区。

形成这种情况的主要原因在于，在经济发达程度较高的地区：

- 居民人均收入高，消遣型旅游需求市场的发育和成熟程度相对较高；
- 居民的受教育程度普遍较高，因而容易把握有利的旅游信息；
- 工商业发达，与外部的经济联系广泛，因而差旅型旅游需求的规模较大。

除了上述关于旅游客流规律的基本法则之外，近30年来，世界各地旅游客流的发展情况还反映出一些值得注意的趋势，其中包括：

（1）大型城市将会形成重要的旅游中心

伴随着当今世界城市化进程的蓬勃向前，人们目睹了世界各地很多大型城市的成长和发展。按照国际旅游文献中所作的分类，其中有些城市是西方学者所称的“city-state”，即人口规模逾千万的超大型城市，如我国的北京和上海、美国的纽约和洛杉矶、法国的巴黎、英国的伦敦、日本的东京、墨西哥的墨西哥城等，但为数更多的城市则是西方学者所称的“二线城市”（second-tier），即人口规模达百万以上的大城市。对于这种城市化发展的最终结果，人们目前尚不完全清楚。但是有一点已经清楚无疑，即这些大城市，特别是其中的超大型城市，在经济、社会、文化等方面都是真正的潮流引领者。从旅游发展的视角看，其中很多大城市都已成为或正在发展成为重要的旅游目的地，都已成为或正在发展成为其本国乃至全世界重要的旅游中心。正因为如此，人们已经认识到，随着打造竞争力这一思想在目的地旅游规划与开发工作中的贯彻，越来越多的国家和地区都会将大城市的旅游发展作为其战略思考的重点。

大型城市之所以会形成重要的旅游中心，其主要原因在于：

①集中地代表着该国或该地区的经济、社会和文化发展水平，拥有众多的旅游吸引物和较为完备的旅游服务设施；

②往往是交通枢纽，是国内外人员往来的重要集散地；

③与那些地域虽广但资源分散的旅游目的地相比，大城市的经济实力及其在发展旅游业方面的管理能力往往使其具有明显的竞争优势。

（2）亚太地区在全球国际旅游业中的地位将会继续提升

近30年来，亚太地区的国际旅游接待量一直以高于全球平均水平的速度持续增长，以至从2002年开始超过了美洲，从而改变了全球国际旅游接待量在地区分布上的传统排序格局。在可以预见的将来，这一变化趋势可望继续延续，亚太地区在全球国际旅游业中的地位将会继续提升。这主要是因为：

①欧洲地区和美洲地区旅游业的传统客源市场已趋饱和；

②欧美旅游者对亚太地区旅游目的地的兴趣正在增大；

③亚太地区人口众多，随着该地区经济的强劲增长，区内居民的出境旅游需求发育迅速，市场规模的扩张潜力巨大。

第三节　我国旅游业的入境旅游市场

一、概况

我国（内地）旅游业的入境旅游客源由三大部分人员构成，即包含外籍华人在内的外国人、旅外华侨、港澳台同胞。

在改革开放之初的1978年，我国内地的入境旅游接待规模仅为180.92万人次，旅游外汇收入仅为 2.63 亿美元。伴随着改革开放的深入，我国内地旅游业的入境旅游业务取得了巨大的发展成就。进入 21 世纪后，无论是从所接待的入境旅游人次方面去衡量，还是从所实现的旅游外汇收入方面去衡量，我国都已成为世界上名副其实的国际旅游大国，发展成就之显著，为全世界所瞩目。

表 5–6　1978—2018 年我国（内地）入境旅游市场的规模与结构

年份	总计		外国人		港澳台同胞		港澳同胞	台湾同胞
	人数（万人次）	份额（%）	人数（万人次）	份额（%）	人数（万人次）	份额（%）	人数（万人次）	人数（万人次）
1978	180.92	100	22.96	12.69	157.96	87.31	156.15	—
1979	420.39	100	36.24	8.62	384.15	91.38	382.06	—
1980	570.25	100	52.91	9.28	517.34	90.72	513.09	—
1981	776.71	100	67.52	8.69	709.19	91.31	705.31	—
1982	792.43	100	76.45	9.65	715.98	90.35	711.70	—
1983	947.70	100	87.25	9.21	860.45	90.79	856.41	—
1984	1285.22	100	113.43	8.83	1171.79	91.17	1167.04	—
1985	1783.31	100	137.05	7.69	1646.26	92.31	1637.78	—
1986	2281.95	100	148.23	6.50	2133.72	93.50	2126.90	—
1987	2690.23	100	172.78	6.42	2517.44	93.58	2508.74	—
1988	3169.48	100	184.23	5.81	2985.26	94.19	2933.56	43.77
1989	2450.14	100	146.10	5.96	2304.04	94.04	2243.09	54.10
1990	2746.18	100	174.73	6.36	2571.45	93.64	2467.54	94.80
1991	3334.98	100	271.01	8.13	3063.97	91.87	2955.96	94.66
1992	3811.49	100	400.64	10.51	3410.85	89.49	3262.57	131.78
1993	4152.69	100	465.79	11.22	3687.11	88.79	3517.78	152.70
1994	4368.45	100	518.21	11.86	3850.24	88.14	3699.70	139.02
1995	4638.65	100	588.67	12.69	4049.98	87.31	3885.17	153.23
1996	5112.75	100	674.43	13.19	4438.32	86.81	4297.47	173.39
1997	5758.79	100	742.80	12.90	5015.99	87.10	4794.33	211.46
1998	6347.84	100	710.77	11.20	5637.07	88.80	5407.53	217.46
1999	7279.56	100	843.23	11.58	6436.33	88.42	6167.06	258.46
2000	8344.39	100	1016.04	12.18	7326.80	87.81	7009.94	310.86

续表

年　份	总　计		外国人		港澳台同胞		港澳同胞	台湾同胞
	人数（万人次）	份额（%）	人数（万人次）	份额（%）	人数（万人次）	份额（%）	人数（万人次）	人数（万人次）
2001	8901.29	100	1122.64	12.61	7778.66	87.39	7434.46	344.20
2002	9790.83	100	1343.95	13.73	8446.88	86.27	8080.82	366.06
2003	9166.21	100	1140.29	12.44	8025.93	87.56	7752.74	273.19
2004	10 903.82	100	1693.25	15.53	9210.58	84.47	8842.05	368.53
2005	12 029.23	100	2025.51	16.83	10 003.71	83.16	9592.79	410.92
2006	12 494.21	100	2221.03	17.78	10 273.18	82.22	9831.83	441.35
2007	13 187.33	100	2610.97	19.80	10 576.36	80.20	10 113.57	462.79
2008	13 002.74	100	2432.53	18.71	10 570.21	81.29	10 131.85	438.36
2009	12 647.59	100	2193.75	17.35	10 453.84	82.65	10 005.44	448.40
2010	13 376.23	100	2612.70	19.53	10 763.54	80.47	10 249.49	514.05
2011	13 542.35	100	2711.20	20.02	10 831.15	79.98	10 304.85	526.30
2012	13 240.53	100	2719.16	20.54	10 521.38	79.46	9987.36	534.02
2013	12 907.78	100	2629.03	20.37	10 278.74	79.63	9762.49	516.25
2014	12 849.83	100	2636.08	20.51	10 213.75	79.49	9677.16	536.59
2015	13 382	100	2598.5	19.42	10 783.5	80.58	10 233.6	549.9
2016	13 844	100	2815	20.33	11 029	79.67	10 520	509
2017	13 949	100	2917	20.91	11 032	79.09	10 445	587
2018	14 120	100	3054	21.63	11 066	78.37	10 452	614

资料来源：文化和旅游部。

从表 5-6 我们可以发现，在我国内地接待的入境游客中，港澳台同胞一直占据绝大比重。进入 21 世纪以来，港澳台同胞在入境游客中所占的比重虽有下降趋势，但始终不低于入境游客总量的 70%。相比之下，虽然外国人在入境游客中所占的比重比较低，但绝对规模在逐年扩大，加之外国游客在华期间的人均消费普遍较高，所以在我国内地旅游业实现的旅游外汇收入中，外国游客的贡献量起着举足轻重的作用（见表 5-7）。以 2018 年的情况为例，外国人在入境游客人次中所占的比例虽然仅为 21.63%，但对旅游外汇收入的贡献高达 57.53%。

表 5-7　2002—2018 年入境游客在华消费情况

来源市场	2002 年		2008 年		2009 年		2010 年		2011 年		2012 年		2013 年		2014 年		2015 年		2016 年		2017 年		2018 年	
	数额（亿美元）	份额（%）	数额（亿美元）	份额（%）	数额（亿美元）	份额（%）	数额（亿美元）	份额（%）	数额（亿美元）	份额（%）	数额（亿美元）	份额（%）	数额（亿美元）	份额（%）	数额（亿美元）	份额（%）	数额（亿美元）	份额（%）	数额（亿美元）	份额（%）	数额（亿美元）	份额（%）	数额（亿美元）	份额（%）
外国人	94.70	46.46	236.89	58.00	222.54	56.09	267.38	58.36	286.53	59.12	301.88	60.34	319.8	61.90	351.26	61.72	613.1	53.95	668.34	55.70	695.47	56.35	731.2	57.53
中国香港同胞	57.16	28.04	92.71	22.70	97.46	24.57	106.89	23.33	110.64	22.83	109.08	21.80	104.49	20.22	115.23	20.25	303.41	26.70	305.45	25.45	301	24.39	290.65	22.87
中国澳门同胞	19.88	9.80	33.90	8.30	27.47	6.92	26.46	5.78	27.63	5.70	27.87	5.57	29.8	5.77	33.44	5.88	75.38	6.63	76.48	6.37	83	6.73	86.64	6.82
中国台湾同胞	32.01	15.70	44.93	11.00	49.27	12.42	57.41	12.53	59.85	12.35	61.45	12.28	62.56	12.11	69.2	12.16	144.61	12.72	149.73	12.48	156	12.64	162.54	12.79

资料来源：文化和旅游部。

二、入境旅游客源的地区分布与十大客源国

港澳台作为我国内地旅游业规模最大的入境旅游客源市场，其地域范围不言而喻。因此，我们所需分析的是外国人来华旅游市场的地域及国别分布情况。目前，我国内地接待的入境外国旅游者按来访人次排序，依次为亚洲、欧洲、美洲、大洋洲和非洲。

我国入境旅游客源市场结构依旧保持相对稳定，国际政治经济关系对部分主要客源市场产生一定影响。亚洲地区持续为我国最重要的旅游客源市场。根据2019年中国旅游研究院的统计数据，在我国前20位入境旅游客源市场中，超过一半的地区 / 国家位于亚洲。

对于我国内地旅游业入境旅游业务的主要客源市场，人们多是依据有关国家或地区来华旅游的人数进行辨析和认定。改革开放40多年来，我国内地旅游业入境旅游业务的主要客源国构成发生了明显的变化（见表5-8）。按照2018年来我国内地旅游的外国游客人数进行排序，位居前10名的国际旅游客源国依次为：缅甸、越南、韩国、日本、美国、俄罗斯、蒙古、马来西亚、菲律宾、新加坡。

表5-8　1981—2018年我国内地旅游业十大客源国及其排序

排序	1981年	1991年	2001年	2011年	2012年	2013年	2014年	2015年	2016年	2017年	2018年
1	日本	日本	日本	韩国	韩国	韩国	韩国	韩国	韩国	缅甸	缅甸
2	美国	美国	韩国	日本	日本	日本	日本	日本	越南	越南	越南
3	英国	苏联	俄罗斯	俄罗斯	俄罗斯	俄罗斯	美国	越南	日本	韩国	韩国
4	澳大利亚	英国	美国	美国	美国	美国	俄罗斯	美国	缅甸	日本	日本
5	菲律宾	菲律宾	马来西亚	马来西亚	马来西亚	越南	越南	俄罗斯	美国	俄罗斯	美国
6	法国	马来西亚	新加坡	新加坡	越南	马来西亚	马来西亚	马来西亚	俄罗斯	美国	俄罗斯
7	新加坡	新加坡	菲律宾	越南	新加坡	蒙古	蒙古	蒙古	蒙古	蒙古	蒙古
8	德国	德国	蒙古	蒙古	蒙古	菲律宾	新加坡	菲律宾	马来西亚	马来西亚	马来西亚
9	泰国	泰国	英国	菲律宾	菲律宾	新加坡	菲律宾	新加坡	菲律宾	菲律宾	菲律宾
10	加拿大	法国	泰国	加拿大	澳大利亚	澳大利亚	印度	印度	新加坡	印度	新加坡

资料来源：根据文化和旅游部历年来的统计数据整理。

第四节　我国旅游业的国内旅游市场

一、概况

我国的国内旅游市场改革开放之后逐渐开始发育，20 世纪 90 年代以来不仅发展迅猛而且势头不减。改革开放初期，我国国内旅游市场的规模很小，以 1985 年为例，仅为 2.4 亿人次，国内旅游消费额仅为 80 亿元人民币。经过 30 多年来的持续快速发展，到 2018 年，国内旅游活动的规模已达 55.39 亿人次，消费总额为 51 279.29 亿元人民币，国内旅游收入在旅游业总收入中约占 85.9%（见表 5-9）。进入 21 世纪以来，国内旅游市场变得越来越重要，已成为我国旅游业最大的收入来源。

表 5-9　2009—2018 年我国国内旅游基本情况

年　份	类　别	总人次数（亿人次）	出游率（%）	总花费（亿元）	人均花费（元）
2009	全国合计	19.02	142.47	10 183.69	535.4
	城镇居民	9.03	123.53	7233.79	801.1
	农村居民	9.99	158.57	2949.9	295.3
2010	全国合计	21.03	156.82	12 579.77	598.2
	城镇居民	10.65	149.58	9403.81	883
	农村居民	10.38	161.68	3175.96	306
2011	全国合计	26.41	196.07	19 305.39	731
	城镇居民	16.87	244.14	14 808.61	877.8
	农村居民	9.54	145.21	4496.78	471.4
2012	全国合计	29.57	218.39	22 706.22	767.9
	城镇居民	19.33	288.51	17 678.03	914.5
	农村居民	10.24	152.61	5028.19	491
2013	全国合计	32.62	239.68	26 276.12	805.5
	城镇居民	21.86	338.91	20 692.59	946.6
	农村居民	10.76	156.17	5583.53	518.9
2014	全国合计	36.11	269.8	30 311.86	839.7
	城镇居民	24.83	373.1	24 219.76	975.4
	农村居民	11.28	167.2	6092.11	540.2

续表

年　份	类　别	总人次数（亿人次）	出游率（%）	总花费（亿元）	人均花费（元）
2015	全国合计	39.90	297.8	34 195.05	857.0
	城镇居民	28.02	421.0	27 610.9	985.5
	农村居民	11.88	176.2	6584.15	554.2
2016	全国合计	44.35	322.6	39 389.82	888.2
	城镇居民	31.95	414.3	32 241.95	1009.1
	农村居民	12.40	205.5	7147.87	576.4
2017	全国合计	—	—	—	—
	城镇居民	—	—	—	—
	农村居民	—	—	—	—
2018	全国合计	55.39	402.83	51 278.29	925.77
	城镇居民	41.19	534.25	42 589.99	1033.99
	农村居民	14.20	235.49	8688.30	611.85

注：出游率是指城镇居民或农村居民出游的人次数占其人口数的比重。
资料来源：文化和旅游部。

二、基本特点

本书作为入门教科书，为了方便学生对国内旅游市场状况有一个大致的把握，这里简要地将我国国内旅游市场的基本特点作如下归纳。

1. 市场规模大，发展潜力足

纵观 21 世纪以来我国内地民众国内旅游需求的发展，无论在出游人次上，还是在旅游消费总额上，都已大大超过入境旅游市场。以 2018 年的情况为例，该年度全国国内旅游活动规模高达 55.39 亿人次，是入境游客接待量 1.41 亿人次的 39 倍；实现国内旅游收入 51 278.29 亿元人民币，相当于同年国际旅游（外汇）收入 1271.03 亿美元的 6 倍。根据世界上一些地广人众的旅游发达国家（如美国）的经验，国内旅游收入一般可达到国际旅游收入的 7~8 倍。这说明，我国的国内旅游市场仍具有相当大的发展潜力。

2. 短程旅游比重大

目前，国内旅游活动的开展多为短程旅游。以文化和旅游部 2005 年国内旅游抽样调查的结果为例，在参加国内旅游活动的城镇居民中，以出游过程中只游历 1 个省（区、市）的短程游客所占比例最高，为 95.5%；出游过程中平均游历 2 个省（区、市）的游客所占比例约为 3%；而出游过程中平均游历 3 个以上省（区、市）的游客所占比例仅为 1.5%。另外，人们在参加国内旅游活动时，每次外出的旅游天数也比较短，以 3 天以下为主。

3. 活动形式以散客为主

以文化和旅游部2016年的有关抽样调查为例，在城镇居民的国内旅游活动中，参加旅行社组织的团体旅游的游客仅占5.5%，而以自助形式外出旅游的人数所占比例高达94.5%。但是，就我国国内旅游的现状而言，散客旅游所占比重高并不意味着国内旅游需求市场的发育已经高度成熟，也不意味着国内旅游目的地的接待条件已经实现高度便利。我国国内旅游中散客游的比重之所以很高，其中一个主要原因就在于，由于短程旅游比重大，出游者对周边地区的情况比较熟悉，从而使得旅行社的这类短程产品对很多出游者来说并不具有感召力。

4. 消费总额增速快，但人均消费水平仍然较低

从我国国内旅游消费开支总额看，1978年仅为18.4亿元，2000年为3175.54亿元，2005年为5285.86亿元，2008年达到8749.3亿元，2018年达到51 278.29亿元，可见增长速度非常快。但人均消费水平仍相对较低，以2018年的情况为例，我国城镇居民的国内旅游人均花费为1033.99元，农村居民的国内旅游人均花费仅为611.85元。与同年入境游客的人均消费额相比，差距依然较大。

三、发展前景

多年来，我国国内旅游的发展趋势表明，随着我国经济的快速发展、国民可支配收入和生活水准的不断提高，以及闲暇时间的增多，人们对旅游度假的需求将会继续增长。这决定了国内旅游市场的规模今后将会继续扩大。事实上，自1995年我国开始实行每周40小时工作制，以及此后相继推出新的公共节假日制度以来，全国各地周末旅游活动的迅速增多以及“黄金周”旅游高峰的形成，就是这一发展趋势的明证。

除了需求规模将会进一步扩大之外，国内游客的消费水平今后也将会有较大幅度的提高。原因在于，随着富裕程度的提高，我国民众对旅游生活质量的追求必然也会随之变化。虽然目前整个国内旅游市场的人均消费水平仍然较低，但有证据显示，其中的有些细分市场——观光 / 度假市场中的高端部分，其消费水平实际上已经不低，有些国内游客的消费开支甚至已超过了入境旅游者的人均水平。

随着我国国内旅游的需求规模不断扩大，很多旅游企业已经开始重视对国内市场的开发和经营。更重要的是，由于近年世界金融危机的影响和入境旅游需求的萎缩，国内旅游市场的重要性——不仅是对于我国旅游业的重要性，而且包括在拉动消费方面的重要性——进一步得到凸显。为此，国务院在《关于加快发展旅游业的意见》（国发〔2009〕41号文件）中已明确提出，将国内旅游作为国家旅游经济发展的重点。旅游业已融入经济社会发展全局，成为国民经济战略性支柱产业。

第五节　我国旅游业的出境旅游市场

一、概况

目前，我国旅游管理部门将我国内地居民的出境旅游活动分为四个部分，即出国游、边境游、港澳游和台湾游。

（1）出国游：主要是指由具备经营出境旅游业务资质的旅行社经办，组织我国内地居民前往经国家政府批准开放的外国旅游目的地（ADS）开展的出境旅游活动。

（2）边境游：我国内地居民前往接壤邻国边境地区开展的出境旅游活动。对于边境游的管理，由国家旅游主管部门、公安出入境管理部门、海关和地方政府按照职责分工实施。边境游的开展方式是：在获准经营该项业务的旅行社的组织下，以团队方式集体开展。人们在参加边境游活动时，边境地区的居民需持有“边境地区居民通行证”或护照，非边境地区的居民需持有护照。

（3）港澳游：顾名思义，指我国内地居民前往香港特别行政区和澳门特别行政区开展的出境旅游活动。内地居民的港澳游活动最初也是以团队方式开展，在获准经营该项业务的旅行社的组织下进行。但近些年来，随着情况的变化和相关政策的放宽，以“自由行”方式开展的港澳游活动也已有了快速的发展。

（4）台湾游：指我国大陆居民前往台湾地区开展的出境旅游活动。过去，由于台湾方面的政策限制，赴台访问的大陆游客仅限于少量的商务人员和探亲者。近些年来，随着海峡两岸关系的逐渐缓和，国家旅游局先是于2004年宣布开放福建居民赴金门旅游，并于次年出台了关于《开放大陆居民赴台湾旅游》的具体细则。2006年10月至2007年8月，国家旅游局以“海峡两岸旅游交流协会”的名义，作为大陆“海峡两岸关系协会”的代表，与代表台湾“海峡交流基金会”的台湾民间旅游组织进行了多达6次的技术性磋商，就如何推进大陆居民赴台旅游的事宜交换意见，并达成诸多共识。在民间力量的强力推动下，加之很多其他因素的作用，台湾当局终于同意开放大陆居民来台旅游。2008年7月4日，总计760人的大陆居民赴台旅游首发团起程，揭开了大陆居民赴台旅游的序幕。在开放居民赴台湾旅游的政策方面，国家旅游局按照有计划、有步骤、循序渐进的原则，根据各地的经济发展水平、区位特点以及居民出游能力，先是选定了13个省市（北京、天津、辽宁、上海、江苏、浙江、福建、山东、湖北、广东、重庆、云南、陕西）作为赴台旅游的第一批开放区域。此后又根据赴台旅游的实施情况，逐步扩大开放范围。2010年5月，赴台旅游的开放范围已扩大到大陆地区所有省、自治区、直辖市。

虽然我国内地居民出境旅游活动的发展时间不长，但规模扩大迅速。自20世纪

90年代以来，除个别年份略有回跌之外，出境旅游的规模每年都在持续扩大。自出境旅游正规化之后，在1997—2000年期间，出境旅游人数平均每年以30%的速度递增，2000年突破1000万人大关，2003年又突破2000万人大关，首次超过了日本1700万人次的出境旅游规模。2007年，中国公民的出境旅游规模已突破4000万人次。更为国际社会所瞩目的是，在全球金融危机阴云笼罩的2008年，中国公民的出境旅游规模依然出现了两位数字的大幅增长，达到4584万人次。其中，因私出境的游客为4013万人次，同比增长了近15%，占该年出境人次总量的87.54%。2018年，中国出境旅游总人数已达14 972万人次（见表5-10）。

表5-10　2000—2018年我国出境旅游人数

年　份	出境旅游总人数（万人次）	比上年增长（%）	因公出境（万人次）	比上年增长（%）	因私出境（万人次）	比上年增长（%）
2000	1047.26	13.4	484.18	2.5	563.09	32.0
2001	1213.31	15.9	518.77	7.2	694.54	23.3
2002	1660.23	36.8	654.13	26.1	1006.10	44.9
2003	2022.19	21.8	541.10	−17.3	1481.09	47.2
2004	2885.29	42.7	587.38	8.6	2297.91	55.2
2005	3102.63	7.5	588.63	0.2	2514.00	9.4
2006	3452.00	11.3				
2007	4095.40	18.6	603.00	5.3	3492.40	21.3
2008	4584.44	11.94	571.32	−5.25	4013.12	14.9
2009	4765.63	4.00	544.66	−4.70	4220.97	5.20
2010	5738.65	20.40	587.85	7.90	5150.90	22.00
2011	7025.00	22.40	613.21	4.30	6411.79	24.50
2012	8318.27	18.40	612.66	−0.10	7705.61	20.20
2013	9818.52	18.00	621.62	1.50	9196.90	19.40
2014	10 728	9.26				
2015	11 689	8.96				
2016	12 203	4.40				
2017	13 051	6.95				
2018	14 972	14.72				

资料来源：根据历年《中国旅游统计年鉴》整理。

二、基本特点

关于我国内地居民出境旅游市场的基本特点，可作如下归纳。

1. 增长速度强劲

首先，出境旅游人次的增长速度强劲。近年来我国公民出境旅游的规模持续扩大，已由 2000 年的 1047 万人次增至 2018 年的 14 972 万人次，2002 年以来平均年增长率为 16% 以上。其次，出境旅游消费额的增长速度强劲。根据世界旅游组织公布的数字，1982 年我国公民出境旅游消费总额仅为 6600 万美元，1996 年上升至 44.74 亿美元。进入 21 世纪后，我国公民的出境旅游消费进一步快速增长，我国也因此进入世界十大国际旅游支出国行列。2018 年，我国的国际旅游支出已增至 2773 亿美元，排世界第一位，约占该年全世界国际旅游消费总额的 16.81%。

2. 客流流向以亚太地区为主

出境旅游客流的主要流向一直都是近距离的国家和地区，特别是那些开放时间比较早、距离比较近的亚太地区旅游目的地（见表 5–11）。以 2013 年的情况为例，该年中国因私出境旅游规模为 9196.9 万人次。其中前往亚洲各目的地的旅游者为 8329.63 万人次，占出境旅游总人次的 90.57%；前往美洲各目的地的旅游者为 246.48 万人次，占出境旅游总人次的 2.68%；前往欧洲各目的地的旅游者为 325.57 万人次，占出境旅游总人次的 3.54%；前往大洋洲各目的地的旅游者为 98.41 万人次，占出境旅游总人次的 1.07%；前往非洲各目的地的旅游者为 177.5 万人次，占出境旅游总人次的 1.93%；前往其他目的地的旅游者为 19.31 万人次，占出境旅游总人次的 0.21%。

表 5–11　2000—2018 年出境旅游客流的主要流向

年　份	按出境首站计列的前 10 位旅游目的地
2000	中国香港、中国澳门、泰国、日本、俄罗斯、韩国、美国、新加坡、朝鲜、澳大利亚
2001	中国香港、中国澳门、泰国、日本、俄罗斯、韩国、美国、新加坡、朝鲜、澳大利亚
2002	中国香港、中国澳门、日本、俄罗斯、泰国、韩国、美国、新加坡、朝鲜、马来西亚
2003	中国香港、中国澳门、日本、俄罗斯、越南、韩国、泰国、美国、新加坡、马来西亚
2004	中国香港、中国澳门、日本、俄罗斯、越南、韩国、泰国、美国、新加坡、马来西亚
2008	中国香港、中国澳门、日本、越南、韩国、新加坡、泰国、马来西亚、澳大利亚、缅甸
2009	中国香港、中国澳门、日本、韩国、越南、中国台湾、美国、俄罗斯、新加坡、泰国
2010	中国香港、中国澳门、日本、韩国、中国台湾、越南、美国、马来西亚、泰国、新加坡
2011	中国香港、中国澳门、韩国、中国台湾、马来西亚、日本、泰国、美国、柬埔寨、越南
2012	中国香港、中国澳门、韩国、中国台湾、泰国、日本、柬埔寨、美国、马来西亚、越南
2013	中国香港、中国澳门、韩国、泰国、中国台湾、美国、日本、越南、柬埔寨、马来西亚
2014	数据暂无

续表

年　份	按出境首站计列的前10位旅游目的地
2015	数据暂无
2016	中国香港、中国澳门、泰国、韩国、日本、越南、中国台湾、美国、新加坡、马来西亚
2017	中国香港、中国澳门、泰国、日本、越南、韩国、美国、中国台湾、马来西亚、新加坡
2018	中国香港、中国澳门、泰国、日本、越南、韩国、美国、中国台湾、新加坡、马来西亚

资料来源：根据2009—2018年《中国旅游统计年鉴》整理。

3. 港澳游份额最大

香港和澳门作为我国内地居民的出境旅游目的地，具有旅行距离近、文化障碍小等优势。尤其是在中央政府批准开放“港澳自由行”之后，内地居民前往港澳旅游的客流量非常大。以2018年的情况为例，我国内地居民首站赴香港、澳门的旅游人数为7577.5万人次，两者合计约占该年我国内地居民出境旅游总数的50.61%。

4. 消费水平较高

据国际亚太地区旅游监测机构（IPK）的统计，中国出境旅游者的平均日消费为175美元（不包括购物）。另据AC尼尔森与世界免税协会（TFWA）联合进行的一则最新调查显示，几乎所有中国内地游客在境外旅游期间都有购物支出，平均购物花费高达987美元，超过日本游客，堪称全球之最。

5. 流行多国游线路

我国内地居民在出境旅游时，多是希望以有限的代价走访多个旅游目的地，尤其是在远程出境旅游时，大多都倾向于选择多国游的旅游线路。

三、发展前景

趋势表明，我国的出境旅游市场今后将会继续成长，不仅出境旅游人次将会继续增加，出境旅游的人员范围以及出游目的地的选择范围也都将会继续扩大。这一总体趋势的依据和表现是：

第一，随着我国社会经济的繁荣和小康社会的实现，国民家庭的实际收入水平将会继续提高。这意味着，除了那些目前已经率先致富的人群之外，未来将会有更多的家庭具备出境旅游的支付能力。另一方面，随着未来国民休假制度的完善，特别是随着带薪年假的逐渐普及，越来越多的人将会具备实现出境旅游的时间条件。这预示着在未来的发展中，中国出境旅游市场能够得以发育和壮大的客观条件将会变得更加成熟，因消遣性目的而出境旅游的人群规模将会不断扩大。

第二，随着全球化的发展，中国与世界各国的经济联系将会更加紧密。以此为基础，各个领域中的对外交流与联系也都会更加频繁。这意味着，以商务旅游为代表的因公出境旅游的市场规模将会进一步扩大。

第三，我国政府对国民出境旅游的开放政策，如不断放宽允许旅行社组团出境旅游的目的地范围、不断提高国民用于出境旅游的换汇额度等，加之我国“全球通”等移动通信业务所带来的便利，以及我国“银联卡”在国际上的使用范围不断拓展等，所有这一切可助推出境旅游市场发育的环境条件，都将有力地推动我国国民出境旅游的发展。

第四，我国出境旅游市场的迅速发育与成长，已经引起国际社会越来越多的关注和重视。越来越多的国际旅游目的地国家都已开始在我国设立旅游办事机构，并采取多种招徕措施，面向中国出境旅游市场实施高密度、大范围的促销宣传活动。这一情况的出现和发展，也将对我国出境旅游客流形成一定的刺激和拉力。

所以，世界旅游组织（WTO）在其题为《2020 年旅游愿景》的研究中早就作出预测：到 2020 年，中国内地的出境旅游规模将达到 1 亿人次，届时中国将成为位居世界第四的国际旅游支出国。实际上，文化和旅游部的数据显示，早在 2019 年中国公民出境旅游人数就已达到 1.55 亿人次。

本章小结

本章首先讨论了旅游产品的概念和特点，认识这些概念和特点对旅游业市场营销具有重要意义。产品永远是与市场相联系的。在说明旅游市场概念的基础上，本章介绍了对旅游市场进行细分的基本方法，并通过观察全球国际旅游客流和客源的地区分布情况，分析了国际旅游客流的基本规律。为了结合我国的实际，本章对我国旅游业的入境旅游、国内旅游和出境旅游三大市场的现状、基本特点和发展趋势进行了介绍、分析与归纳。

主要术语

旅游产品（the tourist product）

总旅游产品（the total tourist product）

旅游市场（the tourist market）

单项旅游产品（the specific tourist product）

市场细分（market segmentation）

地理因素（geographic factors）

旅行距离（travel distance）

人口统计因素（demographics）

市场区域（market area）

旅游客流（the tourist flow）

旅游需求（demand for tourism）

市场份额（market share）

思考与练习

1. 什么是旅游产品？

2. 同制造业的产品相比，旅游产品有哪些与之不同的特点？这些特点意味着什么？认识这些特点有何实际意义？

3. 什么是旅游市场？

4. 简述全球国际旅游接待量的地区分布格局。

5. 简述全球国际旅游客源的分布格局。
6. 简述旅游客流的基本流动规律。
7. 试归纳我国旅游业入境旅游市场的现状。
8. 我国旅游业的国际客源市场为什么会主要集中在亚洲？
9. 目前我国的国内旅游市场有哪些特点？
10. 目前我国旅游业中对出境旅游是怎样划分的？
11. 简述对旅游市场进行细分的常用标准。

第六章　我国的旅游组织与旅游方针政策

学习重点

- 熟悉我国的旅游行政管理体制。
- 了解我国旅游行政组织的设置情况。
- 了解我国旅游行业组织的现状。
- 了解我国旅游方针政策的现状。

第一节　我国的旅游组织

我国的旅游组织分为两大类：一类是旅游行政组织，另一类是旅游行业组织。

一、旅游行政组织

在任何一个国家，旅游业的健康发展都离不开政府的干预。这一点不仅可在很多经济学（包括西方主流经济学）理论中找到理论依据，而且已为世界各国旅游管理工作的实践所证实。正因为如此，世界各国都在不同层次上设有旅游行政组织。所谓旅游行政组织，是一个旅游目的地中代表政府负责管理旅游事务的行政机构。这些不同层次旅游行政组织的设置及其职能运作，便构成一个国家或地区的旅游管理体制。我国旅游管理体制的构成主要涉及三个层次，即国家级旅游行政机构、省级旅游行政机构，以及省级下面地方层次的旅游行政机构。

（一）国家级旅游行政机构

在我国，文化和旅游部是负责主管全国旅游事务的政府行政机构，对外代表中国的国家旅游组织，对内负责统一管理全国文化和旅游业的发展。

文化和旅游部的最早前身是1964年成立的中国旅行游览事业管理局，直属国务院。1978年，中国旅行游览事业管理局改为中国旅行游览管理总局。1982年8月，中国旅行游览事业管理总局更名为中华人民共和国国家旅游局。多年来，为了推进我国旅游业的发展，完善对我国旅游业的管理，国家旅游局根据自身作为我国国家旅游组织所应履行的职能，对内设机构曾进行过多次调整。2018年3月，第十三届全国人民代表大会第一次会议表决通过了关于国务院机构改革方案的决定，批准设立中华人民共和国文化和旅游部。

作为国务院的组成部门，文化和旅游部现行职责包括：

（1）贯彻落实党的文化工作方针政策，研究拟订文化和旅游政策措施，起草文化和旅游法律法规草案。

（2）统筹规划文化事业、文化产业和旅游业发展，拟订发展规划并组织实施，推进文化和旅游融合发展，推进文化和旅游体制机制改革。

（3）管理全国性重大文化活动，指导国家重点文化设施建设，组织国家旅游整体形象推广，促进文化产业和旅游产业对外合作和国际市场推广，制定旅游市场开发战略并组织实施，指导、推进全域旅游。

（4）指导、管理文艺事业，指导艺术创作生产，扶持体现社会主义核心价值观、具有导向性代表性示范性的文艺作品，推动各门类艺术、各艺术品种发展。

（5）负责公共文化事业发展，推进国家公共文化服务体系建设和旅游公共服务建设，深入实施文化惠民工程，统筹推进基本公共文化服务标准化、均等化。

（6）指导、推进文化和旅游科技创新发展，推进文化和旅游行业信息化、标准化建设。

（7）负责非物质文化遗产保护，推动非物质文化遗产的保护、传承、普及、弘扬和振兴。

（8）统筹规划文化产业和旅游产业，组织实施文化和旅游资源普查、挖掘、保护和利用工作，促进文化产业和旅游产业发展。

（9）指导文化和旅游市场发展，对文化和旅游市场经营进行行业监管，推进文化和旅游行业信用体系建设，依法规范文化和旅游市场。

（10）指导全国文化市场综合执法，组织查处全国性、跨区域文化、文物、出版、广播电视、电影、旅游等市场的违法行为，督查督办大案要案，维护市场秩序。

（11）指导、管理文化和旅游对外及对港澳台交流、合作和宣传、推广工作，指导驻外及驻港澳台文化和旅游机构工作，代表国家签订中外文化和旅游合作协定，组织大型文化和旅游对外及对港澳台交流活动，推动中华文化走出去。

（12）管理国家文物局。

（13）完成党中央、国务院交办的其他任务。

文化和旅游部目前设有十五个职能司（室），分别是：

- 办公厅；
- 政策法规司；
- 人事司；
- 财务司；
- 艺术司；
- 公共服务司；
- 科技教育司；

- 非物质文化遗产司；
- 产业发展司；
- 资源开发司；
- 市场管理司；
- 文化市场综合执法监督局；
- 国际交流与合作局（港澳台办公室）；
- 机关党委（党组巡视工作领导小组办公室）；
- 离退休干部局。

（二）省级（省、自治区和直辖市）旅游行政机构

在我国（内地），各省、自治区和直辖市均设有旅游行政管理机构。虽然这些旅游行政管理机构所使用的名称不尽相同，如有的称文化和旅游厅，有的称旅游发展厅，但其主要任务都是负责统管本省、自治区和直辖市的文化与旅游业发展和文化与旅游行政事务。这些旅游行政机构在性质上皆为政府部门编制，受本省、自治区和直辖市人民政府的领导，在开展业务方面接受文化和旅游部的指导，因而在组织结构上也多与文化和旅游部设置的职能部门对口衔接。

（三）地方层次的旅游行政机构

在省级以下的地方层次上，很多市、区、县设立了文化与旅游行政管理机构，负责其行政区域范围内文化和旅游业的发展与管理工作。在那些没有单独设立旅游行政管理机构的市、区、县，有关旅游发展与管理方面的事务则通常是在其上级政府旅游行政部门的指导下，由当地政府进行组织和承担。

总之，我国各级旅游行政组织作为各级政府的职能部门，都是按行政系统逐级建立。尽管如此，各级旅游行政机构之间并不存在直接的隶属关系。

二、旅游行业组织

在我国，旅游行业组织多是由有关的社团组织和企事业单位在平等自愿的基础上组织成立的各种行业协会。就其性质而言，这些旅游行业协会都属于非营利的社团组织，具有独立的社团法人资格。尽管如此，目前我国全国性的旅游行业协会皆为文化和旅游部主管，其中包括中国旅游协会、中国旅行社协会、中国旅游饭店业协会、中国旅游车船协会、中国旅游协会旅游教育分会、中国旅游协会旅游温泉分会、中国旅游报刊协会。在地方层次上，各省、自治区、直辖市也大都有各种名称不一的旅游社团组织。这些社团组织的成员除了旅游企业之外，有的还包括一些其他相关部门的单位，如旅游科研单位以及旅游教育机构。这些地方社团组织的成立同样也大都与当地的政府旅游行政部门有挂靠关系，在开展工作方面也大都接受当地政府旅游行政部门的指导。

在这里，我们主要介绍部分全国性旅游行业组织的简况。

（一）中国旅游协会

中国旅游协会是我国内地旅游行业的有关社团组织和企事业单位在平等自愿的基础上成立的一个综合性的旅游行业组织。该协会具有独立的社团法人资格，会址设在北京。

该协会的宗旨是，遵守国家的宪法、法律、法规和有关政策，遵守社会道德风尚，代表全行业的共同利益和维护会员的合法权益；在业务主管单位的指导下，努力为会员服务，在政府和会员之间发挥桥梁和纽带作用，为促进我国旅游业的发展作贡献。

中国旅游协会只接收团体会员，不接纳个人会员；实行入会自愿，退会自由的制度。中国旅游协会的最高权力机构是会员代表大会，由各团体会员单位的法人代表组成。会员代表大会负责制定和修改协会的章程，选举、罢免理事，审议本协会的工作报告和财务预决算等重大事项。会员代表大会必须有三分之二以上代表出席方能召开，会员代表大会的决议必须由出席代表的半数以上通过方能生效；在决定该协会的重大事项时，如修改协会章程等，须有出席代表大会的三分之二以上的代表通过方能生效。会员大会的代表每届任期四年。

中国旅游协会理事会是会员代表大会的执行机构，在闭会期间领导该协会的日常工作，对会员代表大会负责。理事会理事由会员代表大会选举产生。理事会每届任期四年，每年至少召开一次会议。会议由会长召集，必须有三分之二以上理事出席方能召开。理事会的决议由出席会议的三分之二以上理事表决通过方能生效。理事长的任期最长不超过两届。

中国旅游协会的经费来源包括会费、捐赠、国家资助，以及在核准的业务活动范围内取得的其他合法收入。

（二）中国旅行社协会

中国旅行社协会是由中国内地的旅行社、各地区性的旅行社协会或其他同类协会按照平等自愿的原则结成的全国性专业协会，是非营利性的社团组织。该协会具有独立的社团法人资格，会址设在北京。

该协会的宗旨是，遵守国家的宪法、法律、法规和相关政策，遵守社会道德风尚，代表旅行社行业的共同利益和维护会员的合法权益；努力为会员服务，为行业服务，在政府和会员之间发挥桥梁和纽带作用，为我国旅行社行业的健康发展作贡献。

中国旅行社协会规定，接受在中国内地依法设立、守法经营、无不良信誉的旅行社以及各地区性旅行社协会或其他同类协会入会申请；实行入会自愿，退会自由，并对会员实行年度注册公告制度。

中国旅行社协会的最高权力机构是会员大会，由各会员单位的法人代表组成。会员大会的代表成员每届任期四年。会员大会的执行机构是理事会，负责会员大会休会期间中国旅行社协会的日常工作。理事会设有常务机构即常务理事会，由理事会全体理事选举产生。常务理事会对理事会负责，在理事会闭会期间代表理事会行使职权。

中国旅行社协会的经费来源包括会费、捐赠、政府资助，以及在核准的业务范围内取得的其他合法收入。

（三）中国旅游饭店业协会

中国旅游饭店业协会是中国内地的旅游涉外饭店以及相关单位在自愿的基础上组织起来的一个非营利性的社会团体。协会所在地为北京市。该协会成立于1986年2月，最初用名“中国旅游饭店协会”。在1997年11月召开的第四届会员代表大会上，决定更名为“中国旅游饭店业协会”。

该协会的宗旨是，遵守宪法并贯彻执行国家法律、法规和有关方针政策，遵守社会道德风尚，维护会员的合法权益；在政府业务主管部门的指导下，为会员服务，为行业服务，在政府与会员之间发挥桥梁和纽带作用。

中国旅游饭店业协会由团体会员组成，包括旅游饭店、地方饭店协会、饭店管理专业院校，以及为饭店提供直接服务的相关企业。该协会实行入会自愿，退会自由的制度。该协会对入会申请者的要求是，旅游饭店的客房量需在50间以上，相关企业的年营业额须达到300万元以上。

中国旅游饭店业协会的最高权力机构是会员大会或会员代表大会。会员大会或会员代表大会主要负责制定和修改协会章程、审议理事会的工作报告和财务收支情况报告、选举和罢免理事、审议与国际同业协会的合作等重大事项。会员大会或会员代表大会须三分之二以上会员（或会员代表）出席方能召开，大会决议须经过到会会员代表的半数以上表决通过方能生效。该协会每五年举行一次换届大会。

理事会或常务理事会是会员大会或会员代表大会的执行机构，在会员大会或会员代表大会闭会期间领导该协会开展日常工作。该协会设有常设办公机构——秘书处，负责该协会的日常事务。秘书处在理事会领导下，由秘书长主持日常工作。

中国旅游饭店业协会的经费来源包括会费、捐赠、国家资助，以及在核准的业务活动范围内取得的其他合法收入。

（四）中国旅游车船协会

中国旅游车船协会是由全国各地的旅游汽车公司、游船公司、索道企业、汽车及配件制造厂家以及其他相关经营商社自愿联合组成的非营利性社团组织。该协会具有法人资格，会址设在北京。该协会是国际旅游联盟组织（AIT）的成员，定期参加该国际组织的交流活动。

中国旅游车船协会的宗旨是，贯彻国家有关的方针政策，组织旅游汽车运输业务、游船业务、索道经营业务等方面的理论研究和经验交流，提高会员企业的管理水平，全面提升行业素质，维护本行业的合法权益，更好地为发展旅游事业服务。

该协会的基本工作是，在政府和企业之间发挥桥梁和纽带作用，传达政府的意图和政策，向政府主管部门反映会员的愿望和要求，为会员提供有关信息、咨询、培训、指导、经验交流等方面的服务。

凡中国内地的旅游汽车运输企业、游船公司、索道企业以及其他相关经营单位，只要承认并遵守中国旅游车船协会的章程，积极参加协会组织的活动，经申请，并由常务理事、秘书长办公会审核和批准，均可成为该协会的会员。

中国旅游车船协会的最高权力机构是全体会员大会。会员大会每两年召开一次。会员大会的职权包括：审查常务理事会工作报告和协会财务收支情况报告；修改协会章程；选举常务理事；确定本协会的工作方针，讨论并决定本协会的其他重大问题。常务理事会是该协会的执行机构。常务理事实行任期制，由会员大会民主选举产生，每届任期五年，可连选连任。从常务理事中选举产生会长一名，副会长若干名，会长、副会长可连选连任，但连续任期一般不超过两届。在会员大会闭幕期间，由常务理事会行使会员大会的职权。常务理事会会议每半年召开一次。该协会的出版物为《中国旅游车船》。该协会的经费主要来源于会员费、社会捐赠，以及提供有偿服务而获得的收入。

第二节　我国发展旅游业的方针政策

一、对方针政策概念的理解

旅游方针政策一般是指一个国家为引导旅游业的发展方向而规定的行动准则。其中，方针侧重于指旅游业发展的前进方向，政策则主要体现为在发展旅游业方面的行动准则。虽然如此，人们实际上很难在方针与政策这两者之间作确切区分。因此，在国际旅游学术界的相关研究中，人们通常都是使用“政策”一词来取代“方针政策”这一复合表述。例如，一位美国的旅游研究人员曾指出，“旅游政策明确地反映着发展旅游业的意图。它阐明一个社会发展旅游业的目的，并可重点指出各项需要优先注意的工作……制定旅游政策的目的在于指明前进的方向，并在执行这一方向过程中起到发动和鞭策的作用”。这段关于旅游政策这一概念的阐述明确表明，其中既包括指明前进目标的发展方针，也包括管制前进过程中的行为准则的具体政策。因此，我们不妨这样理解，有关旅游发展的前进目标并起着方向性指导作用的旅游政策，便是我们通常所说的发展方针；对执行这一目标过程中的行为起约束作用的管制性规定，便是我们通常所说的具体政策。

二、我国旅游方针政策的演进与现状

我国发展旅游业的方针政策是一个比较复杂的研究课题。在本节中，我们就改革开放以来我国发展旅游业的有关方针政策的演进情况作一简单的介绍。

1. 关于“走中国式的旅游道路”的发展方针

1981 年 10 月，国务院在《关于加强旅游工作的决定》中提出，要从中国的实际出

发，逐步走出一条适合国情、日益兴旺发达的中国式的旅游道路，做到政治、经济双丰收。

这一发展方针的提出，为我国旅游业的发展指明了方向。但是，对于何为“中国式的旅游道路”，始终没有权威的明确解释。为此，全国各级旅游行政部门和旅游学术界曾作了很多探讨。归纳起来讲，人们当时的共识主要包括以下几个方面：第一，中国是社会主义国家，这一根本国情决定了走中国式的旅游道路意味着必须坚持社会主义方向，旅游业的发展绝不能危害国家的社会主义制度。第二，要发展健康文明的旅游业。旅游业的发展应弘扬社会主义精神文明，提供有益于人们身心健康的旅游产品。对于违背社会主义精神文明、有损于我国社会主义形象的经营做法，必须坚决禁止。第三，旅游产品的开发要突出中国特色和弘扬民族文化。这不仅是树立我国旅游形象和国家形象的需要，而且也是保持和扩大对国际旅游市场吸引力的需要。当然，这并不排斥在为来华旅游者提供旅游服务方面吸收外国的经验。第四，旅游业作为一项经济性产业，其根本目的在于实现经济创收。如果不能实现创收，旅游业不但难以兴旺发达，甚至无法长期生存。总之，人们普遍认为，只有做到上述四点，才能实现政治、经济双丰收的发展目标。

2. 关于“积极发展、量力而行、稳步前进”的发展方针

1981 年，国务院为我国旅游业制定了“积极发展、量力而行、稳步前进”的发展方针。这一方针的提出，对于引导我国旅游业的发展具有深刻的现实意义。

这一方针首先对积极发展我国的旅游业作了肯定，体现了中央政府支持发展旅游业的积极态度。这一点可以说是我国旅游业发展最根本的政策保证。

在如何发展旅游业方面，这一方针提出要“量力而行”。换言之，旅游业的发展速度要适合我国的国情，在积极发展的同时，必须注意不能操之过急。我国实行改革开放后，百废待兴，为了尽快改变我国经济发展水平的落后面貌，各方面的建设都需要大量的投入。旅游业正是为了解决国家经济建设对外汇的需要而被提到日程上来。然而，当时我国的国情是人口多、底子薄，财力物力有限，加之国家各方面的发展都急需增加投入，因而国家无力向旅游业大量投资。除了资金方面的问题外，旅游业的发展还需要经济社会各个方面的配合。在很多其他方面依然落后，不足以配合旅游业的情况下，旅游业的过快发展势必会形成孤军深入，其后果不但不能使旅游业真正得到发展，而且会有损于国家旅游形象的树立。所以，“量力而行”地发展旅游业不仅是符合国情的明智之举，而且也是旅游业发展过程中必须遵守的客观规律。

“积极发展、量力而行”的目的在于，使我国旅游业的发展能够做到“稳步前进”。换言之，没有“积极发展”，我国旅游业难以前进；没有“量力而行”，旅游业的发展则难以稳步进行。如果孤立地强调发展旅游业，而得不到其他部门相应程度的配合，则旅游业的发展不仅会欲速不达，而且会有碍于实现甚至会破坏国民经济的综合平衡。

3. 关于“统一领导、分散经营”的管理原则

1981 年，国务院提出我国旅游业要实行“统一领导，分散经营”的管理原则。此后，国务院 1985 年在批转国家旅游局《关于当前旅游体制改革几个问题的报告》中进一步提出“要按照‘政企分开，统一领导，分级管理，分散经营’的原则，建立以国营旅游企业为主导的多种经济形式、多渠道、少环节的旅游管理体制”。

政企分开是指“旅游经营单位由事业机构转变为企业化经营”，各级旅游行政管理部门要同其下属企业割断经济联系，完全从国家利益和旅游业发展的整体利益出发行使管理。长期以来，我国经济中的全民所有制表现为国家所有制。各级政府部门都掌握着部分国有资产，成为事实上的所有者。很多企业客观上成为各级政府和政府部门办的企业。由于政企不分，国家行政管理的权威性受到一定的影响。因此，只有实行政企分开，才能摆正行政管理部门与企业之间的关系，从而使行政管理机构的权威性和工作效率得以提高。

统一领导是指“国家旅游局作为国务院的职能部门，要面向全行业，统管全国旅游事业”。对于我国旅游业发展中的全局性问题，要由国家旅游局统一计划、统一政策、统一制度、统一纪律、统一协调。这无疑强调了国家旅游局统管全国旅游业的权威地位。

分级管理是指“各省、自治区、直辖市可根据国际、国内旅游发展的需要设置旅游局，统管本地的旅游工作”。这是我国旅游业在国家旅游局统一领导的前提下，对地方实行分权化管理的具体体现。分级管理的目的在于，调动和发挥地方的积极性，提高旅游业的管理效率。

分散经营是指我国旅游业的经营要“从以国家投资为主转变为国家、地方、部门、集体、个体一起上”，“建立以国营旅游企业为主导的多种经济形式”的旅游业经营格局。分散经营的提出，在于调动各方面参与发展旅游业的积极性，因而也是大力发展我国旅游业的有效途径。我国社会主义市场经济的发展现实充分说明了这一原则的正确性。

4. 20 世纪 80 年代中期以后的政策发展

20 世纪 80 年代中期以后，旅游业在我国国民经济和社会发展中发挥了重要的作用。我国旅游业的发展不仅真正实现了从“事业型”到“产业型”的重大转变，而且进入了持续发展的新阶段。这些成就的取得与国家政策的支持有着密不可分的关系。

（1）1986 年，我国旅游业的发展指标被正式纳入《中华人民共和国国民经济和社会发展第七个五年计划（1986—1990 年）》。这一情况表明，旅游业在我国社会经济发展计划中第一次正式有了自己的户头。

（2）1987 年，国家政府又一次提出“要大力发展旅游业”。

（3）1991 年，国务院颁布的《关于国民经济和社会发展十年规划和第八个五年计划纲要》中，将旅游业的性质明确定为产业，并将旅游业列为要加快发展的第三产业中的重点。

（4）1992 年，中共中央和国务院在《关于加快第三产业发展的决定》中，又进一步指出，旅游业是第三产业中的重要行业。

（5）1995 年，党的十四届五中全会通过了《中共中央关于制定国民经济和社会发展“九五”计划和2010年远景目标的建议》，其中把旅游业确定为第三产业中需要“积极发展”的新兴产业序列的第一位。

（6）1998 年 12 月召开的中央经济工作会议上，确定将旅游业同信息产业和房地产业一起，作为我国新的经济增长点。

（7）2009 年 12 月，国务院颁布了《关于加快发展旅游业的意见》（国发〔2009〕41 号文件），为旅游业的发展提出了新的指导思想，即将旅游业培育成国民经济的战略性支柱产业和人民群众更加满意的现代服务业；将新时期发展旅游业的基本政策调整为“坚持以国内旅游为重点，积极发展入境旅游，有序发展出境旅游”，并就新时期旅游业的发展提出了一系列的主要任务和支持政策。

（8）2013 年 2 月国务院办公厅颁布了《国民旅游休闲纲要（2013—2020 年）》，并以此为扩大旅游消费的新契机，进一步推动带薪休假制度的落实，推动有条件的地方制定鼓励居民旅游休闲消费的政策措施，进而提高旅游消费水平。

（9）2013 年 4 月 25 日，《中华人民共和国旅游法》经第十二届全国人民代表大会常务委员会第二次会议通过，自 2013 年 10 月 1 日起施行。《旅游法》分总则、旅游者、旅游规划和促进、旅游经营、旅游服务合同、旅游安全、旅游监督管理、旅游纠纷处理、法律责任、附则，共 10 章 112 条。《旅游法》对旅游相关内容作出了明确规定，全面、科学、指导性强，对促进我国旅游业全面协调可持续发展意义重大。

（10）2014 年 8 月，国务院发布了《国务院关于促进旅游业改革发展的若干意见》（国发〔2014〕31 号文件），提出要做强做大旅游业，规范旅游市场，丰富旅游产品，完善旅游服务。意见提出，从政府管理和市场机制上给旅游业放宽政策，同时给百姓更大的自由选择空间。

本章小结

旅游组织分为旅游行政组织和旅游行业组织两大类。本章通过介绍我国不同层次的旅游行政机构，阐述了我国的旅游管理体制。此外，本章还简要介绍了我国一些主要的全国性旅游行业组织。最后，本章简述了改革开放以来我国旅游方针政策的演进与现状。

主要术语

旅游组织（tourism organization）

行业组织（industrial organization）

行政组织（administrative organization）

民间组织（nongovernmental organization）

国家旅游组织（national tourism organization）

旅游政策（tourism policy）

旅游管理体制（tourism administration system）

中华人民共和国文化和旅游部
（Ministry of Culture and Tourism of the People's Republic of China）

思考与练习

1. 名词解释：旅游行政组织、旅游行业组织、国家旅游组织。
2. 简述我国的旅游行政管理体制。
3. 简述改革开放以来我国旅游政策的演进情况。
4. 简述我国旅游政策的最新发展。

第七章 旅游的影响与可持续旅游发展

学习重点

- 熟悉旅游业的发展对目的地经济的影响及其原因。
- 熟悉旅游业的发展对目的地社会的影响及其原因。
- 熟悉旅游业的发展对目的地环境的影响及其原因。
- 掌握可持续发展和可持续旅游发展的概念。
- 理解并掌握旅游承载力的概念。
- 认识实现可持续旅游发展的关键。

第一节 旅游对目的地经济的影响

旅游活动的开展都伴有消费行为的发生。来访旅游者在目的地停留期间的消费，不仅直接为该地旅游业提供了商业机会，而且还会通过在该地经济中的流转产生一连串的间接效应和诱导效应。当然，旅游者的消费所产生的经济影响是双向的，即不仅会影响旅游东道地的经济，同时对客源地的经济也会产生影响。对于一个旅游目的地国家来说，就国内旅游而言，在将全国作为一个整体对待的情况下，似乎并不存在旅游消费资金流入和流出的问题。但是在国际旅游方面，入境旅游者的消费无疑会构成一种外来的经济注入，从而使旅游接待国的财富得以增加，而本国居民出境旅游期间的在外消费开支，则会构成一种经济外流，从而会减少该国的经济财富。

一、正面影响

（一）有助于增加外汇收入，平衡国际收支

就接待国际入境旅游而言，最明显的作用之一就是可给旅游目的地国家带来外汇收入，从而有助于平衡该国的国际收支。

一个国家的国际收支通常由三个部分组成，即贸易收支、非贸易收支和资本往来收支。对于发展中国家来说，赚取外汇收入主要有两条途径：一是对外贸易的外汇收入，二是非贸易外汇收入（亦称无形贸易外汇收入）。前者指物质商品出口所带来的外

汇收入，后者则指国际间有关保险、运输、旅游、利息、居民汇款、外交人员费用等方面带来的外汇收入。所以，从创汇的意义上说，接待国际入境旅游同向海外出口商品没有什么区别，因而接待国际入境旅游也是一种出口，通常称为旅游出口。

但是，旅游出口与传统的商品出口有所不同的是，在旅游出口中，旅游产品的交付与消费都在旅游目的地发生，所以旅游者的流动方向与支付款项的流动方向是相同的；相比之下，在传统的商品出口中，由于这些商品需运送到进口国家，因而商品的流动方向与支付款项的流动方向是相反的，如图 7-1 所示。

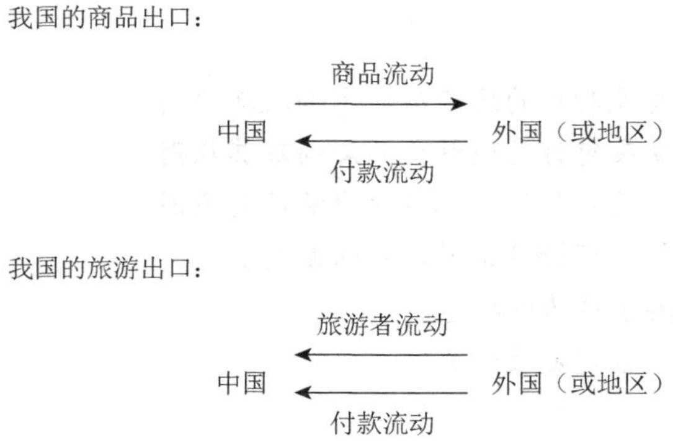

图 7-1　商品出口与旅游出口

作为非贸易外汇创收的组成部分，旅游创汇具有传统商品出口创汇所不具备的很多优点，主要表现在以下几个方面：

（1）换汇成本低，换汇率较高。在国际贸易市场上，生产和技术比较落后的发展中国家的出口商品，由于多为物产原料或技术含量较低的初级产品，因而在贸易价格上常常处于不利地位。而国际入境旅游则是游客携带外汇入境，在旅游目的国按照该国的旅游产品价格和所公布的外汇牌价进行消费。因此，同物质商品出口换汇的情况相比，旅游产品的换汇要合算得多。旅游产品换汇率比较高的另一原因是，由于旅游出口是一种无形贸易，并且旅游者必须前来旅游产品的生产地点进行消费，所以这种出口可以节省掉商品外贸过程中所必不可少的运输费用、仓储费用、保险费用和有关税金等项开支以及与外贸进出口有关的各项繁杂手续。此外，还不存在外贸出口商品在运输过程中的损耗问题。

（2）结算及时。外贸商品出口从发货到结算支付往往要间隔很长一段时间，有时甚至会长达数月甚至一年。这些情况乃属国际惯例。而在旅游出口中，同样也是按照国际惯例，买主往往需要现付或先付定金并及时结算。因此，卖方即旅游接待国能立即得到外汇。显而易见，同一数量的外汇收入，迟到与早到意义大不相同。它们之间不但会因货币的现值问题而存在实际价值上的差异，而且在接待国急需外汇的情况下，尽早结算则可使所得外汇发挥更大的效益。

（3）不受贸易壁垒的影响。在传统商品的国际贸易中，进口国由于受国内经济或政治因素的影响，有可能会对某些进口商品的数量实行配额限制，超过这一限量，便会提高这些商品的进口关税。在不实行配额限制的情况下，进口国也有可能会以调高进口关税为手段，去控制某类商品的进口数量。这就是人们通常所称的关税壁垒。但是，在旅游进口方面，虽然不排除某些国家有时可能会以保护国民出游安全为由而发布有关的“劝告令”，但在当今世界多数国家中，由于政治和社会的压力，以政府行为去禁止或阻挠国民出游的情况已实属罕见。因此，对于旅游接待国来说，在旅游出口方面，通常不存在类似贸易壁垒的问题。

（二）有助于增加内需和回笼货币

就国内旅游而言，它对国家经济的重要影响之一便是有助于扩大内需和拓宽货币回笼的渠道，加速货币回笼速度和扩大回笼货币量。任何实行商品经济的国家都需要有计划地投放货币和回笼货币，从而使整个社会经济得以正常运转。货币的投放量和回笼量大致应成一定的比例，即货币投放市场之后，必须有一定数量的回笼。在理想的情况下，流通的货币数量应当与流通的商品数量相适应。所以，如果在商品投放量不变或增加不多的情况下，社会上流通的货币量过多，就难免会出现通货膨胀。因为在一般情况下，随着人们手中持币量的增加，人们的购买需求也会相应增高。这种购买能力的增加将对有限的商品市场构成威胁，即使人们将积蓄的钱存入银行而暂不投入市场，由于这些钱可自由支取，所以仍会对市场构成一种潜在的威胁。如果有效的商品供给不能随之增加，则这种结余存款的数量越大，其潜在的威胁也越严重。

一般来讲，国家回笼货币的渠道有商品回笼、服务回笼、财政回笼和信用回笼四条渠道。发展国内旅游作为回笼货币的一种新渠道，按其性质来看，是属于通过劳动服务即服务活动来回笼货币的。它的特点在于以少量的实物形式，大量的劳动服务形式为人们提供某种效用活动，通过收取劳动服务费的方式将社会上多余的货币收回。在国家的物质商品生产能力有限，一时难以扩大人们所需要的物质商品的投放量的情况下，设法转移人们的购买取向，鼓励人们多消费服务产品，如旅游和娱乐，不仅可以开辟必要且有效的货币回笼渠道，起到稳定货币流通量和商品供应量之比的作用，同时也是稳定物价的一种手段。

（三）有助于增加旅游目的地的经济财富

无论是发展国际入境旅游还是发展国内旅游，都可使一个国家或地区的经济财富得以增加。就接待国际旅游方面而言，入境旅游者在我国停留期间的消费，无论是对整个国家还是对于有关的旅游接待地区，都将成为一种外来的经济注入，从而增大旅游目的地经济财富的总量。站在国家整体的角度进行观察，本国居民用于国内旅游的消费对于该国来说并不构成外来的经济注入，因而不能直接带来国家财富总量的增加，而只是带来有关资金在国内相关地区间的流动和重新分配。或许正是由于这一原因，我们不难发现，在国际上，无论是学术界还是多数国家的政府，长期以来的关注重点都是国际旅游。但是如果改换一个角度，站在某一地方的立场上进行观察，来访的国内旅游者在该地停留期间的消费，对于该地来说无疑也是一种外来的经济注入，也可直接增大该地的财富或经济总量。

（四）有助于增加政府的财政税收

无论是发展国际旅游还是发展国内旅游，都可起到增加政府税收的作用。税收是国家提供公共产品的资金来源，没有足够的税收，国家便难以有效地提供国防、治安以及公共设施等公共产品，因而旅游的这一作用的重要性是显而易见的。旅游业通过自己的经营活动，赚取利润，以向国家上缴各种税款的形式为国家的经济建设和公共事业的发展贡献必要的资金。

国家得自旅游的税收主要来自两个方面：一是从国际旅游者获取的税收，主要包括入境签证费，出入境时交付的商品海关税、机场税等；二是来自旅游业的各有关营业部门，包括各种旅游企业的增值税和所得税等。此外，由于旅游业涉及许多其他有关产业部门，当所有这些部门的生产和经营因旅游业的发展和带动而扩大业务量时，国家也可以从这些部门得到更多的税收。

（五）有助于带动相关行业的发展

旅游对东道地经济的另一积极影响表现在，可以带动和促进很多其他经济部门或行业的发展。旅游者的消费需求要求旅游业必须提供足够的设施、设备和消耗物资。旅游业也因而成为许多其他行业产品的消费市场，从而刺激和促进这些行业的发展。不仅如此，旅游业对扩大科学技术交流，以及改善国民经济部门结构具有促进作用。这一作用在我国体现得尤为明显，它分别从调整产业结构和调整产品结构两个层次上发挥作用。以旅游产品为龙头调整产业结构，可以使产业结构更适合消费结构变化需求，这对于改变我国多年来重“重”轻“轻”，第三产业极端落后的不合理经济结构具有十分重要的意义。旅游消费是一种水准较高的综合性消费，对消费品和消费服务的质量、数量、规格要求都比较高。旅游经营用品和旅游消费品更新换代的速度快于一般消费品和耐用消费品，有助于促使旅游业及相关行业的产品结构不断向多样化、科学化、合理化发展，从而加速整个国家工业化进程。“旅游促进发展”是世界旅游组织1987年的年度口号，也是世界各国公认的结论。

（六）有助于平衡地区经济发展，缩小地区差别

旅游的发展还可起到平衡国内各有关地区经济发展，缩小地区差别的作用。如果说国际游客可将客源国的物质财富转移到接待国，那么国内旅游则可把国内财富从一个地区转移到另一个地区，起到将国内财富在有关地区间进行再分配的作用。如果把国内的有关地区作为国内旅游目的地和国内旅游客源地的单位，那么国内旅游实际上也存在着“出境”和“入境”两种类型的旅游。对一个地区的经济来说，出区旅游所产生的是该地区的旅游支出，入区旅游所带来的则是该地区的旅游收入。就一般情况而论，经济较发达地区的出区旅游人次较多，而经济落后地区的出区旅游人次较少。当经济落后地区的某些旅游资源足以吸引经济发达地区居民前去访问时，这些外地来

访的游客在旅游接待地区的消费——经济落后地区的旅游收入——对当地来说显然也是一种外来的经济注入。这种外来的经济注入当然可以刺激和带动当地的经济发展，加速当地经济发展的步伐，从而有助于缩小地区差别。特别是那些物产资源匮乏、限制了物质生产的发展但却拥有较好的旅游资源的地区，发展旅游业在经济上尤其具有重要意义。

（七）有助于增加就业机会

发展旅游可增加就业机会是世界各国的普遍经验。安排国民就业是各国政府都十分关心的大问题。任何国家都可能会在不同时期或多或少地存在一定数量的失业和待业人员。这些人员的数量如果过大，则会带来严重的社会问题，形成影响国家社会经济发展的不稳定因素。所以安排就业是政府的重要大事之一。

旅游业作为第三产业的重要组成部分，在提供就业机会和解决就业问题方面具有重大意义。这是因为：第一，旅游业属劳动密集型行业，在旅游接待工作中，许多工作都必须靠手工操作，而且需要面对客人提供富有人情味的直接服务，因而需要大量的劳动力。第二，发展旅游业是解决就业问题的重要途径之一。由于第一产业和第二产业吸收劳动力就业的能力有限，解决就业问题的出路就在于加速发展就业成本较低的劳动密集型产业。从这个意义上说，旅游业在扩大我国就业途径方面负有重要的责任。

二、负面影响

旅游对目的地经济有可能产生的负面影响主要表现在以下三个方面：

（1）有可能引起旅游接待地区的物价上涨，从而损害当地居民的经济利益。简单地讲，我们在外旅游过程中，都不难观察到这样一个事实，即大凡在旅游景点附近出售的商品，其价格往往会比较高。何以会出现这种现象呢？由于外来游客的富裕程度较高，或者更重要的是出于长期积蓄以备一游之故，他们往往会有这样的心理准备，即愿意出高价购买在目的地旅游期间所需的各种产品和服务。在当地有关供给量有限的情况下，其经营者当然愿意将这些商品和服务优先出售给愿意出高价的外来旅游者。这就会导致大量游客频繁光顾地区的物价上涨。这种情况显然会损害当地居民的经济利益，尤其在生活必需品价格上涨的情况下更是如此。

此外，如果往更大的方面看，随着旅游业的发展和对土地需求的增大，旅游接待地区的土地价格也会出现上涨。很多事实证明，在某些最初来访游客不多的地区兴建旅馆时，对土地的投资只占全部投资的1%。但是当这一地区旅游业发展起来之后，新建旅馆的地皮投资很快上升到投资的20%。由此造成的地价上涨，显然会影响当地居民的住房建设，降低当地居民的生活质量。

（2）有可能使当地的经济结构发生不利的变化。欧洲有些国家曾有过这样的例子：在有些当地经济以农业为命脉的地区，随着旅游业的发展，大批青壮年劳动力都开始弃田从事旅游服务，因为从个人收入角度去衡量，从事旅游服务的所得高于务农收入；

而继续留在农田上工作的只是一些老弱妇孺。其结果是，一方面旅游业的发展扩大了对当地农副产品的需求，然而另一方面却是田地的荒芜和农副业产出能力的下降。这种情况的出现严重影响了当地社会和经济的稳定。这种恶性循环现象如果是出现在经济不发达、旅游业起步较晚的发展中国家，造成的危害就更大了。

（3）过重依赖旅游业会影响国家经济的稳定。一般地讲，除了那些国土和人口都很少，完全仰仗其他国家的外援而生存的小国之外，对于一个国家来说，不宜主要依靠发展旅游业来维持自己的经济，特别是像我国这样的大国更是如此。这主要是因为：①作为现代旅游主要组成部分的消遣型旅游或度假活动具有明显的季节性。无论旅游经营者怎样努力，都不可能完全消除旅游市场需求的季节性波动。如果一个大国的经济主要仰仗旅游业，那么在旅游淡季时期就会出现劳动力和生产资料的闲置，甚至出现严重的失业现象，从而导致严重的经济和社会问题。②影响来访旅游需求的因素太过于庞杂，而其中大部分是旅游接待国所不能控制的外部因素，如客源国出现经济萧条、政治变故、社会时尚变化等。一旦出现不利的变故，旅游接待国的经济难免受到沉重的打击。③旅游业是一个比较脆弱的产业。其脆弱性不仅表现在容易受到客源国变故的制约，而且本国内部很多无法控制的因素随时都有可能影响甚至威胁旅游业的正常经营。2003 年突发的"非典"危机，以及 2020 年以来的新冠肺炎疫情就是这方面的例证。这些突发性非常因素的出现都会危及国际来访旅游需求，甚至制约国内旅游需求，从而给整个经济带来负面影响。

由此可见，在强调发展旅游业对目的地社会经济的推动促进作用的同时，也有必要清醒地认识到发展旅游业有可能给国家经济带来的负面影响。只有在全面认识的基础上加强对发展旅游业的宏观控制和总体规划，才能使包含旅游业在内的整个国家经济健康地发展。

第二节　旅游对目的地社会的影响

旅游业的发展不仅会对目的地的经济产生影响，对该地的社会和文化同样也有可能会产生诸多影响。

一、正面影响

（一）有助于增进国家间的相互了解和促进世界和平

就国际旅游而言，由于旅游是不同民族、不同宗教和信仰、不同国家和地区、不同生活方式的人们之间直接交往的手段，因而旅游有助于增进国家间的相互了解，消除因不了解而造成的偏见。从这个意义上说，旅游在缓和国际紧张局势以及促进人类和平共处方面起着重要作用。此外，发展旅游业也是旅游接待国对外树立和宣传自己形象的有效手段。由于外国旅游者在目的地旅游过程中对该国的了解都属第一手材料，他们回国后的宣传不仅传播范围广，而且可信度高，所以，旅游在这方面所起的作用比传统的外交和宣传手段更为有效。

（二）有助于促进民族文化的保护和发展

由于旅游活动的开展和接待工作的需要，目的地地区一些可能已被人们遗忘了的传统习俗和文化活动得以开发和恢复；传统的手工艺品、音乐、舞蹈、戏剧、体育等又受到人们的重视和发掘，长期濒临湮灭的历史建筑又重新得到维护和管理，等等。这些几近被湮没的文化遗产随着旅游业的开发而重获新生。作为当地独有的文化资源，它们不仅吸引了外来游客，同时也弘扬了当地的民族文化。

（三）有助于推动科学技术的交流和发展

科学技术与旅游的关系是一种互动的关系。一方面，以交通手段为代表的科技发展推动了旅游活动的发展。另一方面，旅游交往也是开展科研和技术传播与交流的重要手段和途径。从主观上讲，在旅游发展史中，有以科学考察为目的，为完成某项研究而进行的外出旅行。从客观上讲，许多出于其他目的开展的旅游活动，实际上也同时发挥了传播和交流知识与技术的作用，如现代商务旅游、专业会议旅游、消遣旅游中的访问同行活动以及诸多种类的专项旅游等。此外，旅游在发展过程中也不断对科学技术提出新的要求，尤其表现在交通运输方式、通信以及旅游服务设施和设备方面，要求更快捷、更便利、更安全、更卫生，从而也推动着相关领域的科研和技术的发展。

（四）有助于促进生活环境的改善

旅游环境是吸引旅游者前来访问的旅游资源中的一个重要的组成部分。因而，出于吸引游客来访的考虑，旅游接待地区必须重视环保工作，从而使目的地地区的自然风光和珍稀生物资源得以保护，并且使接待地区的卫生状况得以改进。此外，旅游的发展也促使东道地区不断改善基础设施。这在客观上无疑也方便了当地居民的生活，提高了当地居民的生活质量。

二、负面影响

（一）社会污染

这里所说的社会污染，是指由于外来旅游者的“示范效应”而带给目的地社会生活的消极影响。以国际旅游为例。由于旅游者来自世界各地，有着不同的文化背景、价值标准、道德观念和生活方式，因而这些方面通过其行为，无意之中也会在目的地社会中悄然传播，从而会对目的地居民的思想和行为产生影响。

虽然在这些方面，外来游客与当地居民之间似乎应当是相互作用和相互影响的，但实际上，外来旅游者在客观上施加给目的地社会的影响更强。这是因为就旅游者这一方而言，他们与当地人的接触是短暂的，因而当地社会对他们的影响也是短暂的，不足以使其思想、习惯和生活方式发生改变。此外，广大的大众型旅游者通常所接触的多为目的地旅游企业的工作人员。这些接触是在后者的工作时间内发生，双方的关系基本上处于一种消费者与服务者之间的不平等关系。旅游从业人员以服务者而非纯粹目的地地区普通民众的角色与游客接触，不大可能表现出真正的当地居民的生活风貌。尽管旅游者在目的地逗留期间可以同当地居民广泛接触，但语言障碍和时间限制成为游客与当地居民交往中难以克服的困难。

相比之下，对于当地居民来说，由于他们长期连续不断地接触一批又一批的外来旅游者，不可避免地受到旅游者带来的思想和文化天长日久、潜移默化的影响。正因为如此，有人在研究了旅游给第三世界带来的消极影响之后，认为“发达世界是在通过旅游将其生活方式输出到第三世界国家”。虽然有人可能会认为这一结论带有偏激的政治色彩，但是旅游者所带来的西方生活方式对发展中国家社会的负面影响是确实存在的。主要表现在以下几个方面：

（1）有人开始对自己的传统生活方式感到不满，从而先是在装束打扮和娱乐方式方面盲目模仿，进而会发展到有意识的追求，从而会使扒窃、卖淫、诈骗、吸食毒品、走私贩私等犯罪和不良社会现象增多，并引发一系列专门针对旅游者的犯罪行为，影响该地社会秩序的安定。人们不难发现，不论是在哪一个国家中，大凡旅游者集中地区多是上述犯罪行为的高发区。

（2）传统的道德观念受到冲击，其结果多表现为婚姻破裂的增多和离婚率的上升。

（3）崇洋媚外思想的泛滥。在有些情况下，旅游者的大量涌入也会诱发旅游者与当地居民、旅游企业与当地居民之间的矛盾。特别是在接待能力有限的旅游目的地，外来游客的大量增加和游客密度的提高可能会干扰当地居民的正常生活。这种情况发展到一定程度时，当地居民对游客的态度由旅游初创阶段的友好转化为不满甚至怨恨。旅游者一方面要得到特定的旅游经历，另一方面要求享受符合其本国水准的生活条件。而目的地旅游业在很大程度上所关注的是营业收入和利润。所以，在当地物资供应能力有限的情况下，往往把质优的消费品优先供给肯出高价并以外币支付的旅游者，甚至在基础设施的使用方面也优先满足他们的需要。所有这些都使得当地居民在怨恨和不满的同时，有可能走向另一极端——自卑和崇洋。

（二）当地文化被不正当地商品化

旅游对目的地社会的另一主要的负面影响，便是当地文化被不正当地商品化。传统的民间习俗和庆典活动是在传统特定的时间、地点、场合下按传统规定的方式举行的。但很多这种活动随着旅游业的开展逐渐被过度商品化，而变成了为接待旅游者而随时均可搬上舞台的商品。为了迎合旅游者的需要和兴趣，活动内容亦往往被压缩并且表演的节奏明显加快。因此，这些活动虽被保留下来，但在很大程度上已失去其传统上的意义和真正的文化价值。此外，为了满足游客对纪念品的需要，当地工艺品大量生产，很多粗制滥造的产品充斥于市。这些产品实际上已不再能表现传统的风格和制作技艺。这对于只求价廉而不计真假的购买者不算什么，但一旦旅游者误认为这些就是反映当地传统工艺水平和地方特色的真正艺术品，以及带回本国或本地向亲友展示时，便会使当地工艺品的形象和价值受到损害和贬低。

不正当的商品化倾向有多种表现形式，有时甚至会反映到人际关系中，造成人际关系的紧张。例如，旅游企业有些员工往往会形成一种“双重个性”：他们在与外国旅游者交往时的态度、语言和行为是一个样子，而对待本国同胞百姓时则采取另一套不同的态度、语言和行为。这与其说是崇洋媚外，倒不如说是不正当商品化的具体反映。

第三节　旅游对目的地环境的影响

一、正面影响

旅游业的发展带给目的地环境的正面影响至少直接表现在以下几个方面：

（1）使该地原已衰微破败的历史建筑和文化遗址重新得到恢复、修整和维护；

（2）使该地的户外娱乐场所及相关设施得以更好地维护与管理；

（3）使该地的道路状况以及其他交通基础设施的面貌得以改观；

（4）使该地的环卫工作、绿化工作以及市容整顿等各方面改进环境的工作得以重视。

上述情况的出现虽然在主观上可能都是出于发展旅游业的需要，都是为了造就和维持良好的旅游环境，以便能够吸引旅游者前来访问，但在客观上，无疑都会起到改善旅游目的地物质环境的作用。

二、负面影响

旅游业的发展和旅游者的大规模到访无疑会给目的地的环境带来诸多的负面影响。这些负面的可能性影响至少直接表现在以下方面：

（1）造成旅游地水质和空气质量的下降以及噪声的增加。其中的原因显而易见：随着旅游者的大量涌入，旅游接待地区的污水排放量会因此而增加，机动船只的使用量也会因此而增大，从而有可能会造成或加剧旅游地的水质污染；随着旅游交通运输量的增大，飞机和汽车等机动交通工具的废气排放量会增多，旅游用电量（特别是空调和冷藏设备）的增大导致相关设备和发电厂的排碳量增多，所有这些都会加重旅游地空气污染的程度；旅游交通（尤其是汽车和飞机）流量的增大，以及夜总会等娱乐场所的增多，都会加重旅游地（特别是城市中）的噪声污染。

（2）随着旅游者的大量涌入，致使旅游地的人口密度增大，从而有可能造成交通堵塞、人流拥挤，给当地居民的生活带来不便。

（3）由于长期大量接待来访旅游者，旅游地文化古迹的原始风貌会因此受到侵害，甚至其存在寿命也会受到威胁。这不仅与旅游者触摸攀爬、乱刻乱画、使用闪光灯拍照等不当行为有关，单是因大量游客呼吸而造成的空气变化便足以使某些历史文物受到侵蚀。

（4）大规模旅游活动的开展会侵害旅游地的自然生态系统，从而使自然环境和生态系统遭受破坏。特别是在一些环境敏感或脆弱的地域，野生动物的生息会因人类的到访而受到干扰；沙丘会因游人的活动而发生松垮；植被会因游人的过度踩踏而遭受破坏；游人留下的废弃物不仅会影响环境的美感质量，而且有可能会危及该处动植物的生命安全，等等。

（5）旅游设施的过度开发或规划不当，轻者会影响该地的景观协调，重者则会使旅游地的环境遭到破坏。这方面最典型的例子莫过于在海滨沙滩地段兴建高层饭店等建筑物。在20世纪80年代以前，这种事例在欧美地区曾多有发生，成为当时媒体报道和严厉批评的对象。如今这类事例在发达国家中已变得比较鲜见，但是在很多发展中国家，特别是在旅游业开发的初兴阶段，这类情况依然屡有发生。针对这类情况的多发性，很多国家对此都采取了严格的控制措施。例如，毛里求斯政府规定，在滨海地带兴建旅游接待设施时，建筑物的高度不得超过当地椰树的高度；在印度的海滨旅游区，当地政府规定，兴建的建筑物必须与滨海沙滩保持一定的距离。

第四节　可持续旅游发展

一、可持续发展

长期以来，一味追求效率、追求经济增长的传统思想一直在主导着世界各地人们的行为。随着人类经济活动无限制地扩大，人类赖以生存的环境遭受破坏的程度也在不断地加剧。虽然人们都认为不断追求经济增长的目的是为了改善人类的生活质量，从而使人类的生活更加美好，但是在相当长的时期内，人们似乎并未意识到这种无限制开发的行为所造成的环境恶化最终将会破坏人类的生活质量，甚至威胁人类未来的生存。随着环境恶化趋势的日渐显露，人们终于开始对这一问题和人类自身行为进行反思。

1962年，美国女海洋学家R. 卡逊所著《寂静的春天》一书的出版，揭开了这一进程的序幕。卡逊在其著作中以观察到的大量事实，忧心忡忡地揭示了人类活动大规模扩张导致生态环境出现的种种变化，并告诫人们，人类必须与其他生物共同分享地球，只有人与生物之间建立合理的协调，才能使人类健康而长久地生存。此后不断发展的环境现实证明，卡逊的警告并非是小题大做，更不是危言耸听。随着环境问题的日益明显，人们保护环境的意识也在逐渐提升。比较具有代表性的是，1972年3月，罗马俱乐部发表了由D. 米都斯主持的研究报告《增长的极限》，明确提出地球环境的承载力是有限的，人类不能不计后果地追求无限制的经济增长。同年 6 月，在瑞典的斯德哥尔摩召开了世界上第一次“人类与环境会议”，并通过了《人类环境宣言》。此后十余年中，有关提醒人们注重环境问题的著述虽然一直不断，但是，由于传统思想的根深蒂固，人们习惯于关注的仍然是眼前的自身经济利益，保护环境的工作并未真正摆上各国政府的工作日程。

这种情况到了 20 世纪 80 年代初开始出现较为明显的变化。随着环境污染和环境恶化问题的积累和加重，要求注重环保的呼声一浪高过一浪。发达国家中环境保护主义的兴起与人们绿色意识的觉醒和提升，进一步提高了人们对环境问题的关注程度。所有这一切都使得人们开始认真反思人类自身的行为和责任。

1987 年，由布伦特兰担任主席的联合国世界环境与发展委员会以《我们共同的未来》为标题，提出了一份研究报告。该报告对人类在经济发展与环境保护方面存在的问题作了系统而全面的评价，并正式提出了“可持续发展”的口号。这就是著名的《布伦特兰报告》（*The Brundtland Report*）。该报告中对“可持续性”概念作了简短而明确的解释，即“满足当代人的需要而又不损害子孙后代满足其自身需要的能力”。

根据这一解释，所谓“可持续发展”即是既满足当代人的需要，同时又不对后代人满足其自身需要的能力构成危害的发展。其内容大致包含以下三个方面：一是满足当代人的需要。所谓当代人不是说哪一国家或哪一民族的当代人，而是全世界的当世之人。也就是说，无论哪一国家的人或哪一民族的人，也无论是富人还是穷人，都应享有生存权和发展权。所以它体现的是当代人之间的平等。二是要考虑后代人需要的满足，也就是说，今天的发展不能对后代人需要的满足构成损害。因此，这一点所强调的是代际公平分配，以使当代人及未来人类的需要都能够有条件得到满足。三是要考虑环境和资源的承受限度，也就是说，今天的发展不能超过现实环境和资源的承载能力。因此，这一点所强调的是经济的发展和增长必须建立在维护地球自然系统这一基础之上。综上可见，可持续发展这一观念的提出，是对传统发展模式的一种挑战，因而也是为谋求新的发展模式而创立的新的发展观。

1992 年，联合国在巴西召开了关于环境与发展问题的各国首脑高峰会议。作为会议讨论的成果，会上形成了两个重要文件：一个是《关于环境与发展的里约热内卢宣言》，另一个则是著名的《21 世纪议程》。自此，可持续发展的概念便成为世界各国的重要议题，《21 世纪议程》也成为世界各国制定可持续发展战略的基础。1994 年，我国也制定了《中国 21 世纪议程》，将可持续发展作为我国的两大基本国策之一。

二、可持续旅游发展

早在大众旅游兴起之初，人们便已观察和意识到大规模旅游活动的开展有可能带来的种种负面影响，特别是对旅游接待地区的社会和环境风貌的负面影响。从 20 世纪 70 年代初开始，有关发展旅游业的功过评价一直是旅游研究中的热门课题，“影响研究”（impact study）也因此成为旅游学研究中的基本内容之一。进入 20 世纪 80 年代后，随着旅游活动规模的愈渐扩大和社会及环境负面影响案例的增多，人们越发注重探讨能够使旅游和旅游业实现健康持久发展的途径，先后提出了诸如“非大众型旅游（alternative tourism）”“负责任旅游（responsible tourism）”“绿色旅游（green tourism）”等一系列有关旅游发展途径的新概念。80 年代中期世界环境和发展会议上可持续发展口号提出之时，正值人们对旅游发展的理想途径进行热烈探讨和评价之时，因而很快为人们所接受，并被用作对理想的旅游发展途径的归纳性表达。“可持续旅游（sustainable tourism）”一语也因此而产生。可持续旅游的提出，要求人们以长远的眼光从事旅游经济开发活动，对追求旅游经济不断增长的必要性提出质疑，特别是要求确保旅游活动的开展不会超越旅游接待地区将来也能吸引和接待旅游者来访的能力。

为了贯彻和落实 1992 年联合国环境和发展会议上通过的《关于环境与发展的里约热内卢宣言》和《21 世纪议程》，联合国教科文组织、联合国环境规划署、世界旅游组织等机构于 1995 年 4 月在西班牙的加那利群岛召开了可持续旅游发展世界会议。会上通过了《可持续旅游发展宪章》和《可持续旅游发展行动计划》，对可持续旅游发展的目标、原则和需要做的工作进行了商讨和归纳。

关于可持续旅游发展的内容，根据 Globe’90 国际大会以及 1992 年可持续旅游发展世界会议上所提出的有关目标，可作如下归纳：

（1）增进人们对旅游所产生的环境影响与经济影响的理解，加强人们的生态意识；

（2）促进旅游的公平发展；

（3）改善旅游接待地区民众的生活质量；

（4）向旅游者提供高质量的旅游经历；

（5）保护未来旅游开发赖以存在的环境质量。

从这些目标可以看出，可持续旅游的含义是多层面的。但最核心的一点便是，要确保在进行旅游开发时，不损害后代人为满足其旅游需求而进行旅游开发的可能性。换言之，就是要从长远观点出发，全面认识旅游的影响，在满足人们开发旅游业和开展旅游活动的需要方面，实现代际平衡。

概括地讲，可持续旅游发展的目标就是，在可持续发展基本原则的指导下，实现维护旅游环境质量与保证游客经历质量之间的均衡。

根据这一目标，旅游目的地一方面应满足旅游者对高质量旅游经历的追求；另一方面又要保证当地的环境质量不会因此而出现下降，从而实现经济效益、社会效益和环境效益的统一。也就是说，旅游业的发展要从当地社会的长远利益出发，在经济效益上，要实现当地社区的参与和旅游收益的合理分配；在社会效益上，要能促进当地社区各项事业的发展和居民生活质量的改善；在环境效益上，要能做到旅游资源和生态环境质量的保护和可持续性利用。

为了实现这一目标，可持续旅游发展的实施必须坚持以下原则：

（1）旅游业的发展必须建立在当地自然生态环境的承受能力之上，必须符合当地经济发展的规划，必须维护当地的社会道德规范。旅游活动的开展对环境的依赖性很强。为了确保旅游的可持续发展，旅游业的开发必须立足长远，不能竭泽而渔，不能破坏生态平衡，尤其是对那些不可再生的资源和环境敏感地区更是如此。因此，应根据不同资源和不同地区的具体情况，在保护与利用这两个方面分别有不同程度的侧重。另外，旅游业的发展要确保当地的社会和文化相协调，正是因为这些因素构成了当地旅游资源的文化特色。在发掘和利用这些社会文化资源的同时防止旅游活动所带来的负面影响，是实施可持续旅游发展的重要内容。

（2）坚持和发挥政府的主导作用。在实施可持续旅游发展中，政府的主导和干预至关重要。无论是制定可持续旅游发展规划、建立可持续旅游发展示范工程，还是对旅游业的发展实施宏观调控，政府的主导作用都具有不可替代性。

（3）注重社区参与，合理分配旅游收益，兼顾相关群体的利益。当地居民是旅游接待地区的真正主人，没有他们的支持和参与，当地的旅游业不可能实现可持续发展。而要做到这一点，就必须使当地居民能够分享到发展旅游业的利益，使旅游经营者、当地政府和当地居民的利益得到有效的协调。

（4）加强爱护环境的宣传教育。可持续旅游发展是旅游目的地国家或地区可持续发展总体战略的组成部分，关系到当地社会的长远利益。因此，要坚持不懈地向旅游经营者、当地居民和来访旅游者开展爱护环境和保护环境的宣传教育，尤其是对旅游经营者和旅游从业人员更要加强宣传教育，使其认识到，对环境和旅游资源的可持续性使用乃是旅游业的生存和发展之本，并将这一认识切实贯彻和落实到自己的实际工作中去。

三、可持续旅游发展的核心问题

从根本上讲，可持续旅游发展问题的核心是该地的旅游承载能力。如前所述，在世界各地旅游发展过程中，有些地方的确出现了严重的环境问题和社会问题，从而危及了其旅游业发展的可持续性。而同样也属事实的是，有些地方在发展旅游业的同时，却始终保持了当地环境和社会的健康发展。这些情况一方面说明环境的恶化和社会问题的产生并非是发展旅游的必然结果；另一方面也促使人们去考虑这样一个问题，即为什么旅游业的发展在某些地区导致了环境和社会问题的发生，而在另外一些地区却没有出现不可接受的消极后果。我们知道，任何问题的形成都有一个从量变到质变的发展过程，其中都会涉及一个度的概念。旅游业的发展和大量旅游者的来访对接待地区的环境和社会肯定会有某种潜在的消极影响，但这些潜在的影响未必会导致严重的现实问题的出现。从潜在影响到现实问题的转化是有其条件的，其中一个重要的条件便是目的地的旅游承载力。

旅游承载力是一个比较复杂的概念。简单地讲，旅游承载力是指一个旅游目的地在不至于导致当地环境的质量出现不可接受的变化，同时也不至于导致来访游客的旅游经历质量出现不可接受的下降这一双重前提之下，所能吸纳外来游客的最大能力。

旅游承载力所涉及的内容很多。综合国际学术界的普遍看法，一个旅游目的地的承载力是由多个方面共同构成和确定的，其中主要包括：

（1）旅游设施用地的承载力，指适合或可以用于建造旅游设施和开发旅游景点的土地的最大数量。换言之，如果旅游用地量超出这一极限，就会影响甚至破坏该目的地整个社会经济的可持续发展。例如，如果过多占用农田去发展旅游业，就会威胁该地所需的粮食和其他农产品生产。

（2）物质环境承载力，指在不至于导致当地旅游环境的对外吸引力出现下降的前提下，所能接待来访游客的最大数量。

（3）生态环境承载力，指在不至于导致当地的生态环境和生态体系发生不可接受的变化这一前提下，所能吸纳来访游客的最大数量。

（4）社会心理承载力，指在不至于导致当地社会公众的生活和活动受到不可接受的影响这一前提下，所能接待来访游客的最大数量。

显然，如同“木桶理论”所形容的那样，一个旅游目的地旅游承载力的大小是由上述各方面承载力中的最低者所决定的。也就是说，上述任何一个方面承载力的被突破，都意味着该地整个旅游承载力的突破。一个目的地的旅游承载力决定着该地区的旅游接待量的规模极限。随着旅游者来访数量的增多，旅游带给目的地环境和社会文化的消极影响的程度也会随之加深；而游客来访量的增加一旦超过当地的旅游承载力，这些消极影响的程度便会突破当地环境和社会文化的自净或免疫能力，从而极易使原本潜在的影响转化成不可接受的现实问题。

同可持续发展概念一样，旅游承载力这一概念的实质也在于资源管理问题。从这个意义上说，我国在发展旅游业之初所提出的关于“量力而行”的发展方针——不论当时人们怎样去理解——在力行可持续发展的今天，仍然具有重要的指导意义。

旅游承载力在理论上不难为人们所理解，但在实践中往往不大容易被重视。这主要是因为环境质量下降到何种程度才是“不可接受的”，以及旅游经历的质量下降于何时发生等问题，都是由旅游目的地的管理者和旅游者来决定的。正因为如此，一个旅游目的地的承载力水平既取决于该地的客观条件，在一定程度上也取决于该地管理者的决策。

四、实现可持续旅游发展的关键：旅游管理能力

除了客观条件方面的原因之外，致使潜在影响转化为现实问题的另一影响因素则是接待地区的旅游管理能力。例如，有些目的地的旅游接待量可能并未达到其物质环境的承载极限，但却已经出现了人满为患和拥挤不堪的现实问题，其原因在很大程度上同当地的旅游管理能力有关。

对于旅游业的发展，目的地政府的管理态度不外乎以下三种选择：

（1）放任自流，任其自然发展；

（2）待问题严重化之后再作处理；

（3）提前采取预防措施，禁问题于未发。

显而易见，理想的管理态度应该是第三种。所以，目的地政府首先应依据当地的旅游承载力制定旅游发展规划，以防止超负荷开发。这一点对于实现可持续旅游发展是十分重要的。此外，在旅游发展过程中加强管理，采取切实有效的措施对有可能使消极影响扩大的各种问题及时加以控制，同样也是非常重要的。

预防和控制旅游的消极影响扩大化的措施很多，其中主要包括：

1. 端正认识

不能单纯从经济的观点看待旅游业的发展，对旅游的经济效应和社会环境影响应有全面的理解和认识，在追求经济收益的同时，强化环境意识和可持续发展思想。

2. 加强旅游规划，防止超负荷发展

为了防止旅游消极影响的扩大，必须要量力而行地进行旅游开发，将开发规模和旅游接待量控制在旅游承载力容许的范围之内。在制定规划时，应注意旅游开发的合理布局。在实施规划时，应注意根据情况的发展变化，行使有效的控制。

3. 健全法制，加强管理

旅游目的地政府和旅游行政部门要建立和健全有关的法律和法规，将旅游企业和旅游者的行为置于法律和法规的监督之下。

4. 加强宣传教育，进行旅游伦理建设

旅游目的地管理者应向旅游从业人员和当地居民进行保护环境的宣传教育，应使他们明白，如果当地人自己不注重和爱护环境，则无理由要求外来旅游者爱护当地的环境。同时，旅游接待地区应通过旅游企业向旅游者告知有关的法律法规和注意事项，使其了解哪些事情不可以做，以避免其危害环境行为的发生。

本章小结

本章介绍和分析了旅游业的发展和旅游者的来访对旅游东道地经济、社会和环境的正负两方面的影响。为了使旅游业能够健康持久地发展，旅游目的地管理者必须切实树立可持续发展的观念，将旅游活动的规模控制在目的地承载力容许的限度之内，提高旅游管理的能力和水平，采取全方位的措施预防和控制旅游发展有可能带来的负面影响。

主要术语

正面影响（positive impact）
负面影响（negative impact）
经济影响（economic impact）
国际收支（balance of payments）
社会影响（social impact）
示范效应（demonstration effect）
环境影响（environmental impact）
环境保护（environmental conservation）
可持续发展（sustainable development）
可持续旅游（sustainable tourism）
旅游承载力（carrying capacity）
旅游规划（tourism planning）

思考与练习

1. 名词解释：国际收支、旅游出口、旅游承载力。
2. 旅游业的发展会给旅游东道地的经济带来哪些正面影响?

3. 同传统的商品出口创汇相比较，旅游出口创汇有哪些优点？为什么会有这些优点？

4. 为什么一个大国的经济不宜过重依赖旅游业？

5. 旅游业的发展有可能会给旅游东道地的社会带来哪些方面的影响？

6. 旅游业的发展有可能会给旅游东道地的环境带来哪些方面的影响？

7. 什么是可持续发展？

8. 可持续旅游发展主要涉及哪些内容？

9. 旅游业发展有可能带来的负面影响，为什么在有些旅游目的地形成了严重的社会或环境问题，而在另外一些旅游目的地却始终以潜在状态存在？

10. 实现可持续旅游发展的关键何在？

11. 预防和控制旅游的负面影响的措施包括哪些方面？

参考书目

［1］魏小安．旅游纵横——产业发展新论［M］．北京：中国旅游出版社，2002.

［2］全国经济专业技术资格考试用书编写委员会．旅游经济专业知识与实务（初级）［M］．北京：中国人事出版社，2008.

［3］中国旅游年鉴编辑委员会．中国旅游年鉴［M］．北京：中国旅游出版社，2009.

［4］李天元．旅游学概论［M］.6 版．天津：南开大学出版社，2009.

［5］何光暐．新世纪、新产业、新增长：旅游业成为新的经济增长点研究［M］．北京：中国旅游出版社，1999.

［6］邵世刚．旅游概论［M］．北京：高等教育出版社，2015.

［7］赵金玲．旅游概论［M］．北京：旅游教育出版社，2016.

［8］Goeldner C R., Ritchie J R B. 旅游学［M］．李天元，徐虹，黄晶，译 .10 版．北京：中国人民大学出版社，2008.

［9］Cooper C, Fletcher J, Gilbert D, Wanhill S. Tourism：Principles and Practice［M］. London：Longman Group Limited，1993.

［10］Ritchie J R B，Goeldner C R Travel，Tourism and Hospitality Research：A Handbook for Managers and Researchers［M］. New York：John Wiley & Sons Inc.，1986.

［11］McIntosh R W，Goeldner C R. Tourism：Principles，Practices and Philosophies［M］. New York：John Wiley & Sons，Inc.，1986.

